明洞与棚洞设计要点

袁 松　王峥峥　余志祥　王希宝　著

科学出版社
北　京

内容简介

本书是一部系统全面介绍公路明洞与棚洞设计相关知识的书籍，深入解析了明洞与棚洞设计中的重点、难点，主要内容包括：明洞与棚洞的总体设计、荷载与计算、钢筋混凝土明洞设计、钢筋混凝土棚洞设计、钢棚洞结构设计、防排水设计、基础工程设计、回填设计、路基路面设计、交通安全设施设计、建筑材料等。

本书可供从事公路、铁路明洞与棚洞勘察、设计、施工、检测、监理、养护与研究的人员使用，也可供高等院校道路工程、隧道工程、防灾减灾工程等专业师生学习参考。

图书在版编目（CIP）数据

明洞与棚洞设计要点 / 袁松等著. —北京：科学出版社，2024.3
ISBN 978-7-03-078083-6

Ⅰ．①明… Ⅱ．①袁… Ⅲ．①明洞-设计 ②棚洞（隧道）-设计 Ⅳ．①U453.2

中国国家版本馆CIP数据核字(2024)第022409号

责任编辑：裴 育 周 炜 纪四稳 / 责任校对：任苗苗
责任印制：肖 兴 / 封面设计：陈 敬

科学出版社 出版
北京东黄城根北街16号
邮政编码：100717
http://www.sciencep.com
北京中科印刷有限公司印刷
科学出版社发行 各地新华书店经销
*
2024年3月第 一 版 开本：720×1000 1/16
2024年3月第一次印刷 印张：15
字数：302 000
定价：138.00元
（如有印装质量问题，我社负责调换）

序

我国山区面积占国土面积的三分之二以上,是一个多山的国家,在造就壮丽风光的同时,也给公路、铁路等交通基础设施的建设带来了巨大挑战,特别是山体滑坡、高位崩塌、巨型落石等边斜坡灾害,对公路、铁路的安全运营影响深远,威胁巨大。从已经建成的明洞与棚洞工程使用效果来看,在应对边斜坡灾害中,这个传统而新颖的结构发挥着巨大的作用,有必要在工程防灾领域推广应用。

我国的标准体系中,明洞与棚洞并不是一个独立的体系,而是将其放在隧道工程中做了简要的规定,条文数量较少,规定也不够详尽,不便于工程设计师使用。《明洞与棚洞设计要点》一书着眼于明洞与棚洞结构,从指导设计的角度出发,全面细致地介绍了明洞与棚洞结构各个部位,体系完整、结构合理、条理清晰,既有一定的理论深度,又与工程实际紧密结合,用词用语通俗易懂,可以作为设计手册使用,具有很强的实操性。

袁松、王峥峥、余志祥、王希宝四位作者均是青年工程师的优秀代表,主持研究了多项重大科研项目,特别是在2008年"5·12"汶川地震后的十多年时间中,一直致力于防灾减灾明洞与棚洞工程的设计与研究工作,取得了丰硕的研究成果。袁松正高级工程师在2019年主编了四川省地方标准《公路明(棚)洞勘察设计指南》(DB51/T 2599—2019),这是全国明洞与棚洞工程领域第一部全面系统的设计标准,《明洞与棚洞设计要点》一书也可以作为该标准的释义手册。青年工程师能够在细分工程领域长时间持续深入研究,并形成落地的成果,这是非常难能可贵的。

近年来,随着公路建设向高原山区推进,边斜坡灾害的防治变得尤为重要,该书正是作者研究团队多年工程实践、科学研究的总结,较为全面地反映了几位作者在工程实践中的先进理念和创新技术,既有学术性,又有实用性。总之,该书内容丰富、特色鲜明,表述深入浅出、通俗易懂,可为明洞与棚洞工程的设计、施工和管理人员提供借鉴和参考。

任辉启

国防工程研究院

2023年6月

前 言

近年来，随着我国公路建设的高速发展，在复杂地形条件下修筑高等级公路已成为必然，关键路段的防灾减灾能力对公路的保通保畅尤为重要。我国西部山区地形地质条件极其复杂，山高坡陡，地震频发，加之极端气候频现，山体滑坡、高位崩塌等次生地质灾害频繁，对公路的安全运营造成了巨大威胁。2008年"5·12"汶川地震、2013年"4·20"芦山地震、2017年"8·8"九寨沟地震、2022年"9·5"泸定地震等历次山区强烈地震后的公路震害显示，对公路破坏最大、抢通保通难度最大、破坏影响最深远的是山体滑坡和高位崩塌等次生地质灾害。自汶川地震后，应对高位崩塌的技术对策已引起有关各方的高度重视，明洞与棚洞工程被视为非常有效的措施并在公路原位恢复重建中大量应用。

四川是一个自然灾害较多的省份，在高原山区建设公路，防灾减灾对于公路安全至关重要。四川省交通运输厅非常重视明洞与棚洞工程技术的研究与应用，自2008年以来先后多次立项相关科研课题进行专题研究，公路明洞与棚洞技术体系逐步完善，并取得了良好的应用效果，有效保障了公路的运营安全。隧道工程设计研究团队在长期从事明洞与棚洞勘察设计、工程咨询、病害整治及科学研究的基础上，结合十余年的工程实践与科研，总结形成了《明洞与棚洞设计要点》。本书建立在大量的工程实践经验和科研成果的坚实基础之上，同时符合现行规范的规定和要求，具有较好的系统性、全面性、可靠性；本书从设计者的角度出发，旨在清楚介绍明洞与棚洞工程设计中的各环节，以及明洞与棚洞工程结构各部位的设计要点，具有很好的实用性、参考性。

本书共12章，涵盖公路明洞与棚洞设计的方方面面。第1章介绍明洞与棚洞的定义及分类，第2章阐述明洞与棚洞总体设计的相关要求，第3章详细介绍作用于明洞与棚洞的荷载及落石冲击力的计算方法，第4~6章分别针对钢筋混凝土明洞、钢筋混凝土棚洞、钢棚洞的结构设计做详细阐述，第7~11章分别介绍明洞与棚洞的防排水、基础工程、回填、路基路面、交通安全设施等相关设施的设计要点，第12章列举明洞与棚洞建造中建筑材料的相关参数。本书第1、2、4、5章由四川省交通勘察设计研究院有限公司袁松正高级工程师撰写，第3、7~9章由大连理工大学王峥峥教授撰写，第6、12章由西南交通大学余志祥教授撰写，第10、11章由四川省交通勘察设计研究院有限公司王希宝正高级工程师撰写，全书由袁松统稿。

本书在撰写过程中得到了四川省交通运输厅、四川省交通勘察设计研究院有限公司的大力支持和帮助；廖沛源、张廷彪正高级工程师，张生、郑国强高级工程师参与了部分研究工作，黎良仆、赵大权工程师提供了协助，在此一并表示诚挚的感谢。

鉴于作者水平和经验的局限性，书中难免存在疏漏和不妥之处，敬请广大专家和读者不吝赐教，批评指正。

袁　松
2023 年 1 月

目　　录

序
前言
第1章　绪论 ··· 1
　1.1　概述 ·· 1
　1.2　明洞与棚洞的定义及分类 ·· 2
　　1.2.1　明洞与棚洞的定义 ·· 2
　　1.2.2　明洞与棚洞的分类 ·· 3
　　1.2.3　明洞与棚洞的图示 ·· 6
第2章　总体设计 ·· 8
　2.1　总体设计原则 ·· 8
　2.2　勘察设计阶段及工作重点内容 ·· 10
　　2.2.1　工程可行性研究阶段 ·· 10
　　2.2.2　初步设计阶段 ··· 10
　　2.2.3　施工图设计阶段 ·· 11
　2.3　明洞与棚洞位置及形式的选择 ·· 12
　　2.3.1　总体原则 ·· 12
　　2.3.2　不同条件下明(棚)洞位置选择 ·· 13
　　2.3.3　明(棚)洞的选用 ·· 14
　2.4　明洞与棚洞线形设计 ·· 15
　　2.4.1　平面线形设计 ··· 15
　　2.4.2　纵面线形设计 ··· 16
　　2.4.3　洞口线形设计 ··· 18
　2.5　明洞与棚洞建筑限界及净空断面 ··· 21
　　2.5.1　建筑限界 ·· 21
　　2.5.2　净空断面 ·· 26
第3章　荷载与计算 ··· 30
　3.1　荷载分类 ·· 30
　3.2　荷载计算 ·· 31
　　3.2.1　永久荷载 ·· 31
　　3.2.2　基本可变荷载 ··· 34

		3.2.3 其他可变荷载	35
		3.2.4 偶然荷载——落石冲击力	36
		3.2.5 其他偶然荷载	38
	3.3	荷载组合	39
		3.3.1 承载能力极限状态	39
		3.3.2 正常使用状态	41

第4章 钢筋混凝土明洞设计 42

	4.1	总体要求	42
		4.1.1 一般原则	42
		4.1.2 基本要求	42
	4.2	拱形明洞设计	43
		4.2.1 拱形明洞类型及结构特征	43
		4.2.2 拱形明洞结构构造要求	44
		4.2.3 拱形明洞结构计算	48
	4.3	矩形明洞设计	52
		4.3.1 矩形明洞结构特征	52
		4.3.2 矩形明洞结构构造要求	52
		4.3.3 矩形明洞结构计算	55
	4.4	特殊明洞设计	55
		4.4.1 半隧明洞设计	56
		4.4.2 半桥明洞设计	56
		4.4.3 抗滑明洞设计	58

第5章 钢筋混凝土棚洞设计 60

	5.1	总体要求	60
		5.1.1 一般原则	60
		5.1.2 基本要求	60
	5.2	半拱形棚洞设计	60
		5.2.1 半拱形棚洞结构特征	60
		5.2.2 半拱形棚洞结构构造要求	61
		5.2.3 半拱形棚洞结构计算	66
	5.3	门形棚洞设计	68
		5.3.1 门形棚洞结构特征	68
		5.3.2 门形棚洞结构构造要求	68
		5.3.3 门形棚洞结构计算	72
	5.4	特殊棚洞设计	72
		5.4.1 半隧棚洞设计	72

  5.4.2 半桥棚洞设计 ... 73
  5.4.3 抗滑棚洞设计 ... 75

第6章 钢棚洞结构设计 ... 77
 6.1 总体要求 ... 77
  6.1.1 一般原则 ... 77
  6.1.2 基本要求 ... 77
 6.2 门形钢棚洞设计 ... 78
  6.2.1 门形钢棚洞结构特征 ... 78
  6.2.2 门形钢棚洞结构构造要求 ... 78
 6.3 拱形钢棚洞设计 ... 80
  6.3.1 拱形钢棚洞结构特征 ... 81
  6.3.2 拱形钢棚洞结构构造要求 ... 81

第7章 防排水设计 ... 83
 7.1 总体要求 ... 83
  7.1.1 设计原则 ... 83
  7.1.2 基本措施 ... 83
  7.1.3 防水等级 ... 84
 7.2 防水设计 ... 84
  7.2.1 防水设防要求 ... 84
  7.2.2 防水混凝土 ... 86
  7.2.3 结构防水层 ... 86
  7.2.4 变形缝与施工缝防水 ... 89
  7.2.5 边坡坡面防水 ... 90
  7.2.6 回填顶部防水 ... 91
 7.3 排水设计 ... 91
  7.3.1 一般要求 ... 91
  7.3.2 外部排水系统设计 ... 92
  7.3.3 内部排水系统设计 ... 95
  7.3.4 排水管(沟)的水力计算 ... 96
 7.4 截水设计 ... 98
  7.4.1 坡面截水 ... 98
  7.4.2 路基截水 ... 100

第8章 基础工程设计 ... 102
 8.1 总体要求 ... 102
  8.1.1 设计原则 ... 102
  8.1.2 设计内容 ... 103

8.1.3 设计步骤 104
8.1.4 地基承载力抗力系数 104
8.1.5 地基承载力的确定与修正 105
8.1.6 基础类型 108
8.2 地基处理 108
8.2.1 岩石地基处理 108
8.2.2 土质地基处理 109
8.2.3 不均匀地基处理 113
8.3 浅基础设计 115
8.3.1 浅基础设计内容 115
8.3.2 基础埋置深度 116
8.3.3 地基计算 117
8.3.4 基础尺寸设计 120
8.3.5 独立基础(无筋扩展基础) 121
8.3.6 独立基础(扩展基础) 123
8.3.7 墙下条形基础 126
8.3.8 柱下条形基础 126
8.4 深基础设计 128
8.4.1 深基础概述 128
8.4.2 桩基础概述 129
8.4.3 桩基础设计 130
8.4.4 承台设计 133
8.5 路基加宽 135
8.5.1 一般原则 135
8.5.2 挖方路基(内侧)加宽 135
8.5.3 填方路基(外侧)加宽常规方式 136
8.5.4 填方路基(内侧)加宽特殊方式 138
8.6 基础防护 140
8.6.1 地基防风化 141
8.6.2 基础防冲刷 141

第9章 回填设计 146
9.1 总体要求 146
9.1.1 洞顶回填一般规定 146
9.1.2 墙背回填一般规定 146
9.2 常规回填设计 146
9.2.1 顶部回填设计 147

		9.2.2 边墙回填设计	148
		9.2.3 回填施工要求	148
	9.3	特殊回填设计	149
		9.3.1 特殊材料回填设计	149
		9.3.2 引流槽设计	151

第10章 路基路面设计 155

10.1 总体要求 155
- 10.1.1 路基类型及选用原则 155
- 10.1.2 路面类型及选用原则 155

10.2 路基设计 156
- 10.2.1 混凝土路基设计 156
- 10.2.2 土石路基设计 157

10.3 沥青混凝土路面设计 157
- 10.3.1 沥青混凝土路面分类 157
- 10.3.2 半刚性基层沥青混凝土路面设计 157
- 10.3.3 刚性基层沥青混凝土路面设计 158

10.4 水泥混凝土路面设计 159
- 10.4.1 水泥混凝土路面分类 159
- 10.4.2 面层设计 159
- 10.4.3 接缝设计 160
- 10.4.4 配筋设计 165

第11章 交通安全设施设计 168

11.1 总体要求 168
- 11.1.1 设计理念 168
- 11.1.2 设计原则 168
- 11.1.3 交通安全设施组成 169

11.2 配置要求与设计 170
- 11.2.1 交通安全设施配置要求 170
- 11.2.2 防撞设施设计 171
- 11.2.3 视线诱导设施设计 173
- 11.2.4 栏杆设计 174
- 11.2.5 限高架设计 174

第12章 建筑材料 175

12.1 一般规定 175
- 12.1.1 主要建筑材料 175
- 12.1.2 建筑材料选用规定 175

  12.1.3 结构各部位建筑材料 ····· 177
  12.1.4 常用建筑材料的重度 ····· 178
 12.2 石材、水泥砂浆、砌体 ····· 178
  12.2.1 石材 ····· 178
  12.2.2 水泥砂浆 ····· 179
  12.2.3 砌体 ····· 179
 12.3 混凝土 ····· 183
  12.3.1 普通混凝土 ····· 183
  12.3.2 特殊混凝土 ····· 184
  12.3.3 混凝土外加剂 ····· 188
 12.4 钢材 ····· 195
  12.4.1 钢筋 ····· 195
  12.4.2 型钢 ····· 196
  12.4.3 钢板 ····· 197
  12.4.4 钢管 ····· 197
  12.4.5 螺栓螺母 ····· 197
  12.4.6 钢丝绳 ····· 198
  12.4.7 钢丝 ····· 198
  12.4.8 承载柔性网和格栅网 ····· 198
 12.5 防排水材料 ····· 200
  12.5.1 防水卷材 ····· 200
  12.5.2 塑料防水板 ····· 203
  12.5.3 止水带 ····· 204
 12.6 柔性材料 ····· 206
  12.6.1 主动防护网 ····· 206
  12.6.2 被动防护网 ····· 208
  12.6.3 引导防护网 ····· 210
  12.6.4 膜材 ····· 212
 12.7 特殊材料 ····· 214
  12.7.1 缓冲材料 ····· 214
  12.7.2 轻质材料 ····· 215
 12.8 其他材料 ····· 217
  12.8.1 注浆材料 ····· 217
  12.8.2 纤维材料 ····· 221

参考文献 ····· 223

第1章 绪 论

1.1 概 述

随着国民经济的发展和社会的进步，我国综合国力不断增强，公路建设重点逐步向西部地区转移。西部山区公路具有以下显著特点。

1）地形地质复杂，灾害频发

2008年"5·12"汶川地震、2012年"9·7"彝良地震、2013年"4·20"芦山地震、2014年"8·3"鲁甸地震、2017年"8·8"九寨沟地震、2022年"9·5"泸定地震等历次山区强烈地震以及多次特大山洪泥石流灾害后的公路受损情况显示，对公路破坏最大、影响最深远的是山体滑坡、高位崩塌、滚石落石等次生地质灾害，对公路的安全运营造成了巨大威胁，如图1.1和图1.2所示。

图 1.1 地震引发的高位崩塌　　　　图 1.2 暴雨引发的边坡垮塌

2）生态环境脆弱，恢复困难

从我国主体功能分区来看，西部山区以限制开发区域、禁止开发区域两种类型为主，是主要的生态涵养区，设置了大量的自然保护区、森林公园、风景名胜区等，生态环境敏感脆弱，一旦被破坏则难以恢复。公路建设不可避免地会对生态环境造成影响，如形成高陡边坡、切断野生动物通道等。因此，公路建设需要在环境保护、山体稳定、公路安全三者之间寻求平衡协调的状态。

3）路网通道单一，保通保畅矛盾突出

西部山区地广人稀，路网结构简单、稀疏，生命通道单一，特别是沿河傍山路段往往只有一条公路，当大型自然灾害发生时，生命线公路对通畅需求与抢通保通难度大、安全风险高之间的矛盾极为突出。

经过多年工程实践与探索，在山区公路路线走廊困难地段、高位崩塌落石发育路段、高陡边坡或"老虎嘴"路段、环境敏感或动物迁徙路段等地方设置明洞或棚洞，被认为是应对边斜坡不良地质病害、保障边坡安全、保护自然环境的有效方法，近年来在公路建设中得到了大量应用，如图 1.3 和图 1.4 所示。明（棚）洞是本书对明洞与棚洞的简称。本书所指明（棚）洞是应对边斜坡不良地质病害、保障边坡安全、保护自然环境而独立设置的明洞或棚洞。

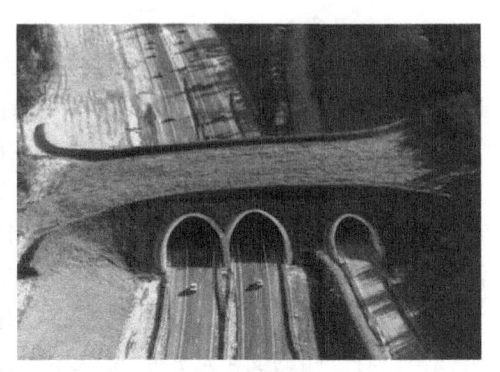

图 1.3 棚洞保护边坡环境   图 1.4 专门为动物通道设置的明洞

1.2 明洞与棚洞的定义及分类

1.2.1 明洞与棚洞的定义

《公路隧道设计规范 第一册 土建工程》（JTG 3370.1—2018）中定义，明洞是明挖法修建的隧道，棚洞是建于公路上的棚式建筑物，其对明洞的定义是针对隧道洞口段明洞，而并非本书所描述的明洞，其对棚洞的定义着重强调了"棚式"的概念。廖朝华等主编的《公路隧道设计手册》中提出，明洞是指常规的封闭性结构物拱形明洞、箱形明洞，棚洞是指一侧傍山、一侧临空开孔的明作结构。综合上述两者的定义，本书结合明洞、棚洞的实际应用状态，对其定义做出以下解释。

(1) 明洞：为防御塌方、落石、泥石流、积雪等灾害或下穿公路、铁路、建筑物等构筑物，用明挖法或傍山修建并进行覆盖的、供汽车和行人通行的封闭性结构物，其结构通常为具有纵向连续特点的封闭性结构，如图 1.5 所示。

(2) 棚洞：为防御塌方、落石、泥石流、积雪等，用明挖法或傍山修建的、供汽车和行人通行的棚式结构物，其结构通常为底部不连续的棚式结构，如图 1.6 所示。

从两者定义来看，明洞与棚洞最大的区别在于结构是否属于封闭式。通俗地讲,有底板(或仰拱)的为明洞,无底板(或底部仅有横向系杆)的为棚洞。

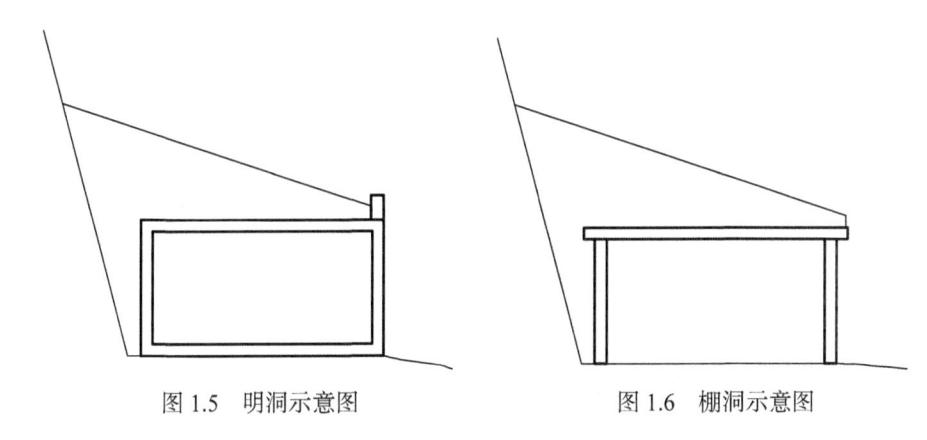

图 1.5　明洞示意图　　　　　　图 1.6　棚洞示意图

1.2.2　明洞与棚洞的分类

明(棚)洞可以按照长度、断面特征、功能作用、结构类型、外侧构造、建筑材料、视觉效果、断面布置、设计基准期、承受荷载等 10 种不同标准进行分类,明洞与棚洞的分类见表 1.1。

表 1.1　明洞与棚洞的分类

序号	分类标准	明洞	棚洞
1	长度	特长明洞、长明洞、中明洞、短明洞	特长棚洞、长棚洞、中棚洞、短棚洞
2	断面特征	拱形明洞、矩形明洞、异形明洞	半拱形棚洞、门形棚洞、异形棚洞
3	功能作用	防落石明洞、渡泥石流明洞、抗滑明洞、景观明洞、防雪明洞、遮光明洞、动物通道明洞、抢险救灾明洞	防落石棚洞、渡泥石流棚洞、抗滑棚洞、景观棚洞、防雪棚洞、遮光棚洞、动物通道棚洞、抢险救灾棚洞
4	结构类型	常规明洞、半隧明洞、半桥明洞	常规棚洞、半隧棚洞、半桥棚洞
5	外侧构造	矩形开孔明洞、拱墙形开孔明洞、圆形开孔明洞	刚架式棚洞、墙式棚洞、柱式棚洞、悬臂式棚洞
6	建筑材料	钢筋混凝土明洞、圬工明洞、钢明洞、钢混组合明洞	钢筋混凝土棚洞、圬工棚洞、钢棚洞、钢混组合棚洞、柔性棚洞
7	视觉效果	全透光明洞、半透光明洞、不透光明洞	全透光棚洞、半透光棚洞、不透光棚洞
8	断面布置	单孔明洞、双孔明洞、多孔明洞	单孔棚洞、双孔棚洞、多孔棚洞
9	设计基准期	临时明洞、半永久明洞、永久明洞	临时棚洞、半永久棚洞、永久棚洞
10	承受荷载	重型明洞、中型明洞、轻型明洞	重型棚洞、中型棚洞、轻型棚洞

有时为了准确表达明(棚)洞的具体特征,也可以将多种分类联合使用,如钢

筋混凝土矩形明洞、钢结构门形棚洞等。就目前的应用情况来看，明(棚)洞绝大多数为钢筋混凝土或圬工结构，钢结构明(棚)洞作为永久结构使用的情况很少，因此在本书中未专门强调建筑材料时，均表示为钢筋混凝土明(棚)洞。

以上 10 种分类标准可以从不同的角度表示明(棚)洞的特征。按照长度分类是常规桥隧的分类思路，对明(棚)洞认识影响较大的分类方式主要是结构类型，对明(棚)洞设计影响较大的分类方式主要是断面特征、建筑材料，对明(棚)洞养护影响较大的分类方式主要是功能作用，对荷载计算影响较大的分类方式主要是承受荷载，下面分别对以上几种分类方式进行详细介绍。

1. 按长度分类

国家或行业标准中均未对明(棚)洞按长度分类有明确规定，通常认为明(棚)洞属于隧道的特殊结构或隧道洞口段的一小部分，其分类按照隧道的标准执行，但对于应对边斜坡不良地质病害、保障边坡安全、保护自然环境而设置的明(棚)洞，其运营情况与隧道有所差异，特别是外侧是否开孔对明(棚)洞运营特征的影响较大。

不透光明(棚)洞属于封闭体系，与隧道运营环境类似，全透光、半透光明(棚)洞与其有较大差异。另外，明(棚)洞通常长度不长，但其结构比隧道更加复杂，特别是刚架式棚洞、柱式棚洞等类型结构构造较复杂，其结构施工类似于简支梁桥。因此，综合明(棚)洞运营特征、结构施工的复杂性等方面的问题，推荐明(棚)洞参照表 1.2 的建议值进行分类。

表 1.2　明(棚)洞按长度分类建议

分类标准	特长明(棚)洞	长明(棚)洞	中明(棚)洞	短明(棚)洞
长度	$L>1000m$	$100m<L \leqslant 1000m$	$50m<L \leqslant 100m$	$L \leqslant 50m$

2. 按结构类型分类

按照结构类型分类中提到的半隧明(棚)洞(图 1.7(a)、(c))、半桥明(棚)洞(图 1.7(b)、(d))，在明(棚)洞建设中属于较为特殊的情况。顾名思义，"半隧"的意思就是结构当中有一半类似隧道的情况，多见于在公路"老虎嘴"路段或边坡太陡开挖后易形成人工高边坡的路段；"半桥"的意思就是结构当中有一半采用了桥梁结构形式，多见于老路加宽时为了不压缩河床断面，路基部分采用桥梁的形式架空，上部为了防止崩塌、落石等灾害采用明(棚)洞的上部结构。

3. 按断面特征分类

按照断面特征，明洞可以分为拱形明洞、矩形明洞、异形明洞等，如图 1.8

所示;棚洞可以分为半拱形棚洞、门形棚洞、异形棚洞,如图 1.9 所示,该划分标准可以理解为类似桥梁专业以桥型分为梁桥、拱桥、索桥等类型的方式。断面特征之所以对明(棚)洞设计影响较大,是因为设计时可以根据不同的断面情况采用不同的结构,而且可以对不同的部位提出具体的结构设计要求。

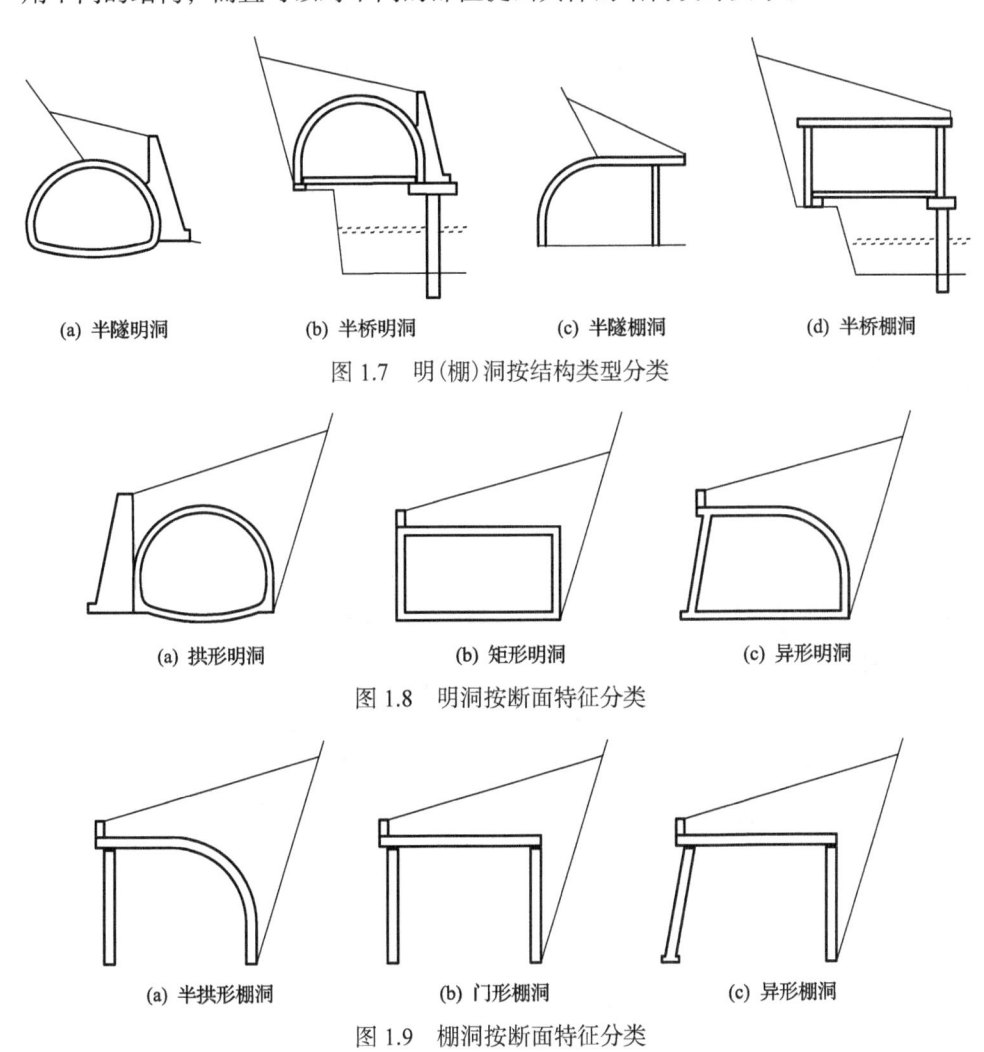

(a) 半隧明洞　　(b) 半桥明洞　　(c) 半隧棚洞　　(d) 半桥棚洞

图 1.7　明(棚)洞按结构类型分类

(a) 拱形明洞　　(b) 矩形明洞　　(c) 异形明洞

图 1.8　明洞按断面特征分类

(a) 半拱形棚洞　　(b) 门形棚洞　　(c) 异形棚洞

图 1.9　棚洞按断面特征分类

4. 按建筑材料分类

按照建筑材料,明(棚)洞可以分为钢筋混凝土、圬工、钢结构、钢混组合结构等类型。建筑材料不同,明(棚)洞的设计、计算、结构构造等都有本质的区别。在实际工程中钢筋混凝土明洞、钢筋混凝土棚洞、钢棚洞三种类型最为常见,本书在第4～6章中重点对这三类明(棚)洞的设计要求进行详细阐述。

5. 按功能作用分类

按照功能作用，明(棚)洞可以用于防落石、渡泥(水)、抗滑、景观、防雪、遮光、动物通道、抢险救灾等不同的情况。设计时功能作用可以通过荷载的不同来体现，但是在养护时不同功能作用的养护方法、频率、措施等都有较大差别。因此，对于养护工程，根据结构的功能作用进行分类更加科学、有效。

6. 按承受荷载分类

按照承受荷载大小进行分类是新提出的分类标准，该分类标准的含义如下：①重型明(棚)洞是指明(棚)洞顶部回填覆盖物足够厚，使一定的落石冲击力对结构产生的冲击响应极小；②中型明(棚)洞是指明(棚)洞顶部回填一定厚度的覆盖物，落石冲击力对结构产生的冲击响应较大；③轻型明(棚)洞是指明(棚)洞顶部回填覆盖物厚度薄，通常不超过1m，仅能承受较小的落石冲击力。

1.2.3 明洞与棚洞的图示

下面用工程照片示意平常较为少见的明(棚)洞形式，如图1.10～图1.13所示，直观反映其分类的具体含义。

(a) 半拱形棚洞　　　　　(b) 悬臂式棚洞

图1.10　按形状特征分类

(a) 渡泥石流明洞　　　　　(b) 防雪棚洞

图1.11　按功能作用分类

第 1 章 绪 论

(a) 钢混组合棚洞 　　　　(b) 柔性棚洞

图 1.12　按建筑材料分类

(a) 全透光棚洞 　　　　(b) 半透光棚洞

图 1.13　按视觉效果分类

第 2 章 总 体 设 计

2.1 总体设计原则

公路明(棚)洞主要是为专门应对边斜坡不良地质病害、保障边坡安全、保护自然环境而设置的道路构造物，因此明(棚)洞总体设计不仅要满足公路自身的功能需求，还要着重研究明(棚)洞使用者在特定环境下影响行车安全的各种复杂因素。明(棚)洞总体设计的内容涵盖了公路自身的功能要素和岩土防护工程的各种特性，设计就是对这些要素和特性进行综合分析，使其系统化、规范化的过程，最终使建造的公路明(棚)洞既能满足公路自身功能要求，又能与环境相协调，且造价合理。

公路明(棚)洞总体设计应紧紧围绕提高行车安全、防控重大地质灾害两个主题展开。

1. **围绕提高行车安全、防控重大地质灾害主题进行路基边坡防护、明(棚)洞防护和路线绕避方案比选论证**

不同类型、不同规模的地质灾害的处理方式各不相同，围绕提高行车安全、防控重大地质灾害主题，重点要根据地质灾害的发育情况选择合理的处理方式。明(棚)洞设计首先应根据地质灾害防治的需要，将其置身于路线总体设计的环境中进行多方案比选；其次，从技术可行、安全可靠、经济合理的角度出发，在地质灾害发育路段对路基边坡防护、明(棚)洞防护、路线绕避等方案进行比选论证；最后，考虑施工的可行性，根据道路保通的要求等条件综合确定技术方案。

方案比选论证最重要的基础资料是对地质灾害的认识以及对其引发不良后果的预判。一般来说，防灾能力从弱到强的方案依次为路基边坡防护、明(棚)洞防护、路线绕避。在不同的设计阶段，应根据工作深度的要求，采用定性与定量相结合的方式进行充分比选论证，力求方案安全可靠。

2. **正确处理好明(棚)洞与路线走向、地质灾害的关系，合理设置明(棚)洞**

明(棚)洞是路线上非常有价值的一种构造形式，其设置与路线总体设计、地质灾害情况等密不可分。明(棚)洞的设置通过方案比选确定以后，首先应坚持"防灾选址"的原则，确定其设置的具体位置；其次，应根据地质灾害的影响范围确定明(棚)洞的设置长度；再次，应结合地质灾害的类型与规模，对明(棚)洞结构形式进行技术比选；最后，根据地质灾害防治要求，设置明(棚)洞的需求，优化调整路线走向，处理好明(棚)洞结构与路线总体的关系，使其具有良好的整体协调性。

设置明(棚)洞的路段，应将结构物与路线总体进行综合考虑。有条件时应尽量改善路线平纵面线形指标，保证其内外的平纵线形协调，以满足行车安全、舒适的要求；如条件困难无法调整线形时，通过对明(棚)洞结构进行适当加宽，确保内部视距满足要求，并加强警示与诱导，以改善行车条件，保证行车安全。

3. 根据所处地质条件、周边环境等，合理确定明(棚)洞的结构形式

明(棚)洞的结构类型应根据地形、地质、施工条件，考虑结构安全、经济实用、美观等因素综合分析确定。一般地，边坡一次塌方量大、落石较多、外侧较宽且基底地质条件较好时，宜采用拱形明洞；在建筑高度受到限制或地基软弱、宽度有限的地方，宜采用矩形明洞；当路基外侧地形狭窄、内外侧墙基底地质明显不同，外侧基础工程量较大或洞顶荷载较小时，可采用棚洞；当路基外侧临河又不能压缩河床行洪断面、上部偶有落石又不得不设置明(棚)洞时，还可以考虑采用桥式明(棚)洞等特殊的结构形式。

在山区公路结构物集中、施工组织困难、地质灾害频发等特殊地段，明(棚)洞的布设应结合其施工方案和施工期间的交通组织设计，从减小施工难度、降低临时工程造价和有利于防灾减灾的角度出发，进行方案综合比选。

4. 遵循交通规划、环境保护和自然景观的要求，满足公路交通服务功能

公路等级与公路交通服务功能、交通规划、交通量及项目所在地区的综合运输体系、社会经济等多种因素有关。一条公路可分段选用不同的公路等级，同一公路等级可分段选用不同的设计速度。明(棚)洞的设计速度、建筑限界、断面净空和主体结构，应根据其所在路段的公路等级和技术标准一次建成；在既有公路上增设防灾减灾明(棚)洞，其技术要求应不低于所在路段的公路等级和技术标准。

5. 贯彻以人为本的交通服务宗旨，坚持安全至上的设计原则

明(棚)洞的设计，首先应确保明(棚)洞主体结构(基础、明洞衬砌、棚洞内外侧支承结构、棚洞顶梁、路面等)稳定可靠，避免运营期间病害的发生。在设计中应全面比较、重点勘察，将明(棚)洞布置在稳定的地层中，并有利于两端接线及洞外工程布置，尽可能降低运营期间的养护费用。

从明(棚)洞结构和施工安全方面考虑，其位置应选择在稳定的地层中，滑坡地段不宜修建明(棚)洞，但若采取综合防治措施能确保明(棚)洞结构安全稳定时，可修建抗滑明(棚)洞，其构造应确保滑坡体稳定与明(棚)洞安全。

2.2 勘察设计阶段及工作重点内容

明(棚)洞往往长度不长、规模不大，从规划到建成一般需要经过工程可行性研究、初步设计、施工图设计、招投标和施工等阶段。工程可行性研究、初步设计、施工图设计这三个阶段是明(棚)洞工程设计的重点环节，各阶段工作重点有所不同。

当工程项目是一整条新建或改扩建公路、明(棚)洞仅为其中的某个工点时，在工程可行性研究阶段其通常不会作为主要工点进行研究；当工程项目以明(棚)洞为主，如地质灾害危险路段增设明(棚)洞时，则各阶段工作均需围绕明(棚)洞展开。因此，本节以明(棚)洞为主的工程项目为例，对其勘察设计阶段及工作重点内容提出相应的要求，其余情况可参照执行。

2.2.1 工程可行性研究阶段

工程可行性研究阶段的主要任务是结合路线走廊带的选择，对规划走廊带内可能的明(棚)洞方案进行规划和概略设计，确定修建明(棚)洞的可行性与必要性、建设规模与技术标准以及必要的防护标准。简而言之，工程可行性研究阶段就是确定是否修建明(棚)洞。

在调查中，需在区域性地质资料分析论证的基础上，结合明(棚)洞所在位置的地形、地质、环境等自然条件，论证明(棚)洞设置的目的、必要性、使用功能、规模和可行性，重点对灾害点路基边坡防护、明(棚)洞防护和路线绕避方案进行比选论证，总体要求是安全经济。

由于明(棚)洞主要是为了防治地质灾害而设置的，在工程可行性研究阶段需高度重视对地质灾害的判识，遵循"防灾选址"的原则，以收集区域地质资料、遥感地质、航空摄影、调查、测绘为主，必要时利用钻探和测试等手段，基本掌握工点的工程地质与水文地质条件，了解地质灾害产生的条件及其规模、类型、范围等，对明(棚)洞建设适宜性进行评价，为明(棚)洞工程方案的比选和可行性研究报告的编制等提供地质资料，为下一阶段的工作打下良好基础。另外，需要对明(棚)洞的各项基本资料(如选址区的气温、降雨、降雪、气象、资源开发、文物保护、城市规划和已有构造物等)进行调查。

工程可行性研究阶段的设计应完成明(棚)洞说明、地质平纵面图、建筑限界及内轮廓图、明(棚)洞结构方案图、工程数量及投资估算等。

2.2.2 初步设计阶段

初步设计阶段是在工程可行性研究阶段已经确定技术标准的前提下，结合路线方案及地质灾害情况，通过论证比选，确定明(棚)洞设计原则和设计方案，控制工程投资。简而言之，初步设计阶段就是确定建明洞还是棚洞。

1. 初步地质勘察

明(棚)洞工程初步地质勘察是初步设计调查工作中最重要的环节，初步地质勘察工作的目标和任务是在可行性研究成果的基础上，基本查明各方案明(棚)洞场地的工程地质、水文地质条件，并对明(棚)洞工程场地进一步做好工程地质比选工作，为初步选定明(棚)洞位置、设计方案、基础方案和编制初步设计文件提供必要的工程地质依据。

勘察方法以收集区域地质资料、对明(棚)洞选址区的地质灾害调绘为主，辅以必要的钻探、测试工作。地质调绘应包括(但不限于)1∶2000工程地质调绘，调绘范围包括：危岩落石、崩塌岩堆发育区等对明(棚)洞有影响的地质灾害区域；对控制岩体稳定的层理、断层、泥化夹层、层间错动带等软弱结构面；地下水的补、径、排条件；地表水、地下水与崩塌、泥石流等地质灾害的相互关系等。

2. 方案比选

在工程可行性研究阶段的基础上，应对防治地质灾害的可行方案从选址区域的自然建设条件、建设规模、施工条件和运营管理技术难度及成本等方面进行系统的论证和比选。在方案比选过程中，根据地质灾害的类型与规模、现场地形地质条件等因素，确定明(棚)洞的具体类型、断面形式等。

3. 初步设计

初步设计阶段明(棚)洞设计主要包括以下内容：①比选与明(棚)洞工程有关的路线方案、边坡防护方案等；②通过对地质灾害区域的地质条件进行调查分析，提出地质灾害防治需求；③明(棚)洞平纵面设计与长度的确定；④明(棚)洞结构设计、回填设计、防排水设计；⑤明(棚)洞防御地质灾害能力的设计验算；⑥明(棚)洞施工方案与施工组织设计；⑦明(棚)洞交通安全设施及附属设施等设计；⑧计算主要工程数量及工程造价等。

2.2.3 施工图设计阶段

施工图设计阶段是在初步设计阶段的基础上，根据地质灾害情况进一步优化明(棚)洞，补充完善地质资料，进行明(棚)洞细部设计。简而言之，施工图设计阶段就是确定明洞或棚洞具体怎么建。

1. 位置确定

根据初步设计批复意见进一步优化明(棚)洞段平纵面线形，然后进行实地核查，确定地质灾害的影响范围，进一步确定明(棚)洞的位置，开展补充地形测量与详勘地质工作以及相应专业资料与施工条件调查工作。

2. 详细工程地质勘察

明(棚)洞详细工程地质勘察的目标与任务是根据已批准的初步设计文件所确定的修建原则、设计方案、技术要求等资料，有针对性地进行工程地质勘察工作，为编制施工图设计文件提供准确、完整的工程地质资料。在初步勘察成果的基础上，根据设计需要进一步查明明(棚)洞场地工程地质条件。

详细工程地质勘察阶段的主要工作内容是在对初步勘察调查测绘、现场测试、计算分析的基础上，查明明(棚)洞所在地区的地形、地质以及地质灾害情况，针对不同的地质灾害确定其主要特征，如场地危岩崩塌稳定性、边坡落石冲击动能参数、崩塌堆积范围和高度、泥石流过流流量和堆积形态特征等。详细工程地质勘察阶段的勘察方法应以钻探为主，辅以必要的物探与原位测试。

3. 施工图设计

明(棚)洞施工图设计是在地质详勘工作的基础上，根据地质灾害情况及相关物理力学参数完成明(棚)洞结构计算分析，并结合工程类比，在满足构造物的安全性、实用性和经济性要求以及进行充分计算和分析的条件下，完成明(棚)洞工程各细部的设计，同时还应制定详细的明(棚)洞施工安全预案。

施工图设计阶段明(棚)洞设计主要包括以下内容：①根据不同地质灾害的特点与规模，完成不同明(棚)洞结构分析计算，根据计算结果，进行详细的明(棚)洞结构设计、洞门设计、防排水设计、美学设计等；②根据地形地质条件，完成明(棚)洞结构基础及地基处理设计；③根据明(棚)洞防护需要，完成明(棚)洞回填设计；④制定详细的明(棚)洞施工总体方案和施工工序；⑤提出采用的施工技术规程和质量检验验收标准；⑥完成交通安全设施、附属设施等各系统设计图纸；⑦完成施工图预算等。

2.3 明洞与棚洞位置及形式的选择

2.3.1 总体原则

明洞与棚洞位置及形式选择的总体原则如下：
(1)遵循公路总体设计要求。明(棚)洞内外平纵面线形应协调，保证明(棚)

洞内外线形顺畅、协调一致，符合行车安全与行车舒适的要求；明(棚)洞断面布置形式应根据所处地质条件、周边环境等合理确定，符合经济性与施工安全的要求；明(棚)洞施工方法与施工组织应适应结构特点与地质条件，充分考虑施工方案和施工期间对交通组织的影响，符合环境保护的要求。

(2)进行地质灾害防护方案的比选。在地形地貌、周边环境、地质灾害等调查的基础上，综合比选路基边坡防护、明(棚)洞防护、路线绕避等处治方案；当明(棚)洞长度过长时，应综合比选明(棚)洞防护与路线绕避方案。采用动态思维方式，多视野、多角度地进行分析，由面到带、由带到线、由浅入深反复进行比较论证。

(3)充分考虑工程区的工程地质和水文地质条件，明(棚)洞应设置在稳定的地层中。

(4)结合公路等级、明(棚)洞设置情况等，对其内外防排水系统、泥石流排导系统、交通工程设施、环境保护等进行综合考虑。

(5)严格执行《中华人民共和国水法》、《中华人民共和国土地管理法》、《中华人民共和国森林法》、《中华人民共和国环境保护法》等法律、法规对公路工程建设的相应规定，严格保护耕地，特别是基本农田。

(6)利用航测、遥感、全球定位系统和数字技术等新手段，加强工程勘察的广度和深度，对地质灾害的现状认识充分，对地质灾害的发展有一定预判，确保防护的有效性。

2.3.2 不同条件下明(棚)洞位置选择

1. 地形条件对明(棚)洞位置选择的要求

明(棚)洞的设置主要是为了防治地质灾害，或处理路基边坡处治较困难的高陡边坡半路堑地段，因此其设置的位置往往在沿河傍山路段。沿河傍山路段设置明(棚)洞应特别注意山体的稳定性，明(棚)洞结构应设置于稳定的地层中，并充分考虑河流冲刷的影响，保证明(棚)洞基础的稳固。一般情况下，滑坡地段不宜修建明(棚)洞，但若采取综合整治措施能确保明(棚)洞结构安全稳定时，可修建抗滑明(棚)洞。

沿河或邻近水库地区的明(棚)洞，路段路肩设计高程应高出河流或水库计算洪水位(含浪高和壅水高)，且不小于0.5m，同时应注意由于水的长期冲刷或浸泡造成下边坡坍塌对明(棚)洞稳定的不利影响，并采取相应的工程措施。

明(棚)洞设于路基段，一般长度不长，可视为路基防护的一种特殊类型，因此其设计洪水频率标准主要参考路基设计洪水频率的要求，可按照表2.1取值。

表 2.1　明(棚)洞设计洪水频率

公路等级	高速公路	一级公路	二级公路	三级公路	四级公路
设计洪水频率	1/100	1/100	1/50	1/25	1/25

注：1/100 表示百年一遇，其余同理。

2. 地质条件对明(棚)洞位置选择的要求

明(棚)洞通常是用于应对地质灾害的结构，因此其不可避免地会遇到崩塌、落石、泥石流等不良地质地段，但明(棚)洞的防护能力是有限的，需要根据地质灾害的发育程度对路基防护、明(棚)洞防护、路线绕避等方案进行深入比选，从而选择合适的处治方案。

(1)明(棚)洞应尽量避免从滑坡、错落体内通过，当路线必须通过时，应采取综合整治措施以确保明(棚)洞结构安全稳定，这种情况可修建抗滑明(棚)洞。

(2)崩塌、落石路段应充分调查崩塌落石物质来源、影响范围、可能产生的冲击荷载大小等，同时应对灾害的发展有一定预判与前瞻。经技术经济比较需设置明(棚)洞时，且明(棚)洞有条件时应尽量靠山，减小被崩塌落石直接冲击的概率；有条件时宜适当加长明(棚)洞，充分考虑崩塌体或落石弹跳、堆积的范围，避免崩塌体或落石掩盖公路，影响行车安全。

(3)明(棚)洞穿过泥石流沟床下部时，明(棚)洞的基础应置于基岩或牢固可靠的地基上。明(棚)洞设计时应根据洞顶回填坡度情况，充分考虑泥石流爆发时对明(棚)洞可能产生的冲击力以及水位上涨所形成的高水头等不利情况。通常应对泥石流沟槽或坡面汇水沟槽等设置排导槽，排导坡面明水，对应的回填层厚度不宜小于 0.5m。

(4)水库地区的明(棚)洞位置应避开受水库充水及消水影响易于发生滑塌病害的松散、破碎地带，选择在稳定的基岩或塌岸范围以外的稳固地层内。明(棚)洞高程一般均应设于水库设计正常高水位以上的规定高程。

3. 明(棚)洞位置的选择应与周围构造物相协调

明(棚)洞位置的选择应考虑与其前后构造物的协调性。在紧接桥梁、隧道、路基支挡防护结构等情况下，应综合考虑明(棚)洞与桥跨布局、与隧道洞口衔接、与路基支挡防护结构干扰或过渡处理，保证与周围构造物相协调，避免各构造物施工相互干扰。

2.3.3　明(棚)洞的选用

1. 明(棚)洞的性能

明洞与棚洞的适用条件相似，但因两者的结构特征有一定差异，其适用条件也有所区别。一般来说,明洞结构具有封闭性的特征,因此其整体性较好,防护能力较强;棚洞结构临空一侧通常采用柱式或框架式结构,所以其可变性较大,通透性较好,景观效果更佳。

2. 明(棚)洞选用要求

应对边斜坡不良地质病害、保障边坡安全而设置明(棚)洞时,其结构类型的选用应根据地形、地质、施工等条件,考虑结构安全、经济实用等因素综合分析确定,一般遵循以下原则:

(1)边坡一次塌方量大、落石较多、路基外侧较宽、基底地质条件较好时,宜采用拱形明洞;建筑高度受到限制或地基软弱、路基宽度有限时,宜采用矩形明洞。

(2)当路基外侧地形狭窄、外侧基础工程量较大或洞顶荷载较小时,可采用半拱形棚洞或门形棚洞。

(3)明(棚)洞一般不具备抗滑能力,因此滑坡地段不宜修建明(棚)洞,但若采取综合整治措施能确保明(棚)洞结构安全稳定时,可修建抗滑明(棚)洞。抗滑明(棚)洞应按支挡工程设计,其构造应确保滑坡体稳定与明(棚)洞结构安全。

2.4 明洞与棚洞线形设计

驾驶员在进出明(棚)洞或在其中驾驶时,其心理、视觉特性、驾驶行为、驾驶环境与一般路段有较大差异,道路线形和设施需要为这种变化提供适应性。当道路线形不能适应驾驶员在明(棚)洞中的驾驶特性或者不能为驾驶员提供从一般道路到明(棚)洞这种驾驶特性变化过程所需要的过渡时间时,就为道路的安全埋下隐患,可能会导致明(棚)洞内事故频发。明(棚)洞线形设计包括平面线形设计、纵面线形设计和洞口线形设计。

2.4.1 平面线形设计

明(棚)洞平面线形设计应根据地质、地形、路线走向、不良地质发育情况等因素综合确定,应与公路整体线形相协调。曲线路段有条件时尽量采用较高指标;在困难路段可采用低指标,但不宜采用极限指标。明(棚)洞属于封闭或半封闭的结构,但往往长度不长,其内部行车条件与隧道相似,但又不完全相同,因此需根据公路建设性质、公路等级等实际情况,对明(棚)洞路线线形提出要求。

1. 新建公路上的明(棚)洞平面线形设计

新建公路选线设计时,均会把提高公路行车安全、防灾能力等作为重要因素来考虑，通常会尽量避开地质灾害点。当经过前后路段技术经济比较后必须设置明(棚)洞时，其平面线形设计宜参照隧道平面线形设计的要求执行，不宜采用设超高的平曲线，并且不应采用需设加宽的平曲线。受特殊条件限制，明(棚)洞平面线形需采用设超高的平曲线时，其超高值不宜大于4%。

2. 改扩建公路上的明(棚)洞平面线形设计

高等级公路行车速度快、安全性要求高，其改扩建平面线形指标需满足较高要求才能保证运营安全，因此高等级公路改扩建设置明(棚)洞时，其平面线形宜按照新建公路上的明(棚)洞平面线形的要求执行。

低等级公路特别是山区低等级公路，由于其防灾能力较差，出现崩塌、落石等地质灾害的情况较多，是改扩建的主要公路类型。低等级公路改扩建工程投资规模往往有限，一般情况下主要对危险路段、瓶颈路段、灾害较多路段等进行重点防治。为提高低等级公路的防灾能力，设置明(棚)洞的需求大。在低等级公路改扩建中，当地形条件较好时，明(棚)洞平面设计宜尽量满足隧道对路线平面线形的要求；若条件受限，则明(棚)洞可采用设超高、加宽的平曲线，平曲线指标及超高、加宽应符合《公路路线设计规范》(JTG D20—2017)的有关规定。

3. 公路明(棚)洞平面视距检验要求

随着运行速度设计新理念的引入，明(棚)洞内运行速度与设计速度上的差异也会影响车辆行车的安全性和舒适性。因此，明(棚)洞平面线形还应结合明(棚)洞内运行速度的实际情况进行停车视距与会车视距验算，以保证驾驶员在紧急情况下有充分的时间迅速停车，从而避免交通事故。

明(棚)洞内视距的评价将从明(棚)洞设计速度和小汽车在明(棚)洞内的运行速度两个方面进行。当平曲线半径为 R 时，满足视距 L 的最小平曲线半径按式(2.1)计算，计算示意图如图2.1所示。

$$L/2 = (R + A + T + M) \times \alpha \tag{2.1}$$

式中，$\alpha = \arccos \dfrac{R}{R + A + T + M}$；$R$ 为平曲线半径；L 为停车视距或会车视距；T 为侧向余宽；A 为路缘带宽度；M 为车道中心线到路缘带边缘线的距离。

明(棚)洞内部行车视线较差，应避免车辆合流、分流、交织等现象。特殊情况下，因其洞口分散设置需在明(棚)洞内进行车辆分流、合流时，应根据车辆分流、合流的运行速度，对停车视距进行验算，并进行行车安全的专题论证。

2.4.2 纵面线形设计

明(棚)洞纵面线形设计应以行车安全、排水、通风、防灾等要求为基础，综

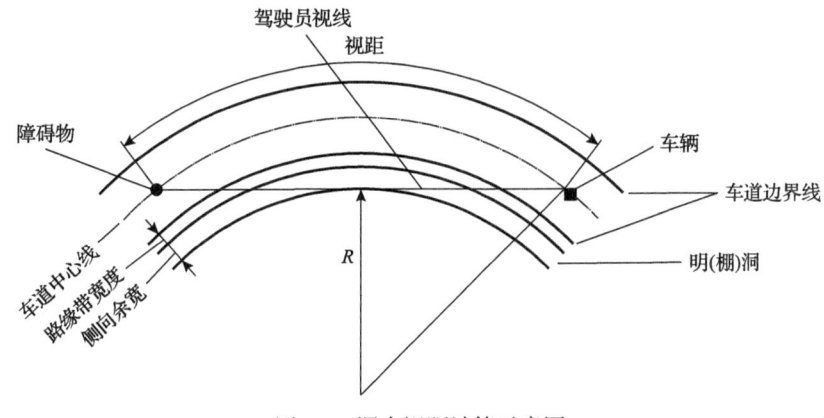

图 2.1 洞内视距计算示意图

合行车舒适性以及后期运营、维修等方面因素共同确定。

1. 明(棚)洞纵坡最小值、最大值的确定

明(棚)洞纵坡最小值，应以投入运营后的排水沟的水自然流出为条件确定，最低不小于 0.3%，为使排水更顺畅，纵坡值以不小于 0.5% 为宜。

明(棚)洞纵坡最大值，应以其使用功能(通行汽车)为依据，从设计速度(爬坡时行驶速度不能降低太多)、地质条件(尽量将其置于稳定地层中)、通风(尽可能减少废气量)、交通事故率、火灾时救援、两洞口高差及两端接线、工程投资等方面综合考虑。一般情况下，明(棚)洞纵面线形应满足隧道纵面线形的要求，不大于 3%；当条件困难需要采用较大纵坡时，应结合行车安全性进行充分的技术经济综合论证，但应满足路线对各等级公路纵坡的一般要求。

近年来，在西部山区公路建设中，由于受地形、地貌限制，采用不大于 3% 的纵坡布线较为困难，这意味着设计布线时必须增加路线长度来满足纵坡的要求。因此，在条件受限制时应综合权衡明(棚)洞后期运营与工程建设的费用，采用一定措施提高明(棚)洞内行车安全性后，纵坡最大值可适当加大到 4%；在特别困难的条件下，经技术经济论证，纵坡最大值还可加大至 5%。短于 100m 的明(棚)洞，其纵坡与洞外路线的纵坡要求相同。

2. 明(棚)洞内纵面线形要求

新建公路设置明(棚)洞的纵面线形应满足隧道纵面线形的要求。

就改扩建公路而言，对其纵面线形设计影响较大的因素之一是既有公路的纵坡情况，因此在改扩建公路上设置明(棚)洞，其纵坡大幅调整的可能性较小，不易满足隧道对纵坡的要求。改扩建公路上的明(棚)洞进行纵面线形设计时需要充分把握以下原则：

(1)凹型曲线最低点不宜设置在明(棚)洞内,若不可避免需要设置,应充分考虑路面排水措施,避免洞内路面积水影响行车安全。

(2)明(棚)洞内纵面线形设计时应充分考虑其路面结构层厚度、底板厚度或横系梁高度等,在保证明(棚)洞基础置于稳定地层或一定埋置深度的同时,也应尽量减少开挖,降低施工难度。

(3)考虑明(棚)洞内外接线的要求,保证洞内外纵坡过渡顺适,不会造成跳车现象。

(4)明(棚)洞内一般宜采用单向坡,地下水发育且有条件时可采用双向人字坡。明(棚)洞内纵坡变化处应设置大半径竖曲线平缓过渡,以保证驾驶员有足够的视线。

(5)明(棚)洞内一般不宜设置爬坡车道。纵坡大于4%单向两车道的明(棚)洞,经运行速度验算,洞内行车速度低于路段最低容许速度,且大型车比例较高,严重影响洞内通行能力。调整明(棚)洞纵坡较困难时,经过技术经济综合比较,根据实际情况可以在明(棚)洞洞口路段设置爬坡车道,使大型车与小型车分离,保证小型车的运行质量,提高道路通行能力。

(6)明(棚)洞内纵坡的变化不宜过大、过频,以保证行车的安全视距和舒适性,一般情况下,洞内的变坡点数不宜多于3个。

2.4.3 洞口线形设计

明(棚)洞洞口线形设计包括明(棚)洞与洞外接线的平面线形设计、明(棚)洞与洞外接线的纵面线形设计、明(棚)洞与洞外接线的横断面过渡设计和明(棚)洞群的线形设计。

1. 明(棚)洞与洞外接线的平面线形设计

明(棚)洞与洞外接线应与洞内线形相协调,其洞口内外各3s设计速度行程长度范围的平面线形应一致。缓和曲线内曲率不断变化,驾驶员需不断调整方向盘来保持车辆的正常行驶,不宜视为线形一致。

洞口内外各3s设计速度行程长度范围平面线形一致的要求属于理想状态,在明(棚)洞的实际工程中往往难以满足,特别是山区公路改扩建工程中增设明(棚)洞时更难达到,在设计中应按照下列不同情况来把握:

(1)当明(棚)洞为隧道洞口的一部分时,应将明(棚)洞洞口视为隧道洞口,并严格执行3s设计速度行程长度范围平面线形一致的要求。

(2)高等级公路新建与改扩建工程、低等级公路新建工程中独立设置的明(棚)洞,若长度较长,进出口应满足3s设计速度行程长度范围平面线形一致的要求;若长度较短,进出口很难同时满足3s设计速度行程长度范围平面线形一致的要求，应采用较高平纵面指标，且行车视距需满足要求。

(3)低等级公路改扩建工程中独立设置的明(棚)洞，一般都是针对地质灾害而设置，随机性较大，其洞口位置的选择通常都是根据地质灾害的范围而确定，很难与路线平面线形进行较好匹配，因此这种情况下可适当放宽对明(棚)洞洞口内外线形的要求，但平面应满足行车视距要求。类似情况在我国西部山区极为常见，2008年"5·12"汶川地震以后在汶川周边许多国/省干线公路上修建了大量用于防御崩塌、落石的明(棚)洞结构，因地形条件及投资规模的限制，其洞口大多数无法满足理想线形的要求。根据超过10年的运营经验来看，基本上没有因不满足3s设计速度行程长度范围平面线形一致的要求而引起的交通事故。

(4)明(棚)洞群之间每个洞口线形均采用理想线形有困难时，可适当放宽对3s设计速度行程长度范围平面线形一致的要求，但平面应满足行车视距要求。

实践证明，当设计行车速度不高的低等级公路条件受限时，适当放宽对3s设计速度行程长度范围平面线形一致的要求，更符合工程实际，采用完善交通安全设施、加强管理等方法是可行的。当洞内外接线采用缓和曲线或缓和曲线与圆曲线组合线形时，应加强视距检验，确保洞口附近平面线形满足视距要求，同时需要在洞口内外加强交通安全设施建设，如在标志提醒、线形诱导、光过渡等方面采取措施，以保证行车安全。

2. 明(棚)洞与洞外接线的纵面线形设计

明(棚)洞洞口内外各3s设计速度行程长度范围的纵面线形应一致，有条件时宜取5s设计速度行程。明(棚)洞是一个较小的封闭或半封闭空间，凸形竖曲线上的车辆在接近变坡点时，由于前方的视距较小，通过变坡后迅速进洞，影响行车安全；对于凹形竖曲线，由于洞室内设备的遮挡，驾驶员行驶时距离路面有一定高度，对行车视距影响较大，因而行车速度往往降得很低，并影响洞口安全。

明(棚)洞洞口的纵坡，有条件时宜设置一定长度的直坡段，使驾驶员有较好的行车视距。当条件困难不能满足上述要求时，应采用较大的竖曲线半径。

3. 明(棚)洞与洞外接线的横断面过渡设计

根据高速公路隧道运营状况的调查，隧道进出口为事故多发段，洞口端墙被撞的概率较高。明(棚)洞进出口处与隧道类似，明(棚)洞与洞口接线的横断面(路基或桥梁横断面)存在突变，亮度差别比较大。因此，应特别重视明(棚)洞与洞外接线的横断面过渡设计。

当明(棚)洞洞门内外宽度有变化时，洞口外与之相连的路段应设置距洞口不小于3s设计速度行程长度且不小于50m的过渡段，在满足车道行驶轨迹的条件下，保持道路横断面过渡顺适。

在明(棚)洞入洞前一定距离内，应设置必要的安全设施和视线诱导标志，保持明(棚)洞洞外连接线形均衡过渡。当明(棚)洞进洞口段洞外设置较长、较大的下坡时，应避免在洞口设置小半径的平曲线进洞；当明(棚)洞出洞口段洞内纵坡较大时，应避免在洞口设置小半径的平曲线出洞。

分左、右幅设置的明(棚)洞，其分线(或合线)的处理宜按左、右幅分别进行线形设计(线形分离)，平面分线方式应灵活。平面分线应在保证出洞方向线形较顺畅的前提下，灵活选择进洞方向的平面分离点，进洞方向的平面指标不必过高，分离式断面长度不宜过长。

原则上，高等级公路上每座双洞明(棚)洞洞口外均应设置联络通道，利于车辆在必要时可通过转向道行驶到反向车道上，方便隧道维修、养护和应急抢险等。当明(棚)洞长度大于1000m时，应在洞口外适当位置设置联络通道；当明(棚)洞长度小于1000m时，宜结合前后路段中央分隔带开口合并设置。

4. 明(棚)洞群的线形设计

明(棚)洞群是指受地形限制，相邻明(棚)洞洞口纵向间距很短而又不宜连成一个整体的两座或多座明(棚)洞。

确定按明(棚)洞群考虑的因素主要取决于汽车驾驶员对眩光的感受。汽车行经明(棚)洞进出洞口时，不论洞内有无照明设备、外侧是否开孔透光，驾驶员总会受到眩光的影响，一般情况下，从明到暗进洞缓解时间需3～4s，从暗到明出洞缓解时间需2～3s。当两个相邻明(棚)洞洞口间距小于缓解时间6s时，驾驶员尚未处于明线行车状态。根据调查，驾驶员受眩光影响的缓解时间与驾驶员的注意力集中程度密切相关。因此，当明(棚)洞设计速度不高于60km/h时，取2倍安全系数，以12s设计行程时间作为明(棚)洞群的界定距离。当明(棚)洞设计速度高于60km/h时，取1.5倍安全系数，以9s设计行程时间作为明(棚)洞群的界定距离。两座或两座以上长度小于250m的明(棚)洞，相邻洞口纵向间距小于100m时，无论其设计行车速度大小如何，均应按明(棚)洞群考虑。

明(棚)洞群的定义本身包含相邻洞口间一定范围应保持平纵面线形一致的要求，即"本明(棚)洞内3s行程+两明(棚)洞间路基3s行程+下一明(棚)洞内3s行程"范围内平纵面线形应一致。明(棚)洞群宜整体考虑其平纵面线形技术指标，并按一座明(棚)洞进行平面控制测量、高程测量和贯通误差计算。

高等级公路新建与改扩建工程、低等级公路新建工程中的明(棚)洞群应尽量满足平纵面线形一致的要求，当条件困难难以满足时应采用较高平纵面指标，且行车视距满足要求；低等级公路改扩建工程中的明(棚)洞群，在满足行车视距要求并加强交通安全设施建设的前提下，可放宽对明(棚)洞群之间平纵面线形一致的要求。

高速公路、一级公路上两座明(棚)洞相邻间距小于 50m 时,宜将二者连通设置,避免光线亮度变化频繁不利于行车安全。

2.5 明洞与棚洞建筑限界及净空断面

2.5.1 建筑限界

公路明(棚)洞建筑限界是满足明(棚)洞使用功能,保证明(棚)洞运营安全的基本控制因素。公路明(棚)洞的建筑限界不仅应满足汽车行驶的需要,还应充分考虑汽车行驶的安全、快捷舒适和防灾等因素。建筑限界标准应符合《公路工程技术标准》(JTG B01—2014)第 3.6 条、第 8.0.3 条的规定。在建筑限界内不得有任何部件(包括通风、照明、安全、监控和内装饰等附属设施)侵入。

隧道洞口段设置的明(棚)洞属于隧道的一部分,其建筑限界应严格按照公路隧道设计相关要求执行,其建筑限界的设置要求这里不再赘述。

对于独立设置的明(棚)洞,《公路隧道设计规范 第一册 土建工程》(JTG 3370.1—2018)第 4.4.8 条明确规定:四车道高速公路上的短隧道,独立设置的明洞或棚洞,城市出入口的中、短隧道,宜与路基同宽。另外,公路明(棚)洞建成以后的运营条件与公路隧道类似,属于封闭或半封闭的状态,因此有必要参照公路隧道的做法考虑检修道或人行道。综合以上两点因素,独立设置的明(棚)洞应按以下规定执行。

1. 高速公路、一级公路明(棚)洞建筑限界

按照公路建筑限界的基本要求,高速公路、一级公路上的明(棚)洞在对应路基土路肩的部位设置检修道,根据不同的横断面布置方式可分为整体式与分离式。

整体式路基断面明(棚)洞建筑限界最小宽度应符合表 2.2 的规定,建筑限界几何图形应按照图 2.2 所示进行设计。

表 2.2 整体式路基断面明(棚)洞建筑限界最小宽度

公路等级	设计速度 /(km/h)	行车道宽度 W/m	左侧路缘带宽度 S/m	右侧硬路肩宽度 L/m	余宽 C/m	建筑限界右顶角宽度 E_R/m	检修道宽度 J/m	建筑限界净宽/m
高速公路、一级公路(干线功能)	120	3.75×2	0.75	3.00(2.50)	0.50	1.00	1.00	12.75(12.25)
				1.50				11.25
	100	3.75×2	0.75	3.00(2.50)	0.25	1.00	1.00	12.50(12.00)
				1.50				11.00

续表

公路等级	设计速度/(km/h)	行车道宽度 W/m	左侧路缘带宽度 S/m	右侧硬路肩宽度 L/m	余宽 C/m	建筑限界右顶角宽度 E_R/m	检修道宽度 J/m	建筑限界净宽/m
高速公路、一级公路（干线功能）	80	3.75×2	0.50	3.00(2.50)	0.25	0.75	0.75	12.00(11.50)
				1.50				10.50
一级公路（集散功能）	80	3.75×2	0.50	1.50	0.25	0.75	0.75	10.50
				0.75				9.75
	60	3.50×2	0.50	0.75	0.25	0.75	0.75	9.25
				0.25				8.75

注：①表中每种设计速度对应的第一行右侧硬路肩宽度为一般值，第二行右侧硬路肩宽度为最小值。
②高速公路和作为干线的一级公路以通行小客车为主时，右侧硬路肩宽度一般值可采用括号内数值。

分离式路基断面明(棚)洞建筑限界几何图形应按照图 2.3 所示进行设计，建筑限界最小宽度应符合表2.3 的规定。

表2.3 分离式路基断面明(棚)洞建筑限界最小宽度

公路等级	设计速度/(km/h)	行车道宽度 W/m	左侧路缘带宽度 S/m	右侧硬路肩宽度 L/m	余宽 C/m	建筑限界右顶角宽度 E_R/m	检修道宽度 J/m	建筑限界净宽/m
高速公路、一级公路（干线功能）	120	3.75×2	0.75	3.00(2.50)	0.50	1.00	1.00	13.50(13.00)
				1.50				12.00
	100	3.75×2	0.75	3.00(2.50)	0.25	1.00	1.00	13.25(12.75)
				1.50				11.75
	80	3.75×2	0.50	3.00(2.50)	0.25	0.75	0.75	12.75(12.25)
				1.50				11.25
一级公路（集散功能）	80	3.75×2	0.50	1.50	0.25	0.75	0.75	11.25
				0.75				10.50
	60	3.50×2	0.50	0.75	0.25	0.75	0.75	10.00
				0.25				9.50

注：①表中每种设计速度对应的第一行右侧硬路肩宽度为一般值，第二行右侧硬路肩宽度为最小值。
②高速公路和作为干线的一级公路以通行小客车为主时，右侧硬路肩宽度一般值可采用括号内数值。

高速公路、一级公路明(棚)洞建筑限界还应满足以下规定：
(1)高速公路、一级公路明(棚)洞建筑限界高度为 5m。
(2)整体式明(棚)洞建筑限界设置时，为避免中央分隔带加宽，采用连拱隧道左侧可不设检修道的处理方式。当左侧不设检修道时，应设置不小于 25cm 的余宽。

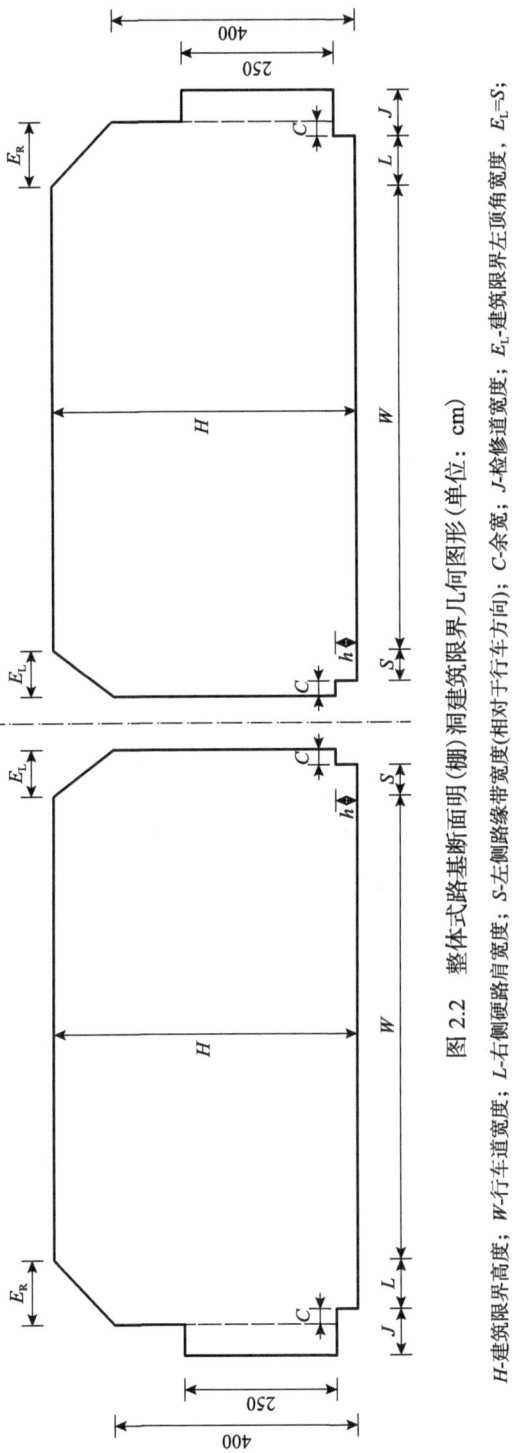

图 2.2 整体式路基断面明(棚)洞建筑限界几何图形(单位:cm)

H-建筑限界高度;W-行车道宽度;L-右侧硬路肩宽度;S-左侧路缘带宽度(相对于行车方向);C-余宽;J-检修道宽度;E_L-建筑限界左顶角宽度,$E_L=S$;E_R-建筑限界右顶角宽度,$L\leq1$m时$E_R=L$,$L>1$m时$E_R=1$m;h-检修道高度

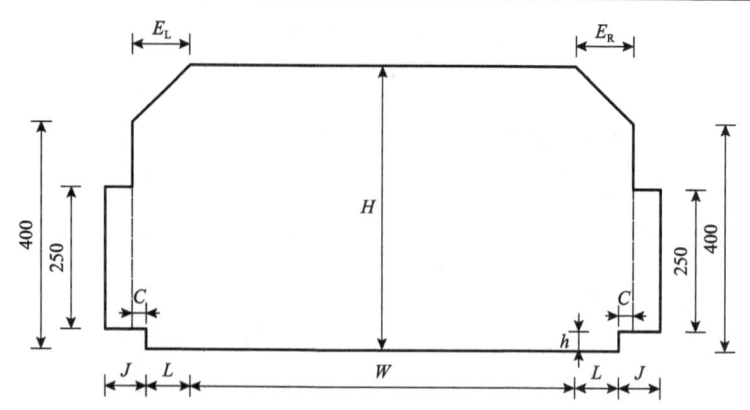

图 2.3 分离式路基断面明(棚)洞建筑限界几何图形(单位:cm)

各变量含义同图 2.2

(3)明(棚)洞右侧硬路肩宽度取值与其所在路段路基段相同。表 2.2 和表 2.3 中所列宽度数据为《公路路线设计规范》(JTG D20—2017)表 6.4.1 中对右侧硬路肩宽度的要求,根据实际情况工程中右侧硬路肩宽度可能与表 2.2 和表 2.3 中数据有所差异,但应保证明(棚)洞与前后路基段相同,以保证行车宽度一致。

2. 二级、三级、四级公路明(棚)洞建筑限界

考虑低等级公路平面指标较低,设置小半径弯道的情况普遍,为提高其适应性并满足视距要求,二级、三级、四级公路明(棚)洞建筑限界除满足路基同宽、设置人行道的要求外,还应充分考虑弯道加宽的规定。二级、三级、四级公路等双向行车的公路明(棚)洞,其建筑限界几何图形应按照图 2.4 进行设计,建筑限界最小宽度应符合表 2.4 的规定。

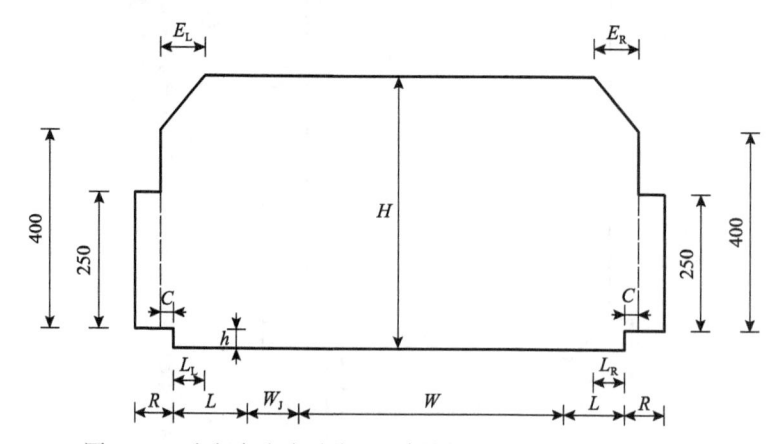

图 2.4 双向行车公路明(棚)洞建筑限界几何图形(单位:cm)

H-建筑限界高度;W-行车道宽度;W_J-行车道加宽(图示加宽方向仅为示意,应根据曲线方向加宽);L-硬路肩宽度;L_L-侧向宽度;C-余宽;R-人行道宽度;E_L-建筑限界左顶角宽度,$E_L=L_L$;h-检修道高度

表2.4 二级、三级、四级公路等双向行车公路的明(棚)洞建筑限界最小宽度

公路等级	设计速度/(km/h)	行车道宽度 W/m	行车道加宽 W_J/m	硬路肩宽度 L/m	左侧向宽度 L_L/m	余宽 C/m	人行道宽度 R/m	建筑限界净宽/m
二级公路	80	3.75×2	根据曲线加宽确定	1.50	0.75	0.25	1.00	12.50+W_J
				0.75				11.00+W_J
	60	3.50×2		0.75	0.50	0.25	1.00	10.50+W_J
				0.25				10.00+W_J
三级公路、四级公路	40	3.50×2		—	0.25	0.25	0.75	9.00+W_J
	30	3.25×2		—	0.25	0.25	0.75	8.50+W_J
	20	3.00×2		—	0.25	0.25	0.75	8.00+W_J

注：①表中二级公路每种设计速度对应的第一行硬路肩宽度为一般值，第二行硬路肩宽度为最小值。
②三级、四级公路明(棚)洞考虑未来公路等级提高、方便人行等因素，均设置人行道。

二级、三级、四级公路明(棚)洞建筑限界还应满足以下规定：

(1)二级公路建筑限界高度为5m；三级、四级公路建筑限界高度为4.5m；若有特殊要求应按照公路该路段的建筑限界高度执行。

(2)四级公路一般情况下均应按照双车道的标准修建；当所在路段为单车道四级公路且不具备建设双车道明(棚)洞的条件时，经技术论证可采用单车道标准建设。

(3)二级、三级、四级公路因涉及曲线内侧加宽问题，同一个项目或同一座明(棚)洞均有可能出现多种不同建筑限界宽度，不同建筑限界之间的过渡应满足路基超高加宽的过渡要求，宜采用渐变过渡。

(4)当硬路肩宽度大于侧向宽度时，行车道两侧设置硬路肩；当硬路肩宽度小于侧向宽度或不设置时，行车道两侧设置侧向宽度。

3.检修道或人行道设计

高速公路、一级公路明(棚)洞内应设置检修道，其他等级公路明(棚)洞应根据明(棚)洞所在地区的行人密度、明(棚)洞长度、交通量及交通安全等因素来确定人行道的设置。高速公路、一级公路按照整体式明(棚)洞断面布置时，检修道可只设置于行车方向的右侧；其余情况下，检修道或人行道宜双侧设置，其宽度按表2.2～表2.4的规定选取。检修道或人行道的高度可按25～80cm取值，并综合考虑以下因素，具体取值根据表2.5来确定：

(1)检修人员步行时的安全。
(2)满足其下放置电缆、排水管、给水管等的空间尺寸要求。

表 2.5　检修道或人行道高度

设计速度/(km/h)	120	100	80	60	40～20
检修道或人行道高度 h/cm	80～35	60～35	40～30	30～25	25

(3)紧急情况时,方便驾乘人员拿取消防设备。

(4)检修道或人行道路缘石对行车有导向作用,但其高度设置不宜对驾驶员的心理造成障碍。

4. 路侧边沟设计

明(棚)洞是否设置路侧边沟应根据其总体防排水方案确定。

当明(棚)洞内需设置路面排水边沟时,应结合检修道、侧向宽度、余宽等布置,引排明(棚)洞渗水、养护清洗水和消防用水,其宽度应小于硬路肩宽度(或侧向宽度),并按路面单向横坡或双向横坡设置于坡低的一侧或两侧。具体设计方法及要求详见本书第 7 章防排水设计相关内容。

5. 紧急停车带设计

公路明(棚)洞运营状态与公路隧道类似,紧急停车带应参考公路隧道的要求进行设计。当明(棚)洞长度大于1000m、洞内不设硬路肩或硬路肩宽度小于2.5m时,单洞两车道明(棚)洞应设紧急停车带,单洞三车道明(棚)洞宜设紧急停车带,单洞四车道明(棚)洞可不设紧急停车带。

紧急停车带的设置应满足以下要求,其建筑限界的构成如图 2.5 所示:

(1)紧急停车带宽度为向行车方向右侧加宽,加宽值与右侧硬路肩(未设硬路肩时为右侧侧向宽度)之和不应小于3.5m。

(2)紧急停车带长度不宜小于 50m,其中有效长度不应小于 40m。

(3)紧急停车带横坡坡度可取 0%～1%。

(4)单向行车明(棚)洞紧急停车带设置间距不宜大于 750m,不应大于 1000m。

(5)双向行车明(棚)洞紧急停车带应两侧交错设置,同一侧间距宜采用 500～800m,不应大于 1000m。

2.5.2　净空断面

明(棚)洞内轮廓设计除应符合建筑限界的规定外,还应为洞内路面、排水设施、装饰构造提供建筑空间,为通风、照明、消防、监控、运营管理等设施提供安装空间,为结构变形及施工误差预留适当的富余量,设计断面形式及尺寸应符合安全、经济、合理的原则。

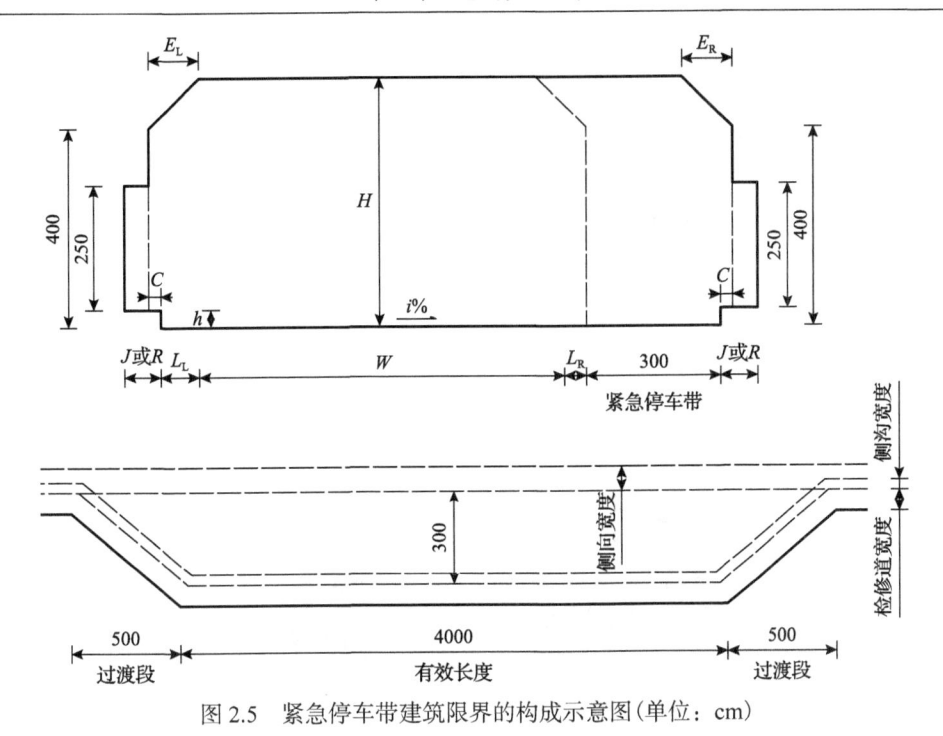

图 2.5 紧急停车带建筑限界的构成示意图(单位：cm)

1. 内轮廓设计的一般要求

明(棚)洞内轮廓根据断面形状可分为拱形、矩形、异形等，各类断面形状的设计均应满足以下一般要求：

(1) 当明(棚)洞为单向交通时，路面横坡应取单面坡，建筑限界底边线与路面重合；当明(棚)洞为双向交通时，路面横坡可取双面坡，建筑限界底边线应水平置于路面最高处。路面横坡坡度应根据明(棚)洞平纵面线形等因素综合分析确定。

(2) 明(棚)洞内正常路拱横坡坡度应与路基标准断面保持一致，一般为1.5%～2%；当明(棚)洞位于超高平曲线段时，应根据超高横坡坡度设置路面横坡。

(3) 检修道或人行道高度 h 相对于路面保持不变，设置倾向路面一侧0%～1%的横坡。

(4) 建筑限界车行道的边线垂直于路面，高度保持不变；检修道或人行道的边线应保持铅垂。

2. 内轮廓与建筑限界之间的最小间距

明(棚)洞内轮廓与建筑限界之间的最小间距应充分考虑路面加铺、结构加固不侵限、顶梁(板)被砸坏修复时需要支模空间、柔性棚洞受到荷载可能产生较大变形等因素：

(1)一般情况下，明(棚)洞内轮廓与车行道限界线最小间距宜大于20cm，与人行道或检修道限界线最小间距宜大于5cm。

(2)明(棚)洞内设有凹形竖曲线时，其净高应满足铰接列车有效净高的要求，如图2.6所示。

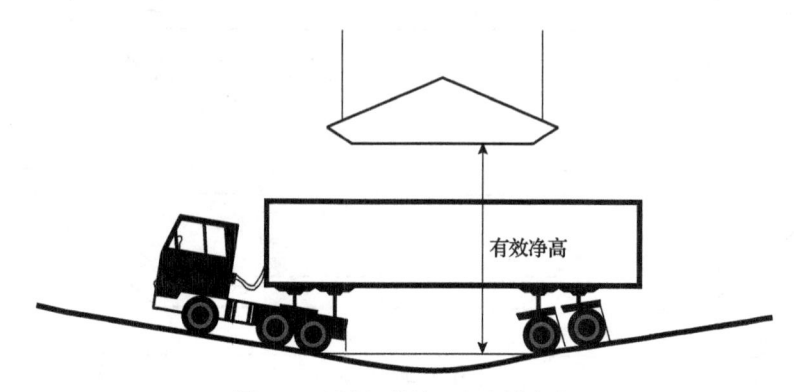

图2.6 凹形竖曲线上方有效净高

3. 内轮廓视距检验

明(棚)洞平面线形设计应以避免视距不足为原则，若内轮廓断面不满足视距要求，应予以加宽。保证视距的临界曲线半径R可按式(2.2)计算：

$$R = \frac{S^2}{8Y} \tag{2.2}$$

式中，Y为保证视距的侧向宽度(m)；S为保证视距(m)。

保证视距的侧向宽度Y的计算图示如图2.7所示，左侧保证视距宽度Y_L按式(2.3)计算，右侧保证视距宽度Y_R按式(2.4)计算：

$$Y_L = W_L/2 + L_L + J \tag{2.3}$$

$$Y_R = W_R/2 + L_R + J \tag{2.4}$$

式中，W_L、W_R分别为左、右车道宽度(m)；L_L、L_R分别为左、右侧向宽度(m)；J为检修道宽度(m)。

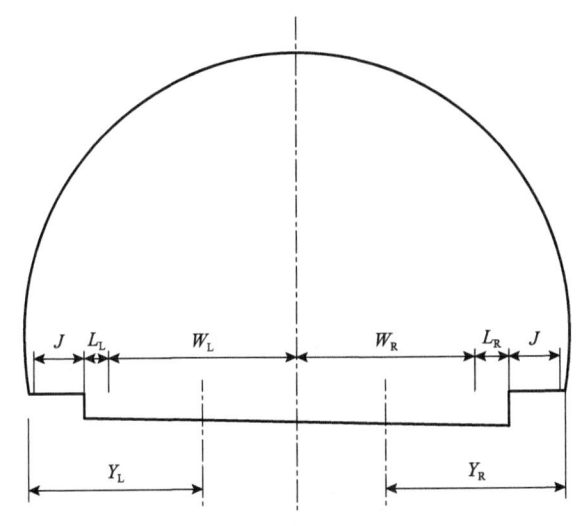

图 2.7 保证视距的侧向宽度 Y 的计算图示

第 3 章　荷载与计算

3.1　荷 载 分 类

作用在明（棚）洞支护结构上的荷载应根据所处的地形条件、地质条件、结构特征、工作条件、施工方法、周边环境等因素综合确定。荷载分为永久荷载、可变荷载、偶然荷载，具体分类见表3.1。

表 3.1　明（棚）洞荷载分类

编号	荷载分类		荷载名称	备注
1	永久荷载		结构自重	—
2			土压力（顶部设计回填荷载、边墙土压力）	—
3			结构附加恒载（设备自重荷载）	—
4			混凝土收缩和徐变的影响力	—
5			水压力	—
6			水的浮力	—
7			地面永久建筑物荷载影响力	—
8			结构基础变位影响力	—
9			围岩压力	半隧明（棚）洞考虑
10			下滑力	抗滑明（棚）洞考虑
11	可变荷载	基本可变荷载	明（棚）洞内的公路车辆荷载、人群荷载	半桥明（棚）洞考虑
12			立交公路车辆荷载及其所产生的冲击力	明（棚）洞顶作为公路路基时考虑
13			立交铁路列车活载及其所产生的冲击力	明（棚）洞顶作为铁路路基时考虑
14			立交渡槽流水压力、泥石流冲击力或压力	明（棚）洞顶设渡槽时考虑
15		其他可变荷载	温度影响力	—
16			冻胀力	—
17			风荷载	不透风的柔性棚洞考虑
18			雪荷载	—
19			施工荷载	—
20	偶然荷载		落石冲击力	—
21			汽车撞击力	柱式支撑结构考虑
22			地震作用力	—

注：边墙背后回填、地基对结构的弹性抗力不作为设计荷载。

3.2 荷载计算

3.2.1 永久荷载

1. 结构自重

结构自重可根据结构厚度、计算宽度、结构材料重度等参数来计算。简化计算时，可作为垂直的分布荷载考虑。

2. 土压力

顶部设计回填荷载、边墙土压力时应根据《公路隧道设计规范 第一册 土建工程》(JTG 3370.1—2018)附录 H 的规定计算。

当内侧边坡为稳定基岩或基覆界限明确时，侧压力系数应按有限土体计算；当内侧边坡为覆盖层时，侧压力系数应按无限土体计算；当洞顶设置立交公路、立交铁路等时，其路基应作为明(棚)洞顶部土压力进行计算；当洞顶回填顶部未设置隔水层时，土压力计算时土体容重应采用饱和容重。

3. 结构附加恒载

结构附加恒载主要是指结构内部各种设备荷载，包括射流风机、各种照明灯具、内部装饰等所产生的荷载。荷载标准值根据实际重量计算。

4. 混凝土收缩和徐变的影响力

当结构为超静定体系时，应考虑混凝土收缩和徐变的影响力，其计算参照《公路钢筋混凝土及预应力混凝土桥涵设计规范》(JTG 3362—2018)附录 C 的规定计算。

明(棚)洞混凝土收缩和徐变的影响力可通过混凝土整体温度降低考虑。对于整体现浇的素混凝土结构可按降温 20℃考虑；对于整体现浇的钢筋混凝土结构可按降温 15℃考虑；对于分次浇筑的整体式素混凝土结构或钢筋混凝土结构可按整体降温 10℃考虑；对于装配式钢筋混凝土结构可按整体降温 5~10℃考虑。

5. 水压力

当明(棚)洞结构位于地下水位线以下，且限制地下水排放或采用全封闭结构时，应考虑水压力荷载。

6. 水的浮力

水的浮力为作用在明(棚)洞顶板与底板上的水压力之差。明洞为横向封闭的结构，当其底板位于地下水位线以下时应考虑水的浮力；棚顶底部不封闭，可以不考虑水的浮力。

7. 地面永久建筑物荷载影响力

地面永久建筑物荷载影响力为明(棚)洞施工前后在其上方或一侧影响范围内施作的永久建筑物或构筑物的荷载影响力，应根据明(棚)洞结构设计基准期内其周边的建设规划确定建筑物荷载影响力的大小与作用位置。

地面永久建筑物荷载影响力的计算，可将建筑物重力换算为地表分布荷载，采用应力扩散理论分析其对明(棚)洞结构的作用力。对于无黏性的砂土可采用扩散角理论来计算，对于黏性土及岩体可采用土力学中的应力传递公式来计算。

8. 结构基础变位影响力

当结构为超静定体系、基础有可能出现变位时，应考虑基础变位所产生的影响力。基础变位所产生的影响力，即基础可能出现的位移可根据基础形式、结构荷载、地质条件等因素计算确定，结构计算时可通过施加位移荷载来计算结构内力。

明洞是横向封闭的结构，其横断面方向刚度大、整体性好，一般不会出现不均匀变化，可不考虑结构基础变位影响力；棚洞结构多为半拱形或门形，当其为超静定结构且两侧支承在弹性模量差异较大的地层时，应考虑基础变位所产生的影响力。

9. 围岩压力

当结构为半隧明(棚)洞时，作为隧道的"一半"应考虑围岩压力，其计算参照《公路隧道设计规范 第一册 土建工程》(JTG 3370.1—2018)中附录E浅埋偏压隧道围岩压力计算方法的规定计算。

10. 下滑力

1)计算方法

当结构为抗滑明(棚)洞时，应考虑下滑力，其计算参照《公路路基设计规范》(JTG D30—2015)中7.2节滑坡地段路基的规定计算。下滑力标准值为满足滑坡稳定性安全系数要求的下滑力计算值，即下滑力标准值应考虑滑坡稳定安全系数。

2)适用条件

在实际工程中,可能存在直接利用明(棚)洞抗滑、抗滑支挡结构与明(棚)洞独立设置、抗滑支挡结构与明(棚)洞联合设置三种类型,其计算方式有一定差异。

(1)直接利用明(棚)洞抗滑。当滑坡规模较小时可以直接利用明(棚)洞抗滑,如图 3.1 所示。下滑力计算时应将明(棚)洞结构内侧作为下滑力计算断面。

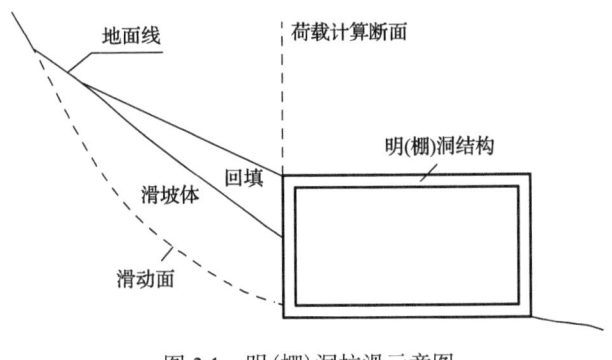

图 3.1　明(棚)洞抗滑示意图

(2)抗滑支挡结构与明(棚)洞独立设置。当滑坡规模较大时有必要设置专门的抗滑支挡结构,若明(棚)洞与其独立设置,如图 3.2 所示,则二者属于相对独立的体系。抗滑支挡结构处理滑坡问题,明(棚)洞解决崩塌落石问题,各司其职。滑坡所产生的下滑力全部由抗滑支挡结构承担,不传递给明(棚)洞,因此明(棚)洞计算时可不考虑下滑力。

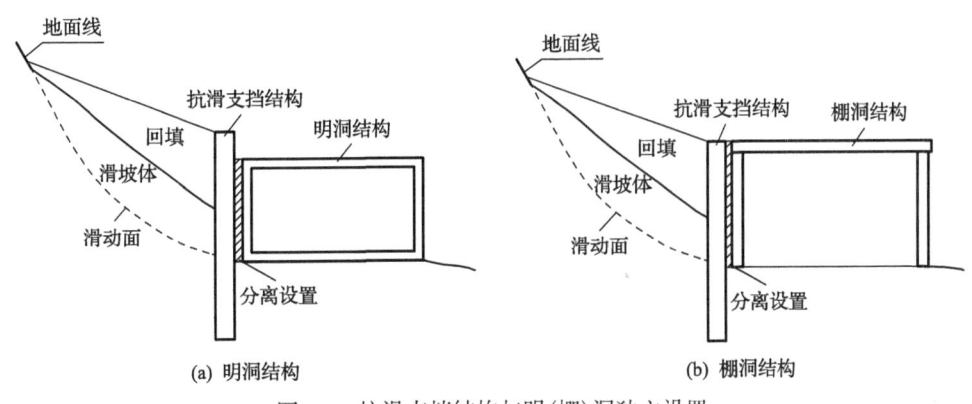

(a) 明洞结构　　(b) 棚洞结构

图 3.2　抗滑支挡结构与明(棚)洞独立设置

(3)抗滑支挡结构与明(棚)洞联合设置。抗滑支挡结构与明(棚)洞联合设置的含义是将抗滑支挡结构作为内侧支承结构,共同形成抗滑明(棚)洞,如图 3.3 所示,抗滑支挡结构既要处理滑坡问题,也作为明(棚)洞的重要组成部分。计算时,滑坡所产生的下滑力仍然由抗滑支挡结构全部承担,荷载不传递,但由于结构是连成一体的，抗滑支挡结构顶部所产生的水平位移要传递。因此，这类结构计算时需要考虑水平位移所产生的影响力。

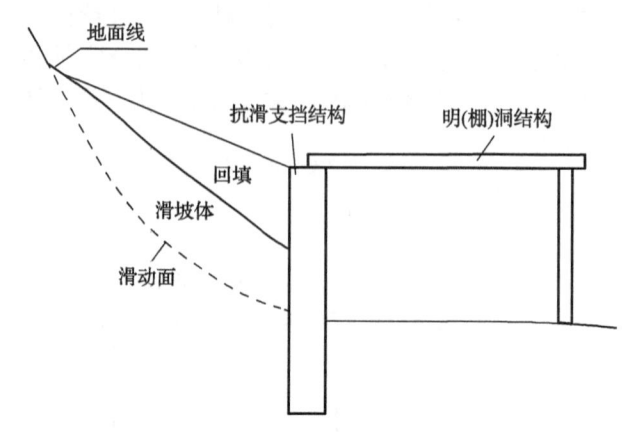

图 3.3　抗滑支挡结构与明(棚)洞联合设置

3.2.2　基本可变荷载

1. 明(棚)洞内的公路车辆荷载、人群荷载

公路车辆荷载、人群荷载应根据《公路桥涵设计通用规范》(JTG D60—2015)的规定计算。

对于常规明洞、半隧明洞，结构底板置于稳固的地基上，公路车辆荷载及人群荷载作用在结构底板上，对结构受力计算有利，计算时可不考虑；对于半桥明洞，底部架空，公路车辆及人群荷载是底板受到的主要荷载，计算时应考虑其作用力。

对于常规棚洞、半隧棚洞，不设置封闭的底板，公路车辆荷载及人群荷载作用在路基上，结构计算时不考虑其作用；半桥棚洞中需单独设置用于通行的行车道板，行车道板设计时应考虑公路车辆荷载及人群荷载。

2. 立交公路车辆荷载及其所产生的冲击力

明(棚)洞上方设置立交公路时，其路基应作为永久荷载考虑，公路车辆荷载及其产生的冲击力作为可变荷载计算，同时应根据结构设计基准期内明(棚)洞周边公路建设规划来确定荷载大小与作用位置，计算方法根据《公路桥涵设计通用规范》(JTG D60—2015)的相关规定。

3. 立交铁路列车活载及其所产生的冲击力

明(棚)洞上方设置立交铁路时，其路基应作为永久荷载考虑，铁路列车荷载及其产生的冲击力作为可变荷载计算，同时应根据结构设计基准期内明(棚)洞周边铁路建设规划来确定荷载大小与作用位置，荷载计算方法根据《铁路桥涵设计规范》(TB 10002—2017)的相关规定。

4. 立交渡槽流水压力、泥石流冲击力或压力

明(棚)洞上方设置立交渡槽时，其结构重量应作为永久荷载考虑，渡槽内的流水或可能发生的泥石流应按照其重量考虑。

当渡槽作为泥石流渡槽且设计为折线形布置时，还应在转折点处考虑泥石流的冲击力。

3.2.3 其他可变荷载

1. 温度影响力

对于超静定的明(棚)洞结构，需要考虑温度影响力，温度影响力可分为均匀温度影响力和梯度温度影响力两种情况，荷载计算应符合《公路桥涵设计通用规范》(JTG D60—2015)的相关规定。

所有超静定结构均应考虑均匀温度影响力，超静定结构中的某部分可能长时间暴露在外并受到阳光照射时，应考虑梯度温度影响力，如矩形明洞外侧临空、半拱形棚洞外侧立柱与顶板固接等情况下，外侧受光照后可能与内侧产生较大的温差。

2. 冻胀力

冻胀力应视工程区自然条件、围岩冬季含冰量、结构类型、排水条件等综合因素确定，荷载计算应满足《公路隧道设计细则》(JTG/T D70—2010)的相关规定。

对于明(棚)洞结构，除半隧明(棚)洞有类似隧道的部分，其他结构类型基本属于明挖明作，通常可不考虑冻胀力。

3. 风荷载

风荷载应按照《建筑结构荷载规范》(GB 50009—2012)的相关规定来计算。

对于采用钢结构、柔性结构等自重小、堆载少或不堆载且具有不透风结构的明(棚)洞，应考虑风荷载，其余采用钢筋混凝土结构、圬工结构等自重较大、堆载较多的明(棚)洞，则不考虑风荷载。

4. 雪荷载

雪荷载应按照《建筑结构荷载规范》(GB 50009—2012)的相关规定来计算。在高海拔、寒冷地区应考虑雪荷载的影响。

5. 施工荷载

施工荷载是指在明(棚)洞施工过程中短期或临时存在的作用力,通常墙背注浆、开挖或回填等施工可能引起施工荷载,其量值及作用范围应根据施工实际情况或施工工艺确定。

3.2.4 偶然荷载——落石冲击力

落石冲击力是明(棚)洞等落石被动防护结构设计的主要荷载之一。落石冲击力的大小与落石的质量、形状、岩性、下落高度、下落坡面情况、明(棚)洞回填层情况等因素相关,具有较多的不确定性,对其准确计算也有较大难度。因此,落石冲击力的研究领域处于一种"百花齐放,百家争鸣"的状态,解析计算方法众说纷纭,参差不齐,计算结果甚至有差异较大的结论。

本书主要介绍隧道规范法、《日本道路公团法》两种落石冲击力计算方法。我国公路行业的《公路隧道设计细则》(JTG/T D70—2010)、铁路行业的《铁路工程设计技术手册——隧道》中提出的冲击荷载计算方法相同,是一种基于冲量定理的近似计算方法,属于基于功能原理的计算方法之一。该方法概念明确,计算简单,计算结果为冲击持续时间内的冲击荷载平均值,计算理论清晰,公式简单,涉及参数均可通过规范查表获取,一直以来是我国公路工程界常用的落石冲击力计算方法,但其计算结果偏小,实际应用中易出现落石冲击力考虑不足的情况。《日本道路公团法》是依据现场实测统计数据拟合而得到的半理论半经验公式,所得结果均是根据试验测试的最大冲击力,该方法公式简单,考虑了缓冲层物理力学特性与厚度的影响,且各参数获取较为容易,是日本道路公团推荐使用的落石最大冲击力计算方法。经过查阅相关文献及对比分析,本书推荐《日本道路公团法》作为落石冲击力计算方法,该方法得出的冲击力计算结果大于隧道规范法,用于结构设计是相对安全的。

1. 隧道规范法

(1)落石冲击力 P 可按式(3.1)计算:

$$P = \frac{Qv_0}{gt} \tag{3.1}$$

式中,P 为落石冲击力(kN);Q 为落石重量(kN);g 为重力加速度(m/s^2);v_0 为落石冲击速度(m/s);t 为冲击持续时间(s)。

(2)落石冲击速度 v_0 可按式(3.2)计算:

$$v_0 = \mu\sqrt{2gH} \tag{3.2}$$

$$\mu = \sqrt{1 - K\cot\alpha} \tag{3.3}$$

式中，H 为落石高度(m)；μ 为系数，按式(3.3)计算；α 为山坡坡度角；K 为石块沿山坡滚动阻力系数，可由图 3.4 查得。

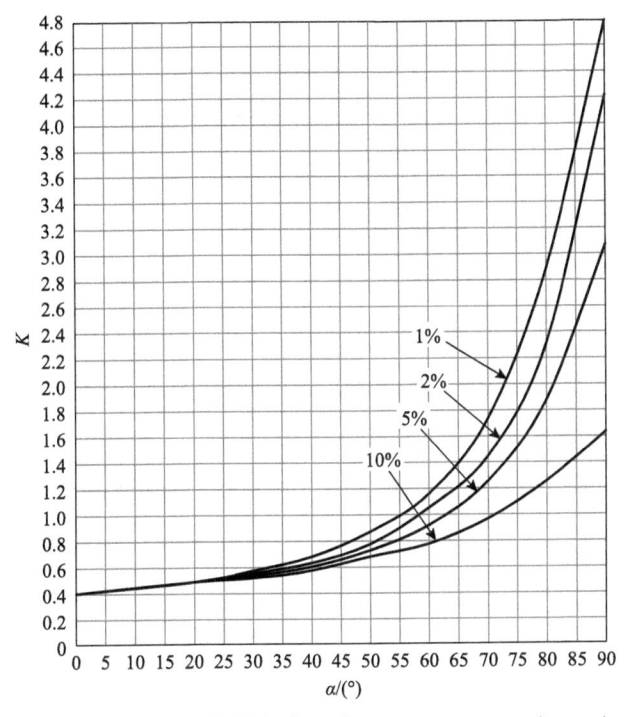

图 3.4 $K=f(\alpha)$ 系数曲线(保证率 $p=1\%$、2%、5% 和 10%)

(3)冲击持续时间的计算可近似按压缩的冲击波考虑，弹性波在缓冲回填层内的往复时间可按式(3.4)计算：

$$t = \frac{2h}{c} \tag{3.4}$$

$$c = \sqrt{\frac{1-\nu}{(1+\nu)(1-2\nu)} \times \frac{E}{\rho}} \tag{3.5}$$

式中，h 为缓冲土层计算厚度(m)；c 为压缩波在缓冲回填层中的往复速度(m/s)；ν 为回填土泊松比，取值参见表 3.2；E 为回填土弹性模量(MPa)，取值参见表 3.3；ρ 为回填土密度(kg/m³)。

表 3.2 回填土泊松比

按颗粒成分区分的土	砂砾碎石	砂	黏质砂土	砂质黏土	黏土	重黏土
泊松比	0.12～0.17	0.17～0.29	0.21～0.29	0.30～0.37	0.36～0.39	0.40

表 3.3 回填土弹性模量

土壤类型	土壤名称	E/MPa				
粗粒土壤	砾石及卵石	54～65					
	碎石	29～65					
	角砾	14～42					
砂质土壤	粗砂土和砾石砂土(不受湿度影响)	密实	48	中等密实	38
	中粒砂土(不受湿度影响)		42		31
	细粒干砂土		36		25
黏土质土壤	黏土	硬的	16～59	塑性的	4～16
	砂黏土		16～39		4～16

2.《日本道路公团法》

依据《日本道路公团法》，落石冲击力和垫层厚度影响系数计算公式详见式(3.6)、式(3.7)：

$$P = 2.108 \times (mg)^{\frac{2}{3}} \lambda^{\frac{2}{5}} H^{\frac{3}{5}} \tag{3.6}$$

$$\kappa = \frac{P_{\max}}{P_{\max}(\lambda=1000)} = 1.046\left(\frac{T}{D}\right)^{-0.58} = \left(\frac{T}{D}\right)^{-0.5} \tag{3.7}$$

式中，P 为落石冲击力(kN)；m 为落石质量(t)；λ 为拉梅常数，非常软的物体建议取 1000kN/m²，柔软的物体取 3000～5000kN/m²，硬的物体取 10000kN/m²；H 为落石自由下落高度(m)；κ 为垫层厚度影响系数；T 为砂垫层厚度；D 为落石直径。

3.2.5 其他偶然荷载

1. 汽车撞击力

1) 计算方法

棚洞外侧为柱式支承结构时，受汽车撞击力影响大，应考虑汽车撞击对结构的影响。汽车撞击力应按照《公路桥涵设计通用规范》(JTG D60—2015)的规定计算，根据规定，汽车撞击力设计值在车辆行驶方向应取 1000kN，在车辆行驶垂直方向应取 500kN，两个方向的撞击力不同时考虑。撞击力应作用于行车道以上 1.2m，直接分布于撞击涉及的构件上。

2) 适用条件

当柱式支承结构设有防撞设施时，可视防撞设施的防撞能力对汽车撞击力设计值予以折减，但折减后的汽车撞击力设计值不应低于上述规定值的 1/6。

当柱式支承结构与行车道隔离，如设有一定宽度的台阶或步道、防撞设施与支承结构有足够的间距时，可不考虑汽车撞击力。

2. 地震作用力

地震作用力应根据工程区抗震设防烈度下的地震动参数进行计算，按照《公路隧道抗震设计规范》(JTG 2232—2019)的相关规定计算。

3.3 荷载组合

荷载组合应按照《建筑结构荷载规范》(GB 50009—2012)的相关规定执行。明(棚)洞结构设计应根据使用过程中在结构上可能同时出现的荷载，按承载能力极限状态和正常使用状态分别进行荷载(效应)组合，并应取各自最不利的效应组合进行设计。

3.3.1 承载能力极限状态

对于承载能力极限状态，按荷载效应的基本组合或偶然组合进行荷载(效应)组合，并采用式(3.8)进行设计：

$$\gamma_0 S \leqslant R \tag{3.8}$$

式中，γ_0 为结构重要性系数，应不低于表 3.4 的规定取值；S 为荷载效应组合的设计值；R 为结构构件抗力的设计值，应按各有关规范的规定确定。

1. 基本组合

荷载效应组合的设计值 S 应从下列组合值中取最不利值确定。

(1) 由可变荷载效应控制的组合按式(3.9)计算确定：

$$S = \gamma_G S_{Gk} + \gamma_{Q1} S_{Q1k} + \sum_{i=2}^{n} \gamma_{Qi} \varphi_{ci} S_{Qik} \tag{3.9}$$

式中，γ_G 为永久荷载的分项系数，应按表 3.5 确定；γ_{Qi} 为第 i 个可变荷载的分项系数,其中 γ_{Q1} 为可变荷载 Q_1 的分项系数,应按表3.5确定;S_{Gk} 为按永久荷载标准值 G_k 计算的荷载效应值;S_{Qik} 为按可变荷载标准值 Q_{ik} 计算的荷载效应值,其中 S_{Q1k} 为诸可变荷载效应中起控制作用者;φ_{ci} 为可变荷载 Q_i 的组合值系数,应按照《建筑结构荷载规范》(GB 50009—2012)的规定取值,无明确规定时可取1.0;n 为参与组合的可变荷载数。

表3.4 结构重要性系数

结构安全性等级	破坏后果	结构重要性系数 γ_0	适用对象
一级	很严重	1.1	(1)高速公路、一级公路上的各类明(棚)洞; (2)二级公路、国防公路、城市附近交通繁忙公路上的防止崩塌、落石、泥石流、滑坡、雪害等不良地质病害的明(棚)洞
二级	严重	1.0	(1)二级公路、国防公路、城市附近交通繁忙公路上的用于环境保护、动物通道、景观等作用的明(棚)洞; (2)三级、四级公路上的防止崩塌、落石、泥石流、滑坡、雪害等不良地质病害的明(棚)洞
三级	不严重	0.9	三级、四级公路上的用于环境保护、动物通道、景观等作用的明(棚)洞

表3.5 基本组合荷载分项系数取值

工况		分项系数	
		永久荷载	可变荷载
效应对结构不利时	由可变荷载效应控制的组合	1.2	1.4
	由永久荷载效应控制的组合	1.35	
效应对结构有利时	一般情况	1.0	1.4
	结构的倾覆、滑移或漂浮验算	0.9	

(2)由永久荷载效应控制的组合按式(3.10)计算确定:

$$S = \gamma_G S_{Gk} + \sum_{i=1}^{n} \gamma_{Qi} \varphi_{ci} S_{Qik} \qquad (3.10)$$

在基本组合效应计算时还应注意以下三个容易忽视的内容:①基本组合中的设计值仅适用于荷载与荷载效应为线性的情况;②当对 S_{Qik} 无法进行明显判断时,轮次以可变荷载效应确定 S_{Qik},选其中最不利的荷载效应组合;③当考虑以竖向的永久荷载效应控制的组合时,参与组合的可变荷载仅限于竖向荷载。

2. 基本组合荷载分项系数

基本组合荷载分项系数按表 3.5 的规定取值。

3. 偶然荷载组合

对于偶然荷载组合，荷载效应组合的设计值宜按下列规定确定：
(1) 偶然荷载的标准值不乘分项系数。
(2) 与偶然荷载同时出现的其他荷载可根据观测资料和工程经验采用适当的标准值。
(3) 基本可变荷载中的立交公路车辆荷载及其所产生的冲击力、立交铁路列车活载及其所产生的冲击力不参与偶然荷载组合。
(4) 其他可变荷载不参与偶然荷载组合。
(5)《建筑结构荷载规范》(GB 50009—2012)中明确偶然荷载之间不组合，但在高烈度地震山区存在地震诱发落石、地震同时发生落石等更为特殊的情况时，从保护结构安全的角度出发，宜充分考虑这两种偶然荷载的共同作用。目前该问题的研究还不够充分，设计时宜根据实际情况酌情考虑。

3.3.2 正常使用状态

对于正常使用状态，应根据不同的设计要求，采用荷载的标准组合、频遇组合或准永久组合，并按式(3.11)进行设计：

$$S \leqslant C \tag{3.11}$$

式中，C 为结构或结构构件达到正常使用要求的规定限值，如变形、裂缝、振幅、加速度、应力等的限值。

第4章　钢筋混凝土明洞设计

明洞设计时，对明洞结构及构造、各部位受力特点需有准确的认识，才能根据不同的建筑材料，按照结构设计原理的要求完成其结构设计。本书中，明洞结构设计按照断面形状的分类标准编写，既能表征明洞结构的形状特点，又能体现结构的受力特征。

4.1　总体要求

4.1.1　一般原则

钢筋混凝土明洞设计一般原则如下：

(1)应重点考虑明洞功能，综合工程区地形、地质、水文、气象、地震、施工及运营环境等条件，进行多方案的技术、经济、环保比较，合理选择明洞结构形式、明洞长度、施工方案，使明洞设计符合"安全实用、质量可靠、经济合理、技术先进"的要求。

(2)明洞设计须满足国家相关专业的规范要求，贯彻国家有关技术、经济政策，在确保安全的前提下，积极慎重地采用新技术、新材料、新设备、新工艺，最大限度地实现明洞功能。

(3)符合国家有关国土管理、环境保护、水土保持等法规的要求，注意节约用地，保护农田及水利设施，坚持环境优先，尽量减少对自然环境的破坏，妥善处理弃碴和污水，使明洞与自然景观融为一体。

(4)本着"安全可靠、经济合理、以人为本"的原则，明洞内设置与交通量、重要性相适应的运营管理设施，使人、车、结构、环境和管理运营设施组成有机统一的交通系统，为明洞使用者提供安全、快捷、舒适、经济的行车环境。

(5)体现"全寿命周期成本"理念，充分考虑结构设计基准期以内明洞防护范围中可能发生的灾害，对设计方案进行综合分析论证确定，最终达到工程结构的耐久性、行驶的安全性、养护维修的可行性、防灾救援的有效性。

4.1.2　基本要求

钢筋混凝土明洞设计的基本要求如下：
(1)应根据明洞使用功能，清理荷载，通过计算确定明洞的合理结构尺寸。
(2)明洞结构应满足强度、稳定性和耐久性的要求。

(3)明洞结构纵向每隔一定距离应设置变形缝或沉降缝,每道缝应做到上下贯通。

(4)明洞结构设计应充分考虑临时边坡的稳定性、施工过程的安全性。

(5)明洞结构设计应提出对地基承载力的要求,当不满足要求或路基外侧地形狭窄、内外侧基底地质明显不同时,应对明洞基础进行必要的处理。

(6)对于设置了支挡结构的明洞,除验算地基承载力外,还应验算支挡结构的抗倾覆稳定性、抗滑移安全性。

(7)明洞设计应能适应长期运营的需要,方便养护维修作业。

4.2 拱形明洞设计

4.2.1 拱形明洞类型及结构特征

1. 类型

按照不同分类标准,拱形明洞可以分为不同的类型,为便于结构设计,通常按照拱形明洞顶部回填土石是否需要设置挡墙的结构特征进行分类,一般分为路堑式拱形明洞(图4.1)和单压式拱形明洞(图4.2)。其中,路堑式拱形明洞又可根据回填土石的情况分为路堑对称式拱形明洞、路堑偏压式拱形明洞;单压式拱形明洞又可根据挡土侧墙设置方式分为单压整体式拱形明洞和单压分离式拱形明洞。

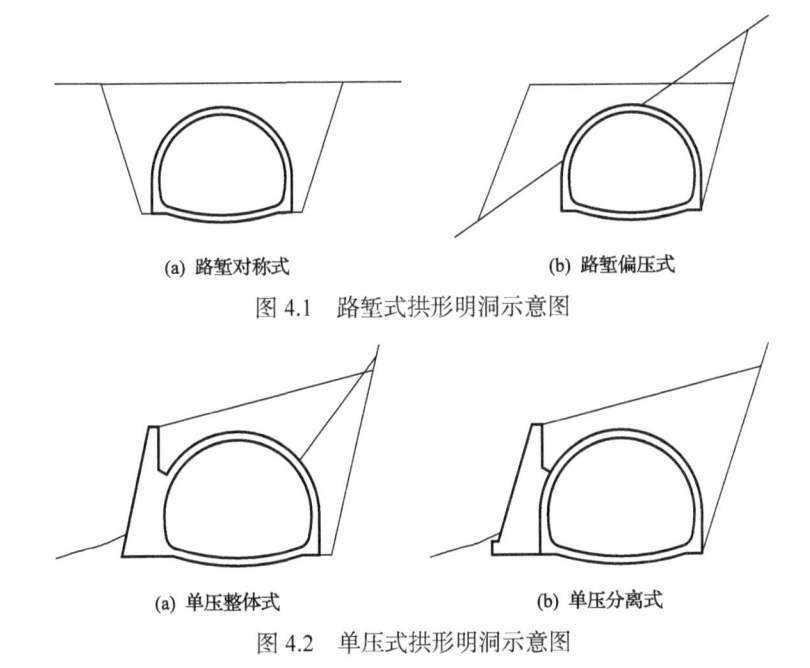

(a) 路堑对称式　　(b) 路堑偏压式
图4.1 路堑式拱形明洞示意图

(a) 单压整体式　　(b) 单压分离式
图4.2 单压式拱形明洞示意图

2. 结构特征

拱形明洞最大的结构特征就是其主要受力结构为拱形，通常按照隧道的说法称为衬砌，其断面与隧道相同或相似，在公路工程中较为常见，其结构呈拱形，受力条件好，承载能力强，施工可采用模板台车，简单方便，应用广泛。路堑对称式、路堑偏压式、单压分离式三种拱形明洞的衬砌均为独立、闭合的结构；单压整体式拱形明洞是将挡土结构作为衬砌的一部分，共同形成闭合的受力结构。

拱形特征虽有利于受力，但不利于顶部回填，因此拱形明洞顶部回填土石等材料时需要有辅助条件。路堑对称式拱形明洞与路堑偏压式拱形明洞通常用于横坡平缓地段，顶部回填靠有利的地形作为辅助条件，可不专门设置挡土结构；单压整体式拱形明洞与单压分离式拱形明洞通常用于横坡陡峻、外侧悬空无法填土的地段，需要设置专门的挡土结构辅助回填，通常将这样的挡土结构称为侧墙、耳墙等，为便于描述，本书统一采用侧墙。

4.2.2 拱形明洞结构构造要求

1. 内轮廓

拱形明洞内轮廓与隧道相似，因此其设计可借鉴隧道内轮廓设计方法。根据建筑限界及设明洞路段最大超高要求，综合电缆沟、排水沟和机电设施等所需空间尺寸，确定拱形明洞内轮廓断面形式，并满足以下要求：

(1)内轮廓设计采用单心圆或三心圆形式。

(2)同一座拱形明洞宜采用相同的内轮廓设计标准，通常单心圆轮廓加宽采用三心圆轮廓，三心圆轮廓加宽采用五心圆轮廓，这样就会形成多种不同宽度与高度的内轮廓，顺接施工较为困难。

(3)当底部有特殊要求不方便设计成仰拱时，如半桥式拱形明洞，可设计为水平的底板。

2. 衬砌

拱形明洞衬砌构造要求如下：

(1)拱形明洞应采用带仰拱或底板的钢筋混凝土结构，其衬砌厚度根据地形、地质、荷载情况，并经结构计算后综合确定，不同跨度的拱形明洞最小衬砌厚度可参见表4.1。

(2)拱形明洞通常采用等截面拱圈，当拱部压力或偏压较大时也可采用变截面拱圈，其拱脚厚度一般为拱顶厚度的1～1.5倍。

(3)拱形明洞衬砌外侧边墙宜采用直墙式。

第4章 钢筋混凝土明洞设计

表4.1 拱形明洞净跨度与最小衬砌厚度参考值

净跨度 L/m	最小衬砌厚度 t/m
5≤L<9	0.4
9≤L<12	0.5
12≤L<15	0.6
15≤L<18	0.7

(4)为适应不均匀地基、考虑热胀冷缩效应、模板台车长度等,拱形明洞纵向每10~20m应设置沉降缝或变形缝。当拱形明洞处于弯道时,设缝间距宜适当减小。

(5)当设置明洞路段路线纵坡坡度过大时,应验算明洞结构的纵向抗滑移稳定性。一般情况下,当明洞纵坡坡度超过6%时,宜在明洞底板设置凸榫等抗滑结构。

3. 侧墙

1)单压整体式拱形明洞侧墙

单压整体式拱形明洞侧墙构造要求如下:

(1)侧墙可根据回填土石的需要设置不同的角度,如图4.3所示,侧墙具体尺寸应通过计算确定,一般侧墙顶宽不小于0.5m。

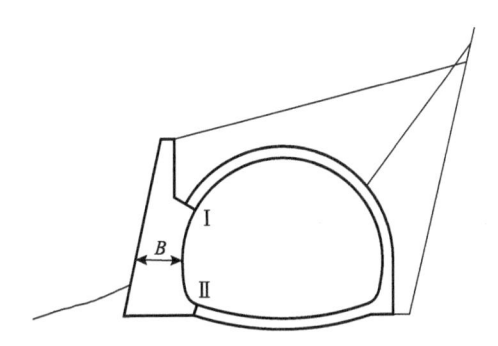

图4.3 单压整体式拱形明洞侧墙设置示意图

(2)应根据侧墙最小宽度B,如图4.3所示,确定其建筑材料。当B≤2m时应采用钢筋混凝土结构,其混凝土标号与衬砌保持一致;当B>2m时可采用素混凝土结构,其混凝土标号不应低于C20。

(3)图4.3所示衬砌与侧墙衔接部位Ⅰ、仰拱(或底板)与侧墙衔接部位Ⅱ因传递弯矩的需要,应加强结构以满足抗弯需求。

2)单压分离式拱形明洞侧墙

单压分离式拱形明洞侧墙构造要求如下:

(1)侧墙一般采用素混凝土结构,其混凝土标号不应低于C20。

(2)侧墙与衬砌分离时应参照挡土墙进行设计,并验算其抗滑与抗倾覆稳定性,安全系数应不低于《公路路基设计规范》(JTG D30—2015)中的相关要求。

(3)侧墙尺寸顶宽一般不小于0.5m,外侧坡度不小于1:0.25,并设置宽0.5~1m、高0.5~1m的墙趾。

4. 外侧开孔

通常情况下,路堑式拱形明洞衬砌背后两侧对称回填,不应设置开孔;单压式拱形明洞由于侧墙与衬砌总厚度较厚,很少设置外侧开孔,但若有透光需要时,也可设置开孔,具体如下:

(1)泥石流或大规模崩塌发育且易掉落进入明洞内部段落不应设外侧开孔。

(2)在保证无崩塌物掉落进入明洞内部时,可根据透光需要设置外侧开孔。开孔应遵循间距规律性、形状统一性、刚度匹配性三原则进行设置。其中,刚度匹配性原则对结构受力尤为重要,即通过调整开孔侧的结构尺寸以达到其刚度不削弱的要求。

(3)开孔大小、部位原则上应通过计算确定,孔洞周边应加强配筋。

(4)当外侧高度较高或紧邻悬崖时,应在开孔处设置必要的交通安全设施,避免人员跌落。

5. 洞门墙

拱形明洞洞门墙设计可参照公路隧道洞门,通常有端墙式洞门(图4.4)、明洞式洞门(图4.5)两类。

图4.4 端墙式洞门　　图4.5 明洞式洞门

1)端墙式洞门

端墙式洞门包括墙式洞门、翼墙式洞门、台阶式洞门、柱式洞门、拱翼式洞门,一般垂直于明洞轴线,结合地形、地质、功能作用等因素设置,并满足以下要求:

(1) 洞门端墙应具有抵抗来自明洞顶部回填土压力的能力,应按挡土墙结构进行设计,墙身最小厚度不应小于 0.5m。

(2) 洞顶端墙背后应设置排水沟,其沟底至拱顶外缘的最小厚度不应小于 1.0m,洞门端墙顶应高出排水沟顶面,且高出部分不小于 0.5m,端墙背后应设置不小于 1.5m 的平坡或缓坡回填段,如图 4.6 所示。

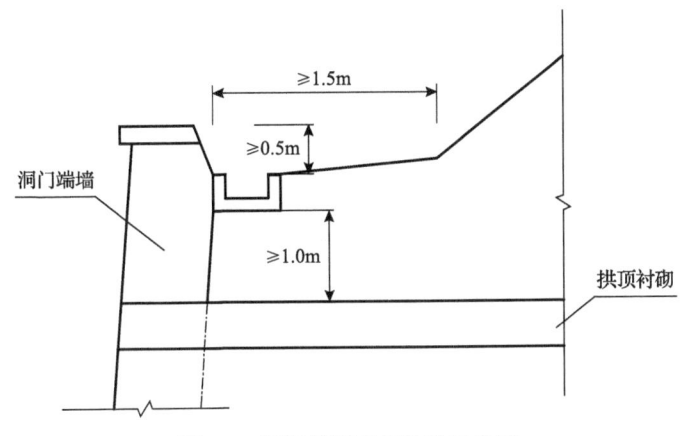

图 4.6 洞门端墙背后构造示意图

(3) 洞门端墙应置于稳固的地基上,并埋入地面以下一定深度。嵌入岩石地基的深度不应小于 0.2m,埋入土质地基的深度不应小于 1.0m。基底埋置深度应大于靠墙设置的各种沟、槽底的埋置深度。地基为冻胀土层时,基底高程应在最大冻深以下且不小于 0.25m。

(4) 洞门结构设计应满足抗震设防要求,端墙与明洞主体结构之间应设置必要的抗震连接钢筋。当地震动峰值加速度小于 $0.2g$ 时,洞门端墙可采用素混凝土结构;当地震动峰值加速度大于等于 $0.2g$ 时,洞门端墙宜采用钢筋混凝土结构。

2) 明洞式洞门

明洞式洞门包括直削式洞门、削竹式洞门、倒削竹式洞门、喇叭口式洞门。明洞式洞门是没有洞门墙的洞口,通常是明洞衬砌突出回填坡面的一部分,应满足以下要求:

(1) 洞口段衬砌应采用钢筋混凝土结构。

(2) 洞口段衬砌应伸出回填坡面且不小于 0.5m。

(3) 采用削竹式洞门时,明洞削竹面坡度应大于或等于回填坡面坡度,如图 4.7 所示。

6. 基底处理

基底处理要求如下:

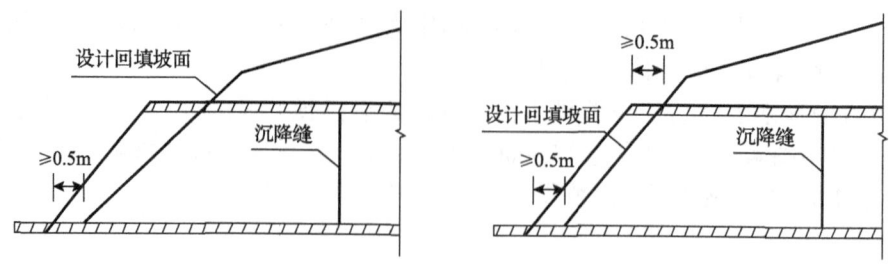

图 4.7 明洞式洞门削竹面构造

(1)拱形明洞底部应根据防水要求设置混凝土垫层,垫层混凝土强度等级不应小于C15,厚度不应小于10cm,在软弱土层中不应小于15cm。

(2)拱形明洞属于整体式结构,对地基承载力要求不高,对不均匀沉降比较敏感。因此,当基底无论纵向还是横向地层差异较大、存在软硬不均的情况时,宜在基底设置不小于50cm的级配碎石换填层,确保每个节段置于相同的地层或换填层上。

7. 边坡开挖

边坡开挖要求如下:

(1)明洞施工宜优先采用放坡拉槽开挖,若一次拉槽施工存在较大边坡坍塌隐患,应分段或跳槽进行明洞开挖和结构施工。

(2)明洞设计回填面以下边坡为临时边坡,设计回填面以上边坡为永久边坡,设计时应根据边坡情况选用合适的支护措施。

(3)明洞边坡开挖可能会引起边坡失稳,甚至引发滑坡,这种情况应参照《公路路基设计规范》(JTG D30—2015)设置足够的支挡措施以保证边坡稳定。

4.2.3 拱形明洞结构计算

拱形明洞一般情况下应采用荷载结构法进行内力和变形计算分析,并应验算结构强度和裂缝宽度。

1. 计算模型

结构计算应根据结构形式及荷载作用情况,并考虑地基反力、弹性抗力对结构受荷载变形的约束作用等因素确定。

1)路堑式拱形明洞

路堑式拱形明洞仰拱与地基之间的接触可采用受压弹簧链杆模拟在荷载作用下地基对仰拱的弹性反力;明洞边墙与边坡之间采用浆砌片石、混凝土等回填密实时,边墙变形也会受到较大约束,因此采用浆砌片石、混凝土等回填范围内的边墙也可采用受压弹簧链杆模拟边坡对边墙的弹性抗力,计算简图如图4.8所示。

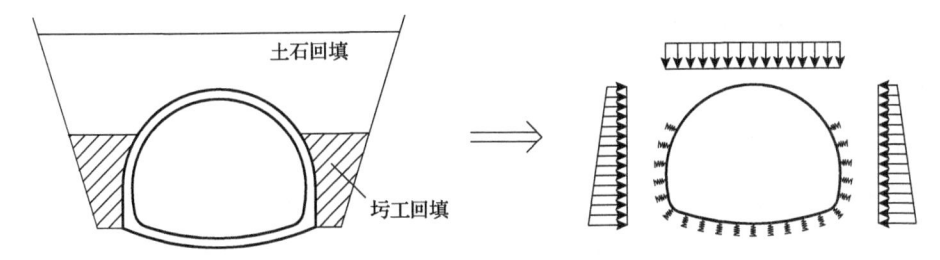

图 4.8 路堑式拱形明洞计算简图

2)单压整体式拱形明洞

单压整体式拱形明洞仰拱、内边墙均可按照路堑式拱形明洞的要求设置受压弹簧链杆以模拟地层与边坡的弹性抗力。衬砌结构与单压挡墙形成一个整体，除限制了衬砌结构的水平与竖向位移，还传递了弯矩，因此结构计算时，衬砌结构与单压挡墙连接处需设置固端约束，计算简图如图 4.9 所示。衬砌结构计算完成后可得到固端约束力，再将该荷载作用于单压挡墙上，对挡墙进行计算分析。

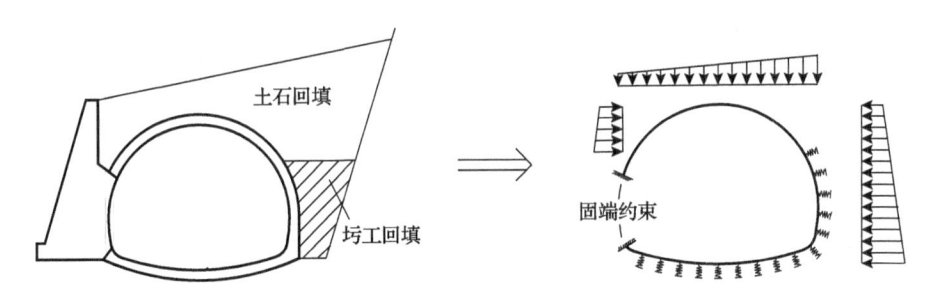

图 4.9 单压整体式拱形明洞计算简图

3)单压分离式拱形明洞

单压分离式拱形明洞仰拱、内边墙均可按照路堑式拱形明洞的要求设置受压弹簧链杆以模拟地层与边坡的弹性抗力。衬砌结构与单压挡墙之间直接接触，未设置其他连接，单压挡墙仅能阻挡衬砌结构的水平位移，因此结构计算时，衬砌结构与单压挡墙之间设置受压水平链杆即可，计算简图如图 4.10 所示。衬砌结构

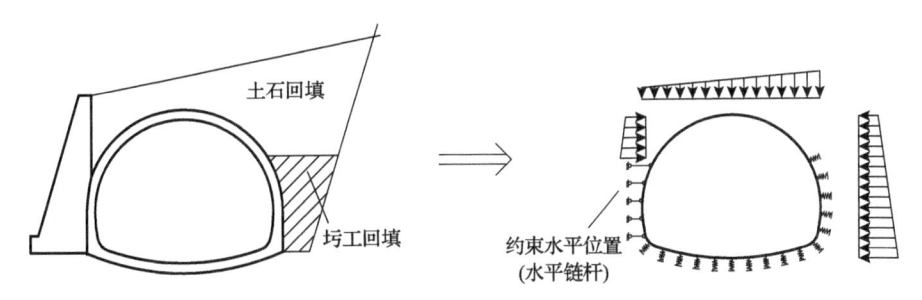

图 4.10 单压分离式拱形明洞计算简图

计算完成后可得到水平链杆力,再将该荷载作用于单压挡墙上,对挡墙进行计算分析。

2. 弹性抗力系数

弹性抗力是相互作用产生的荷载,具有被动性,其值的大小采用弹性抗力系数 K 表示, K 的取值应通过现场试验获得,若无实测资料数据,岩体 K 可按表 4.2 选取,土体 K 可按表 4.3 选取。

表 4.2 岩体弹性抗力系数 K 的标准值

围岩级别	I	II	III	IV	V
$K/(MPa/m)$	1800~2800	1200~1800	500~1200	200~500	100~200

表 4.3 土体弹性抗力系数 K 的标准值

土的种类	状态	$K/(MPa/m)$
软土、淤泥质土、有机土	—	1~8
黏性土	软塑	8~15
	可塑	15~35
	硬塑	35~70
	坚硬	70~90
砂土	松散	5~10
	稍密	10~15
	中密	15~25
	密实	25~40
圆砾、角砾	中密	25~40
	密实	40~90
黄土、黄土质土	标准贯入度值 $N>25$	30~50

注:本表所指弹性抗力系数为垂直弹性抗力系数。

3. 结构强度计算

结构应根据内力计算结果进行荷载组合,按破损阶段计算构件截面强度,并根据不同荷载组合,分别采用不同的强度安全系数,并不小于表 4.4 所列的钢筋混凝土强度安全系数值。验算施工阶段的强度时,强度安全系数可采用表 4.4 中"永久荷载+基本可变荷载+其他可变荷载"栏内的数值乘以折减系数 0.9。

表 4.4 钢筋混凝土结构的强度安全系数

破坏原因	永久荷载或永久荷载+基本可变荷载	永久荷载+基本可变荷载+其他可变荷载	永久荷载+偶然荷载
钢筋达到极限强度或混凝土达到抗压或抗剪极限强度	2.0	1.7	1.5
混凝土达到抗拉极限强度	2.4	2.0	1.8

4. 结构裂缝验算

明洞结构进行裂缝宽度验算时应满足《混凝土结构设计规范(2015年版)》(GB 50010—2010)中的相关要求，最大裂缝宽度限值应符合表 4.5 的规定，钢筋混凝土结构暴露的环境类别应按表 4.6 的要求划分。

表 4.5 结构构件最大裂缝宽度限值　　　　（单位：mm）

结构构件	环境类别		
	一	二a、二b	三a、三b
钢筋混凝土结构	0.30(0.40)	0.20	0.20

注：①对于处于年平均相对湿度小于60%地区一类环境下的受弯构件，其最大裂缝宽度限值可采用括号内的数值。
②对于处于四类、五类环境下的结构构件，其裂缝控制要求应符合专门标准的有关规定。
③表中的最大裂缝宽度限值为用于验算荷载作用引起的最大裂缝宽度。

表 4.6 钢筋混凝土结构暴露的环境类别

环境类别	条件
一	①室内干燥环境；②无侵蚀性静水浸没环境
二a	①室内潮湿环境；②非严寒地区和非寒冷地区的露天环境；③非严寒地区和非寒冷地区与无侵蚀性的水或土壤直接接触的环境；④严寒地区和寒冷地区的冰冻线以下与无侵蚀性的水或土壤直接接触的环境
二b	①干湿交替环境；②水位频繁变动环境；③严寒地区和寒冷地区的露天环境；④严寒地区和寒冷地区冰冻线以上与无侵蚀性的水或土壤直接接触的环境
三a	①严寒地区和寒冷地区冬季水位变动区环境；②受除冰盐影响环境；③海风环境
三b	①盐渍土环境；②受除冰盐影响环境；③海岸环境
四	海水环境
五	受人为或自然的侵蚀性物质影响的环境

注：①室内潮湿环境是指构件表面经常处于结露或湿润状态的环境。
②严寒地区和寒冷地区的划分标准应符合现行国家标准《民用建筑热工设计规范》(GB 50176—2016)的有关规定。
③露天环境是指混凝土结构表面所处的环境。

4.3 矩形明洞设计

4.3.1 矩形明洞结构特征

矩形明洞最重要的结构特征就是形状为矩形框架。由于矩形的造型，当其顶部需要设置回填层时可将回填材料方便地置于其顶部，仅设置挡土块即可，不需要专门设置侧墙进行挡土。另外，在矩形明洞外侧顶部设置悬挑结构，可将人行道放在明洞外侧，实现人车分行。因此，矩形明洞具有较强的适应性，不用像拱形明洞那样进行分类。

为便于本书的统一描述，图4.11中给出了矩形明洞各部位的名称及特征。

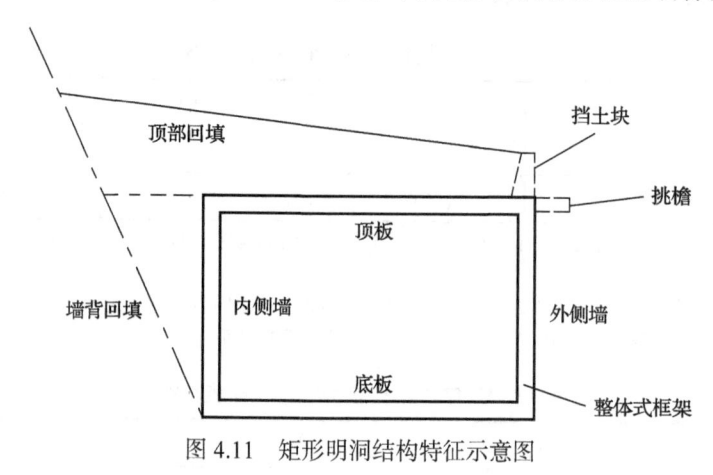

图4.11 矩形明洞结构特征示意图

4.3.2 矩形明洞结构构造要求

1. 内轮廓

矩形明洞内轮廓设计应根据建筑限界及设明洞路段最大超高要求，综合电缆沟、排水沟和机电设施等所需空间尺寸，确定矩形明洞内轮廓断面形式，具体要求如下：

(1)内轮廓设计采用矩形形式，考虑结构受力要求，框架四个角点位置宜设置倒角。

(2)同一座矩形明洞宜采用相同的内轮廓高度，可根据不同的加宽要求采用不同的内轮廓宽度。

(3)内轮廓宽度不同时可视结构情况采用线性渐变过渡或突变过渡。一般情况下，矩形明洞宜采用线性渐变过渡；当必须采用突变过渡时，相邻两节段之间的突变宽度不宜过大，一般不超过侧壁厚度的三分之二，且不应超过 0.5m；当相邻两节段突变较大出现露空时，应设置挡头墙，并加强该处的防水。

(4) 当矩形明洞结构采用突变过渡时，人行道或检修道应采用线性渐变过渡且满足路基超高加宽要求。

2. 框架

框架构造要求如下。

(1) 矩形明洞结构由顶板、侧墙、底板组成整体式框架，采用钢筋混凝土结构，其厚度根据地形、地质、荷载情况，并经结构计算后综合确定，不同跨度的矩形明洞框架最小厚度可参见表 4.7。

表 4.7 矩形明洞净跨度与框架最小厚度参考值

净跨度 L/m	框架最小厚度 t/m
5≤L<9	0.4
9≤L<12	0.6
12≤L<15	0.8
15≤L<18	1.0

(2) 矩形明洞框架的顶板、侧墙、底板可以根据受力需要采用不同的结构尺寸。

(3) 当矩形明洞跨度过大、框架截面尺寸过大时，还可以考虑采用预应力钢筋混凝土结构，以减小其厚度，提高结构承载能力。

(4) 矩形明洞宜沿路线纵向分节段连续布置，节段间应设置变形缝。每个节段长度为 10～20m，同一座明洞或同一个项目，纵向节段长度类型不宜太多，1～2 种为宜。

(5) 当明洞路段路线纵坡坡度过大时，应验算明洞结构的纵向抗滑移稳定性。一般情况下，当明洞纵坡坡度超过 6%时，宜在明洞底板设置凸榫等抗滑结构。

(6) 挡土块设计应满足以下要求：①当矩形明洞顶部需要填土时，应根据顶部最小填土厚度要求设置挡土块；②挡土块可根据需要采用钢筋混凝土或素混凝土结构；③钢筋混凝土挡土块应按照悬臂结构进行设计；④素混凝土挡土块应按照挡土墙的要求进行设计与验算，并满足抗倾覆、抗滑移要求。

(7) 挑檐设计应满足以下要求：①当矩形明洞外侧有人行道或有其他要求需要形成安全空间时，可设置挑檐；②挑檐宜采用渐变的断面形状，应按照钢筋混凝土悬臂结构进行设计。

3. 外侧开孔

为增强明洞的透光度，提高行车安全性，除泥石流或大规模崩塌发育且易掉落进入明洞内部段落不设开孔外，其余地段宜设置外侧开孔，要求如下：

(1) 开孔应遵循"间距规律性、形状统一性、刚度匹配性"三原则进行设置。

(2) 开孔大小、部位原则上应通过计算确定，孔洞周边应加强配筋。

(3) 当外侧高度较高或紧邻悬崖时，应在开孔处设置必要的交通安全设施，避免人员跌落伤亡。

4. 洞门墙

矩形明洞洞门墙同样有端墙式洞门与明洞式洞门两类，虽然与拱形明洞相似，但也有一定的区别。

1) 端墙式洞门

端墙式洞门包括墙式洞门、台阶式洞门，一般垂直于明洞轴线，在明洞顶部设置，并满足以下要求：

(1) 洞门端墙应具有抵抗来自明洞顶部回填土压力的能力，可根据需要采用钢筋混凝土或素混凝土结构。钢筋混凝土端墙应按照悬臂结构进行设计；素混凝土端墙应按照挡土墙的要求进行设计与验算，并满足抗倾覆、抗滑移要求。端墙墙身最小厚度不应小于 0.5m。

(2) 洞顶端墙背后应设置排水沟，其沟底至拱顶外缘的最小厚度不应小于 1.0m，洞门端墙顶应高出排水沟顶面且不小于 0.5m，端墙背后应设置不小于 1.5m 的平坡或缓坡回填段。

(3) 洞门结构设计应满足抗震设防要求，端墙与明洞主体结构之间应设置必要的抗震连接钢筋。

2) 明洞式洞门

明洞式洞门主要是指直削式洞门，极少采用削竹式、倒削竹式、喇叭口式洞门，明洞式洞门是没有洞门墙的洞口，通常在需要美化洞口或弱化洞口端墙、明洞上部供人车通行时采用明洞式洞门，其结构设计如图 4.12 所示。

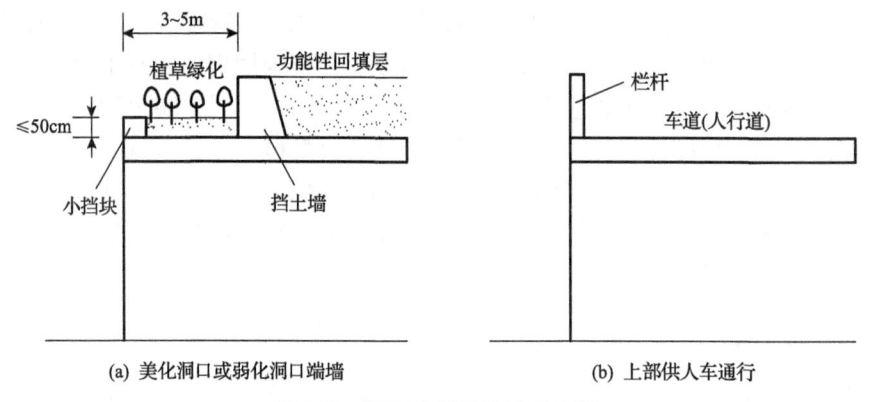

图 4.12 明洞式洞门构造示意图

5. 基底处理与边坡开挖

矩形明洞的基底处理与边坡开挖与拱形明洞相似，其具体要求详见拱形明洞设计中的相关要求。

4.3.3　矩形明洞结构计算

矩形明洞一般情况下应采用荷载结构法进行内力和变形计算分析，并应验算结构强度和裂缝宽度。结构计算中的弹性抗力系数、结构强度计算、结构裂缝验算的相关要求均与拱形明洞基本相同，可参见 4.2.3 节中的相关内容，这里主要介绍矩形明洞的结构计算模型。

矩形明洞底板与地基之间的接触可采用受压弹簧链杆来模拟在荷载作用下地基对底板的弹性反力。明洞内侧墙与边坡之间采用浆砌片石、混凝土等回填密实时，侧墙变形也会受到较大约束，因此采用浆砌片石、混凝土等回填范围内的侧墙也可采用受压弹簧链杆来模拟边坡对边墙的弹性抗力。矩形明洞底板受摩擦力作用不会发生水平位移，因此在底板外侧应设置水平链杆来约束其水平位移，计算简图如图 4.13 所示。

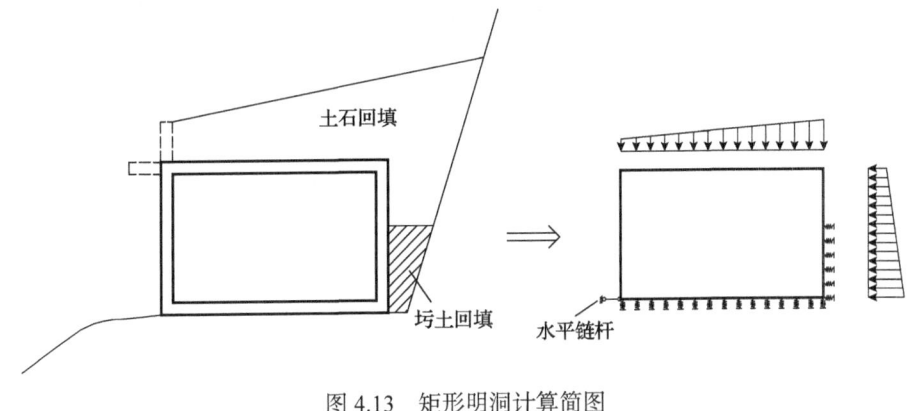

图 4.13　矩形明洞计算简图

4.4　特殊明洞设计

特殊明洞并非相对于前面按断面特征分类的拱形、矩形以外的其他断面形式，也不是在表 1.1 对明洞的分类中的某一种具体的分类方式，而是在实际工程中可能遇到的三种明洞的统称，即根据结构类型分类的半隧明洞、半桥明洞，以及根据功能作用分类的抗滑明洞。若某种明洞的断面特征满足前面所述，也需要满足相应的设计要求。

4.4.1 半隧明洞设计

当地形偏压严重、路线外侧地形狭窄陡峭、外侧路基无法加宽、内侧采用放坡开挖修筑明洞会造成很高的边坡时，可采用半隧明洞。半隧明洞宜采用单压分离式拱形明洞。

1. 结构特征

半隧明洞的结构内侧(靠山侧)为"半个隧道"，需采用隧道的施工工艺进行开挖。相比常规的单压分离式拱形明洞，一般会增设护拱用于拱部反压回填，增设初期支护用于"半隧"开挖，其结构特征及施工步骤如图 4.14 所示。

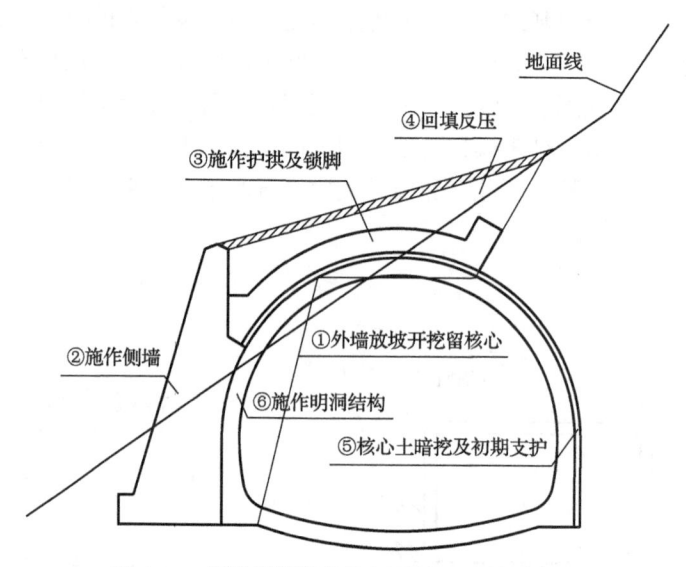

图 4.14 半隧明洞结构特征及施工步骤示意图

2. 设计要点

根据半隧明洞的结构特征及施工步骤，设计中应注重以下问题：
(1)根据隧道暗挖施工的要求，在明洞衬砌结构外侧设计初期支护。
(2)设置钢筋混凝土或型钢混凝土护拱，护拱一端架设于侧墙、一端架设于边坡，应具有一定的刚度；"半隧"暗挖施工前应在护拱上部回填土石进行反压。
(3)护拱架设于边坡一端，应对拱部一定范围内的边坡进行加固处理。
(4)半隧明洞防排水应按照隧道防排水的要求进行设计。

4.4.2 半桥明洞设计

当地形偏压严重、上边坡有防崩塌落石需求、临河路基宽度不足且河道不能侵占或过多压缩时,可采用半桥明洞。半桥明洞宜采用单压整体式拱形明洞或矩形明洞。

1. 结构特征

半桥明洞的实质是将明洞作为一个整体,内侧(靠山侧)置于既有路基上、外侧(临河侧)置于新建墩台上、明洞底板悬空的一种特殊结构形式,如图 4.15 所示。

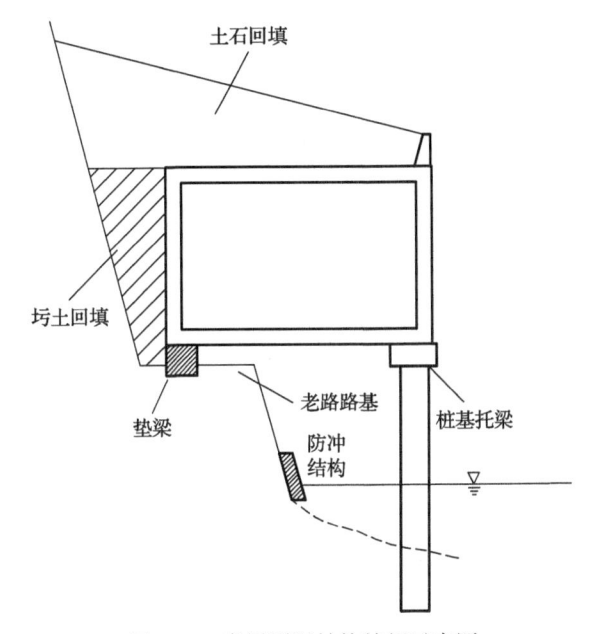

图 4.15 半桥明洞结构特征示意图

2. 设计要点

根据半桥明洞的结构特征,设计中应注重以下问题:
(1)明洞结构应采用水平底板,结构计算时应充分考虑底板作为桥面系的情况,按照桥梁设计的要求考虑其承受的各类型荷载。
(2)明洞内外侧基础应稳固可靠,通常内侧在老路路基上设置纵向连续垫梁,外侧在河道内设置桩基托梁或承台作为明洞架设的基础。
(3)拱形明洞外侧墙较宽时,一般采用桩基承台作为外侧基础;矩形明洞外墙较窄时,一般采用桩基托梁作为外侧基础。桩基应考虑防水流与石块冲击力的影响。
(4)老路路基应加强防冲刷设计,保证内侧所设垫梁不变位。

(5)半桥明洞抵抗水平荷载的能力较低,因此宜对明洞内侧边坡加强防护,墙背回填宜采用浆砌片石或素混凝土,以减少水平荷载的传递。

4.4.3 抗滑明洞设计

滑坡地段不宜修建明洞,但若采取综合整治措施能确保明洞结构安全稳定,则可修建抗滑明洞。抗滑明洞应按支挡工程设计,其构造应确保滑坡体稳定与明洞安全。

1. 结构特征

明洞是连续封闭的结构,具有一定的抗滑能力,因此抗滑明洞可以分为无抗滑结构明洞(图 4.16)、分离设置抗滑结构明洞(图 4.17)。

图 4.16 无抗滑结构明洞

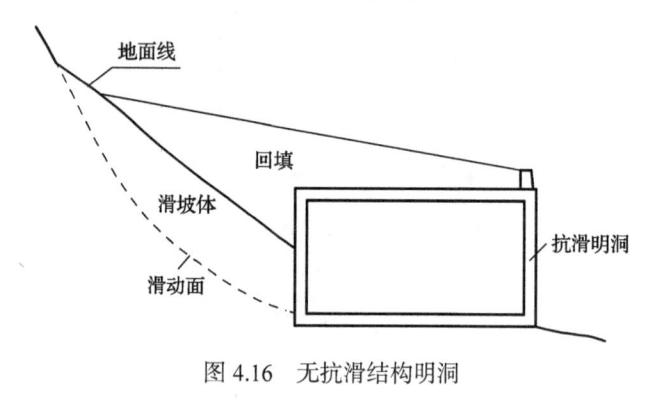

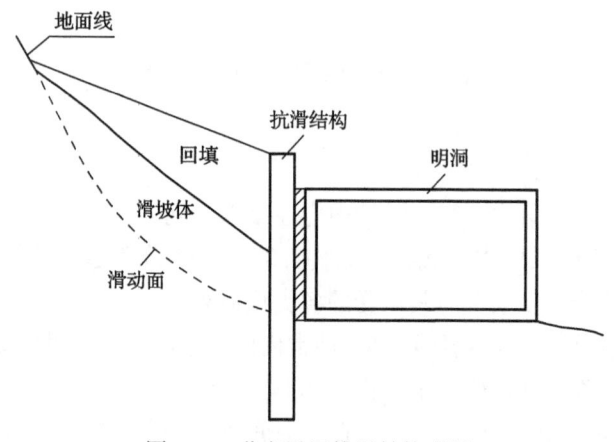

图 4.17 分离设置抗滑结构明洞

无抗滑结构明洞仅依靠明洞自身进行抗滑,不设专门的抗滑支挡结构;分离设置抗滑结构明洞设置了抗滑结构(包括抗滑桩、抗滑挡墙、抗滑键等),而且抗滑结构与明洞结构之间结构构造分离,设计计算时按照一定的比例分担下滑力。

2. 设计要点

抗滑明洞应尽量避免穿越滑坡影响区，当不可避免时，应对滑坡性质、滑动面、滑坡推力、运营期边坡坍塌情况等进行充分的调查与研究。抗滑明洞设计中应注重以下要点。

(1)正确分析滑坡性质、滑动面、滑坡推力等边界条件，选择合适的抗滑明洞类型，通常宜优先采用分离设置抗滑结构明洞；当滑坡规模较小时可采用无抗滑结构明洞，并采用边坡加固、反压回填、卸载等措施综合处治。

(2)采用分离设置抗滑结构明洞时，应满足以下要求：①抗滑结构与明洞结构之间应分离，设计计算时应按照一定比例分担下滑力，并充分考虑抗滑结构与明洞结构间的相互作用；②抗滑结构宜承担滑坡体绝大部分或全部滑坡推力，其分担的最低比例应满足在抗滑结构施工完成以后至明洞结构建成之前这段时间内的临时安全；③当抗滑结构承担全部滑坡推力时，明洞结构可按照普通明洞进行设计；④抗滑结构应根据其分担下滑力的大小，按照《公路路基设计规范》(JTG D30—2015)中的相关规定进行设计。

第5章 钢筋混凝土棚洞设计

棚洞因具有非封闭、非连续的结构特征，其造型更加多变，结构设计也更加复杂。本书棚洞结构设计按照断面形状的分类标准编写，既能表征棚洞结构形状特点，又能体现结构受力特征。

5.1 总体要求

5.1.1 一般原则

棚洞的应用场景与明洞基本一致，二者不同的结构特征导致在某些特定环境下的应用有所差异，因此棚洞设计的一般原则与明洞相同，详见4.1.1节，这里不再赘述。

5.1.2 基本要求

棚洞设计除满足明洞所提出的基本要求及防护要求外，还应满足以下要求：

(1)棚洞结构类型的选择应充分考虑施工对交通的影响，若为新建公路上的棚洞，结构选择应以提高结构整体性为主；若为改扩建公路上增设的棚洞，结构选择应以尽量减小对交通的影响为主。

(2)棚洞结构纵向每隔一定距离应设置变形缝，各部位的变形缝应设置于同一横断面上，做到上下贯通。

(3)棚洞外侧支承结构若为柱式构造，应设置必要的防撞设施，结构计算时也应考虑汽车撞击力荷载。

(4)防崩塌、落石等灾害的棚洞结构设计时，应将便于结构破坏后修复作为重要的考虑因素。

5.2 半拱形棚洞设计

5.2.1 半拱形棚洞结构特征

半拱形棚洞最重要的结构特征就是内侧(靠山侧)的形状为半拱形，外侧(临空侧)设置外侧支承结构来支承半拱结构。根据外侧支承结构的支承方式不同，半拱形棚洞又可分为直立式半拱形棚洞和倾斜式半拱形棚洞；根据外侧支承结构与半拱结构的连接方式不同,半拱形棚洞又可分为柱式支撑半拱形棚洞和牛腿支撑半拱形棚洞等。

为便于本书的统一描述,图 5.1 中给出了半拱形棚洞各部位的名称及特征。

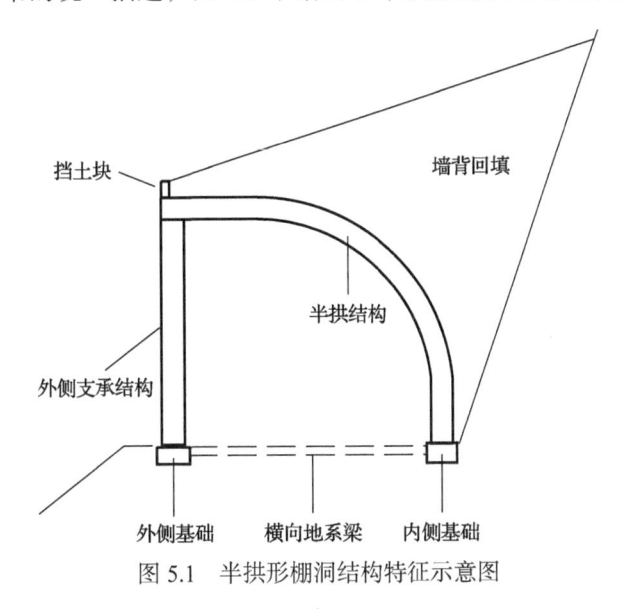

图 5.1 半拱形棚洞结构特征示意图

5.2.2 半拱形棚洞结构构造要求

1. 内轮廓

半拱形棚洞内轮廓设计应根据建筑限界及设棚洞路段最大超高要求,综合电缆沟、排水沟和机电设施等所需空间尺寸,确定半拱形棚洞内轮廓断面形式,要求如下:

(1) 内轮廓设计与外侧支承结构所采用的支承方式有关,一般应为半圆+矩形或半圆+梯形的组合结构,如图 5.2 所示。

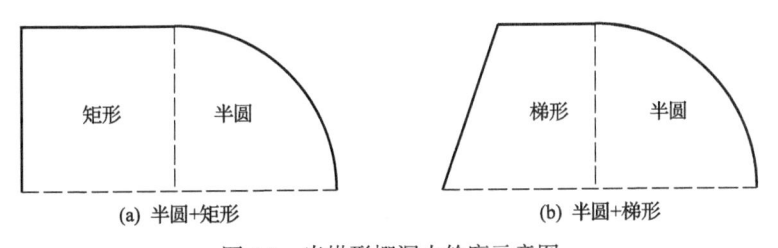

(a) 半圆+矩形　　(b) 半圆+梯形

图 5.2 半拱形棚洞内轮廓示意图

(2) 同一座半拱形棚洞宜采用相同的内轮廓高度,半圆段应保持不变,可根据不同的加宽要求采用不同的内轮廓宽度,宽度变化应在矩形或梯形范围内调整。

(3)内轮廓宽度不同时可视结构情况采用线性渐变过渡或突变过渡。当采用突变过渡时，相邻两节段之间的突变宽度不宜过大，一般不超过侧壁厚度的三分之二，且不应超过 0.5m；当相邻两节段突变较大出现露空时，应设置挡头墙，并加强该处的防水。

(4)当半拱形棚洞结构采用突变过渡时，人行道或检修道应采用线性渐变过渡且满足路基超高加宽要求。

2. 半拱结构

1)拱圈

拱圈构造要求如下：

(1)半拱结构主体受力结构为拱圈，一般由水平段与圆弧段组成，应采用钢筋混凝土结构，其结构厚度根据地形、地质、荷载情况，并经结构计算后综合确定，不同跨度的拱圈最小厚度可参见表 4.1 取值。

(2)拱圈通常采用等截面拱圈，当拱部压力或偏压较大时也可采用变截面拱圈，其拱脚厚度一般为拱顶厚度的 1~1.5 倍。

(3)为适应不均匀地基、考虑热胀冷缩效应、模板台车长度等，拱圈纵向每 10~20m 应设置变形缝。当半拱形明洞处于弯道时，设缝间距宜适当减小。

(4)拱圈与外侧支承结构的连接方式应根据外侧支承结构的类型确定，具体连接要求详见外侧支承结构的相关规定。

(5)拱圈拱脚处应结合棚洞内电缆沟或排水沟、横向地系梁的构造要求，设置扩大基础，具体构造如图 5.3 所示。

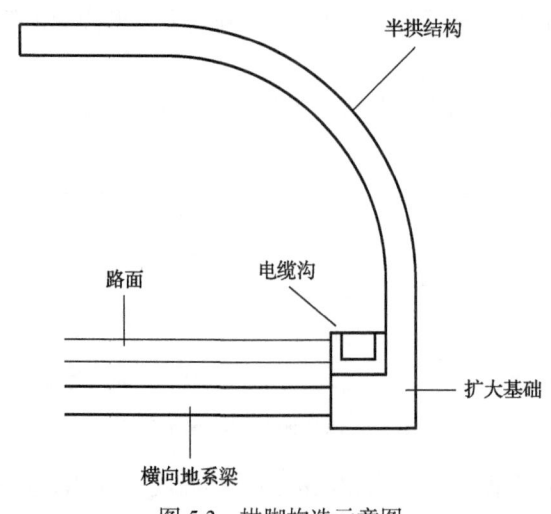

图 5.3 拱脚构造示意图

2)挡土块

挡土块构造要求如下:

(1)当半拱形棚洞顶部需要填土时,应根据顶部最小填土厚度要求设置挡土块。

(2)挡土块可根据需要采用钢筋混凝土或素混凝土结构。钢筋混凝土挡土块宜与拱圈共同形成整体,按照悬臂结构进行设计;素混凝土挡土块宜与拱圈分离,按照挡土墙的要求进行设计与验算,并满足抗倾覆、抗滑移要求。

3)悬挑

悬挑构造要求如下:

(1)当外侧有人行道或有其他要求需要形成安全空间时,可将半拱结构水平段向外延伸形成悬挑结构。

(2)悬挑结构是半拱结构向外延伸的一部分,应作为一个整体施工。

(3)悬挑部分可采用等截面或变截面断面,应按照钢筋混凝土悬臂结构进行设计。

(4)悬挑处应设置滴水。

3. 外侧支承结构

外侧支承结构可采用墙式(图5.4)、立柱式(图5.5)、刚架式(图5.6)等结构形式,其设置参数应结合半拱结构纵向分段综合拟定,其结构尺寸应通过结构计算确定。

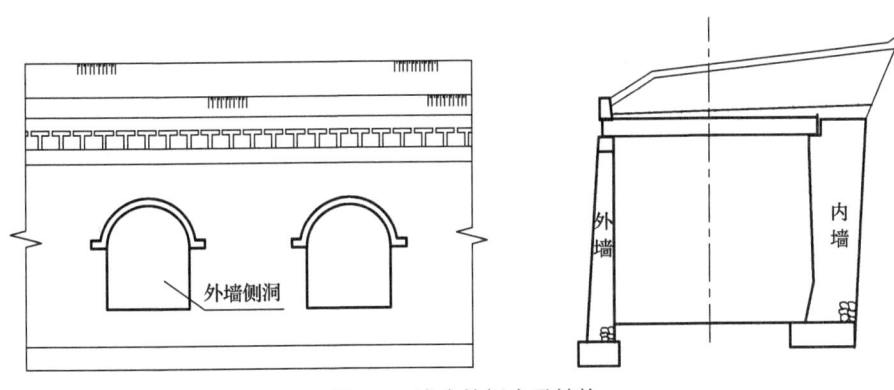

图5.4 墙式外侧支承结构

1)墙式外侧支承结构

墙式外侧支承结构要求如下:

(1)墙式外侧支承结构一般采用素混凝土、片石混凝土等圬工结构,标号不低于C20。

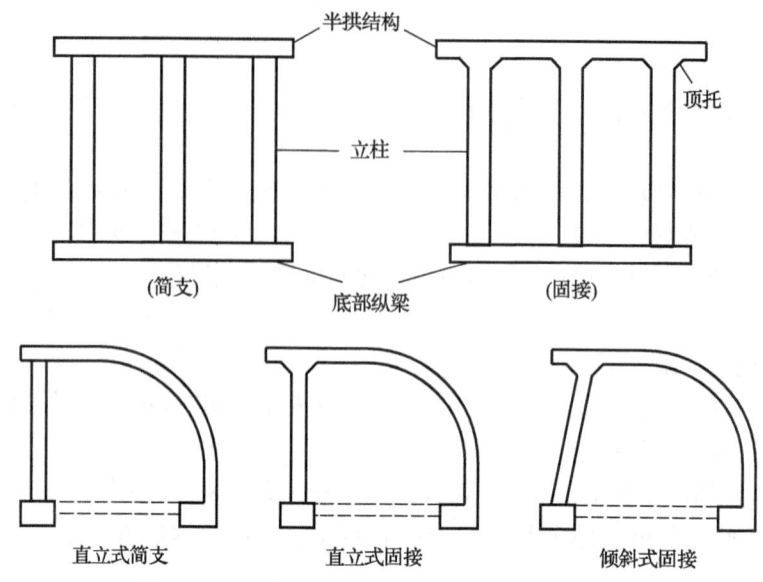

图 5.5　立柱式外侧支承结构侧立面及连接示意图

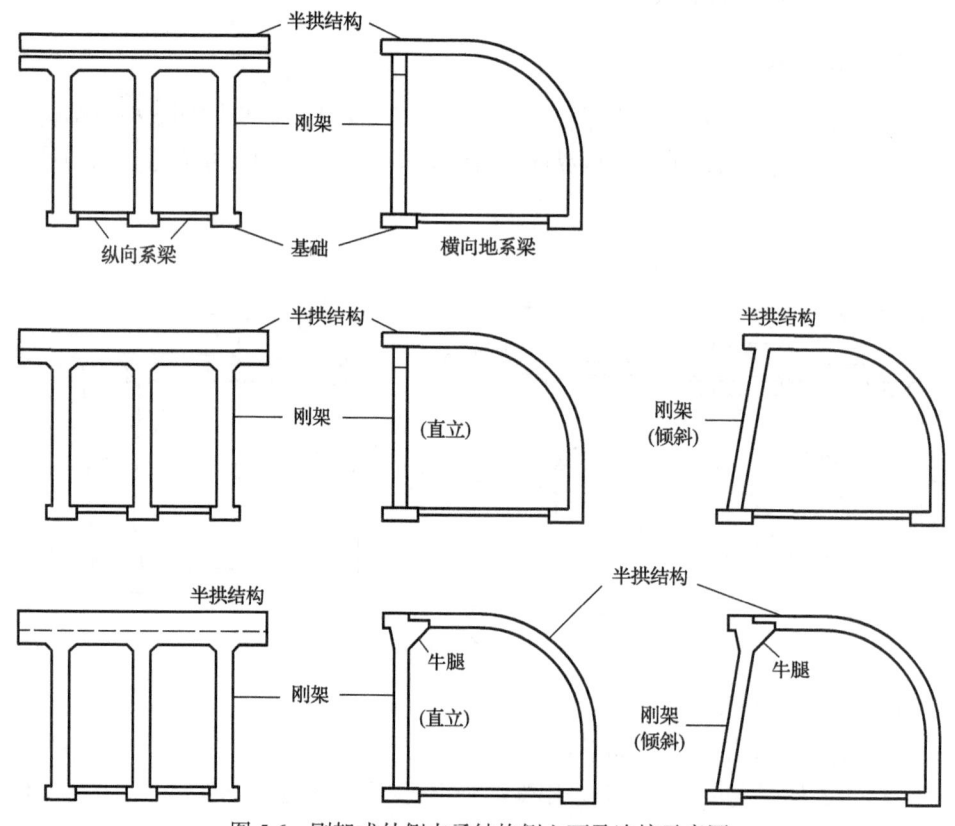

图 5.6　刚架式外侧支承结构侧立面及连接示意图

(2) 为提高结构横向稳定性，墙式外侧支承结构内壁宜垂直、外壁宜设置坡度不低于 1:0.01 的面坡，其顶部最小厚度不应小于对应半拱结构的厚度。

(3) 墙式外侧支承结构纵向连续，为增加棚洞透光性，通常设置开孔，开孔周边应设置钢筋混凝土过梁。开孔要求宜参照拱形明洞与矩形明洞外侧开孔的要求执行。

(4) 墙式外侧支承结构顶部应设置钢筋混凝土顶帽，半拱结构应简支于顶帽上。

2) 立柱式外侧支承结构

立柱式外侧支承结构要求如下：

(1) 立柱式外侧支承结构可根据立柱形态分为直立式与倾斜式两种，其与半拱结构的连接方式、施工工艺、建筑材料应满足表 5.1 的要求。

表 5.1 立柱式外侧支承结构与半拱结构的连接方式、施工工艺及建筑材料

立柱类型	与半拱结构连接方式	施工工艺	建筑材料
直立式立柱	简支	现浇施工	素混凝土(不低于 C20)
		预制拼装施工	钢筋混凝土(不低于 C30)
	固接	现浇、预制拼装施工	与半拱结构相同
倾斜式立柱	固接	现浇施工	与半拱结构相同

(2) 当立柱式外侧支承结构与半拱拱圈连接时，半拱结构应验算支点处的抗冲切性能。简支连接时，立柱顶部应考虑局部受压效应的影响，宜设置钢筋网片；固接连接时，立柱顶部宜设置顶托。

(3) 每节段半拱形棚洞对应立柱底部应设置钢筋混凝土纵梁。当不需要设置桩基础时，纵梁应按照弹性地基梁进行设计；当需要设置桩基础时，纵梁宜按照托梁进行设计。

3) 刚架式外侧支承结构

刚架式外侧支承结构要求如下：

(1) 刚架式外侧支承结构根据其形态可分为直立式与倾斜式两种。直立式外侧支承结构与半拱结构的连接可采用直接简支、牛腿简支或固接三种方式；倾斜式外侧支承结构与半拱结构可采用牛腿简支或固接。

(2) 刚架式外侧支承结构通常为门形或Π形刚架结构，纵向 10~20m 一联，每一联之间结构断开，结构断开的位置应与半拱拱圈保持一致。

(3) 门形或Π形刚架结构一般由立柱、纵梁组成，应采用钢筋混凝土结构，其结构尺寸需通过计算确定。

(4) 立柱底部应设置纵向钢筋混凝土系梁以提高结构稳定性，其断面可采用方

形或矩形，最小尺寸不应小于 0.3m×0.3m。

(5)立柱下部通常采用桩基础，当地基条件较好时可采用扩大基础。

4. 横向地系梁

横向地系梁构造要求如下：

(1)当外侧支承结构采用倾斜式结构或设桩基础时，应设置横向地系梁，以提高结构稳定性。

(2)横向地系梁应设置于桩顶或倾斜式结构立柱底部，且不能侵入路面结构层中，将外侧支承结构与半拱结构内侧基础联系起来。

(3)当地基沉降变形量较小时，宜采用钢筋混凝土横向地系梁，其断面可采用方形或矩形，最小尺寸不应小于 0.3m×0.3m；当地基沉降变形量较大时，可采用地基处理的方式以避免地基变形过大，或采用带拉杆箱的柔性横向地系梁，其构造如图 5.7 所示。

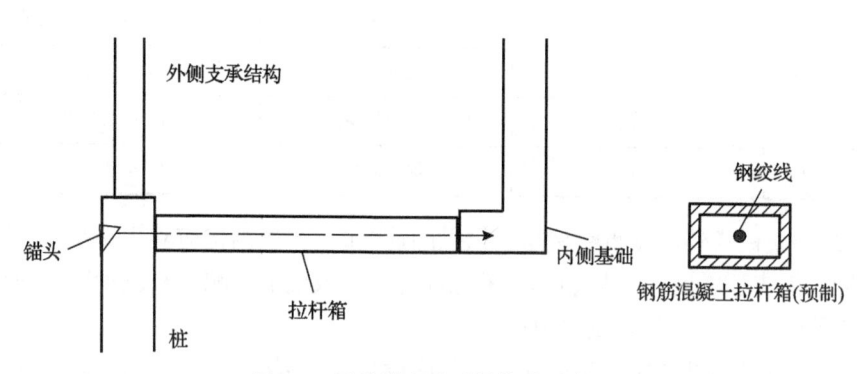

图 5.7　柔性横向地系梁构造示意图

5. 基础与地基处理

半拱形棚洞因其半拱的特点，半拱结构对其基础与外侧支承结构基础的差异沉降较为敏感，因此需严格控制其内外沉降差。内外侧基础均应置于稳固的地基上，当地基承载力不足或沉降差较大时，应调整基础类型或对地基进行加固处理。具体设计要求详见第 8 章基础工程设计的相关内容。

5.2.3　半拱形棚洞结构计算

半拱形棚洞一般情况下应采用荷载结构法进行内力和变形计算分析，并应验算结构强度和裂缝宽度。结构计算中的弹性抗力系数、结构强度计算、结构裂缝验算的相关要求均与拱形明洞基本相同，可参见 4.2.3 节中的相关内容，这里主要介绍半拱形棚洞的结构计算模型。

半拱形棚洞结构中的半拱结构边墙与边坡之间采用浆砌片石、混凝土等回填密实时，边墙变形会受到较大约束，因此采用浆砌片石、混凝土等回填范围内的边墙可采用受压弹簧链杆来模拟边坡对边墙的弹性抗力；结构中的纵向、横向系梁是为提高结构整体稳定性而设置的结构，为简化计算，在结构计算时通常可以不考虑。半拱结构与外侧支承结构之间不同的连接方式会导致其结构计算有所差异，这里以直立式外侧支承结构为例介绍计算模型，倾斜式外侧支承结构的计算模型可参照进行。

半拱结构简支于外侧支承结构顶部(图5.8)与简支于外侧支承结构牛腿(图5.9)两种情况的计算模型基本相似，仅外侧支承结构的位置有所差异。该节点处的支座反力计算出来以后，再作为荷载加到外侧支承结构上对其进行结构计算。

图 5.8 半拱结构简支于外侧支承结构顶部的计算简图

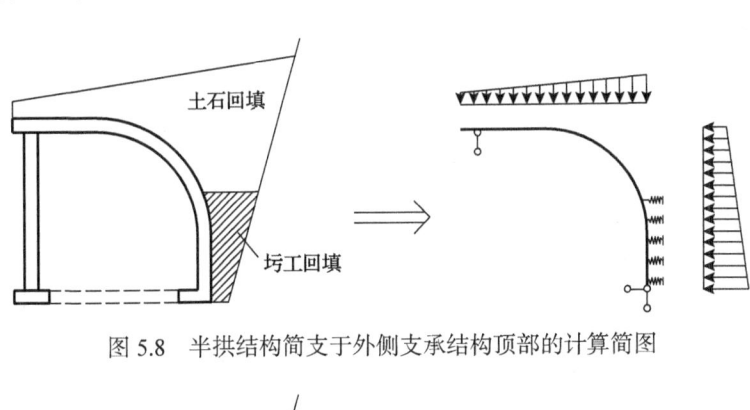

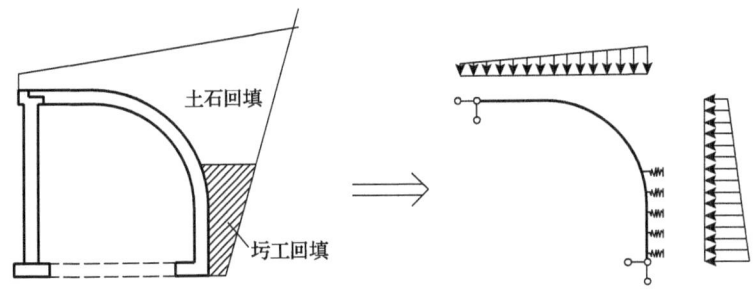

图 5.9 半拱结构简支于外侧支承结构牛腿的计算简图

半拱结构与外侧支承结构固接，二者需要联合起来共同计算，计算简图如图 5.10 所示。需要注意的是，应根据外侧支承结构不同的结构类型来选择合适的计算单元宽度。另外，当外侧支承结构采用扩大基础、条形基础、桩基托梁基础时，其底部应为简支；当外侧支承结构采用直接接桩基础时，其底部应为固支。

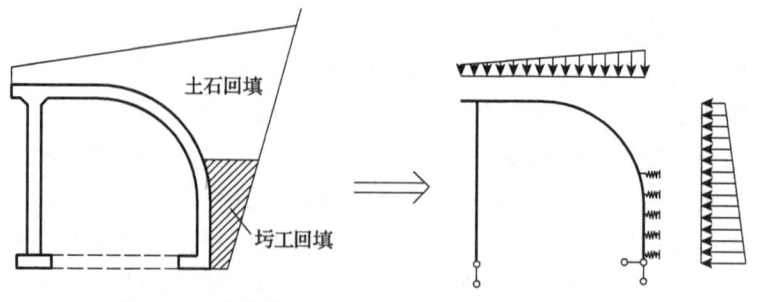

图 5.10　半拱结构与外侧支承结构固接的计算简图

5.3　门形棚洞设计

5.3.1　门形棚洞结构特征

门形棚洞结构是由顶梁(板)、内侧支承结构、外侧支承结构围合形成"门"形。由于门形的造型，当其顶部需要设置回填层时可将回填材料方便地置于其顶部，仅设置挡土块即可。门形棚洞顶梁(板)外侧向外延伸形成悬挑结构，可将人行道放在棚洞外侧，实现人车分行。

为便于本书的统一描述，图 5.11 给出了门形棚洞各部位的名称及特征。

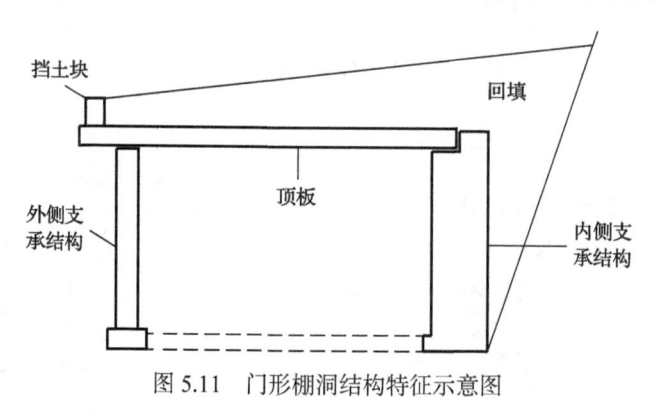

图 5.11　门形棚洞结构特征示意图

5.3.2　门形棚洞结构构造要求

1. 内轮廓

门形棚洞内轮廓设计应根据建筑限界及设棚洞路段最大超高要求，综合电缆沟、排水沟和机电设施等所需空间尺寸，确定门形棚洞内轮廓断面形式，具体要求如下：

(1)内轮廓设计采用矩形。

(2)同一座门形棚洞宜采用相同的内轮廓高度,可根据不同的加宽要求采用不同的内轮廓宽度。

(3)内轮廓宽度不同时可视结构情况采用线性渐变过渡或突变过渡。当顶板为现浇结构时宜采用线性渐变过渡;当顶板为预制结构时,宜采用突变过渡,相邻两节段之间的突变宽度不宜过大,一般不超过侧壁厚度的三分之二,且不应超过0.5m。当相邻两节段突变较大出现露空时,应设置挡头墙,并加强该处的防水。

(4)当门形棚洞结构采用突变过渡时,人行道或检修道应采用线性渐变过渡且满足路基超高加宽要求。

2. 顶梁(板)

顶梁(板)构造要求如下。

(1)门形棚洞的顶梁(板)可采用 T 形、倒 T 形、Π形截面梁板或空心板构件等,应采用钢筋混凝土结构,其结构尺寸通过计算确定。

(2)顶梁(板)施工工艺的选择应充分考虑道路施工期的保通要求。

(3)预制拼装顶梁(板)的布置方式通常有小梁密排、大梁+纵板两种类型,如图 5.12 所示。其中,大梁+纵板布置方式存在顶板承受冲击荷载的能力不均、纵板容易被砸穿、传递到外侧支承结构的集中荷载更大等缺点,本书推荐预制拼装施工采用小梁密排布置方式。

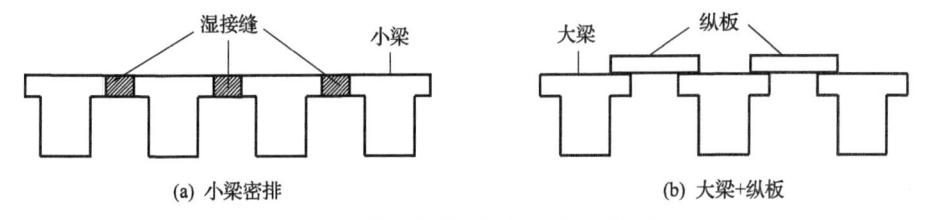

图 5.12 预制拼装顶梁(板)布置示意图

(4)预制拼装小梁密排布置方式构造应满足以下要求:①顶梁(板)一般采用预制钢筋混凝土 T 梁,其布置均垂直路线轴线,沿路线设计轴线均匀排布;②预制 T 梁翼缘板部分宜按湿接缝处理,顶梁安装完毕以后再浇筑翼缘板混凝土,使其成为一个整体;③顶梁内端宜设置梁翼垂榫,嵌固于内墙钢筋混凝土顶帽凹槽中,顶梁外端应设置带泄水孔的挡土块以稳定棚洞顶填土。

(5)搭架现浇顶梁(板)的布置方式通常有平板式、小梁密排式、平板带肋式(图 5.13)等多种类型。平板式通常自重大、承载能力低,不够经济;小梁密排式底部不平整,现浇底模制作复杂;平板带肋式底部平整,内部美观、施工简便,肋板在上部可根据承载能力需要任意调整,适应性强。本书推荐搭架现浇施工采用平板带肋布置方式。

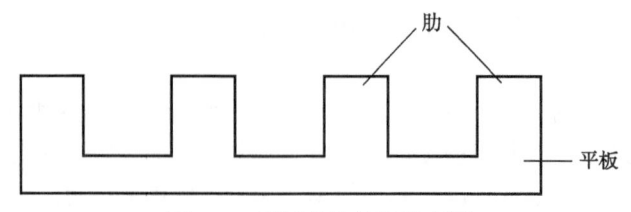

图 5.13 平板带肋结构示意图

(6)搭架现浇平板带肋布置方式构造应满足以下要求：①平板厚度、肋板尺寸等均应通过计算确定。②现浇板两端应设置端头板，沿肋板纵向每隔 5～8m 宜设置一道横隔板，以提高结构的整体性。③设置外侧端头板时应结合挡土块的要求共同设置，并预留泄水孔；内侧端头板宜设置梁翼垂榫，嵌固于内墙钢筋混凝土顶帽凹槽中。

(7)当棚洞路段路线纵坡坡度过大时，应验算顶梁(板)沿路线纵向的抗滑移稳定性。一般情况下，纵坡坡度超过 5%时，顶梁(板)宜设置抗滑挡块。

(8)挡土块为顶部回填土石需要而设置，悬挑结构为外侧有人行道或其他要求需要形成安全空间而设置，其构造可参见 5.2.2 节半拱形棚洞结构构造中的相关要求。

(9)顶梁(板)置于内/外侧支承结构上时应保证支座处平整，通常设置油毛毡、橡胶垫片等，若有缓冲、位移等特殊要求，可根据需求设置必要的支座。

3. 内侧支承结构

内侧支承结构构造要求如下：

(1)内侧支承结构一般采用挡土墙结构，其断面厚度不宜小于 50cm，结构采用素混凝土(不低于 C20)，设计计算时应验算其抗滑移稳定性、抗倾覆安全性。

(2)内侧支承结构顶应设置承托并嵌固于顶梁(板)的钢筋混凝土顶帽凹槽中。

(3)当内侧支承结构背后岩层稳定、坚固时，为减少开挖、回填、节省圬工，可采用锚杆(索)式内边墙。

(4)当内侧支承结构背后存在覆盖层、边坡坡度较缓时，可根据地形、地质情况，综合内侧支承结构稳定性要求，将其设计为俯斜式、衡重式、重力式等结构。

(5)为增强结构横向稳定性，可设置锚杆将内侧支承结构锚固于山体中。

(6)当棚洞有抗滑要求时，内侧支承结构可根据滑坡处治的需要设置为抗滑挡墙或抗滑桩等支挡结构，但其墙顶、桩顶位移应通过计算棚洞结构所能承受的水平位移来严格控制。

4. 外侧支承结构

外侧支承结构可采用墙式、立柱式、刚架式等结构形式，其设置参数应结合棚洞纵向分段综合拟定，其结构尺寸通过计算确定。墙式外侧支承结构设计参见半拱形棚洞墙式外侧支承结构设计的相关要求，这里不再赘述。

1) 立柱式外侧支承结构

(1) 当顶梁(板)采用底面平整的整体现浇结构时，可采用立柱式外侧支承结构；当顶梁(板)采用预制拼装结构或底面不平整的整体现浇结构时，不宜采用立柱式外侧支承结构。

(2) 立柱式外侧支承结构其他设计要求参见半拱形棚洞立柱式外侧支承结构设计的相关规定。

2) 刚架式外侧支承结构

(1) 刚架式外侧支承结构是门形棚洞最常用的结构形式，通常采用门形、Π形刚架结构，与顶梁(板)简支连接。

(2) 门形或Π形刚架结构一般由立柱、纵梁组成，为提高刚架横向稳定性，可在顶部增设横顶梁，并与刚架整体浇筑，如图 5.14 所示。

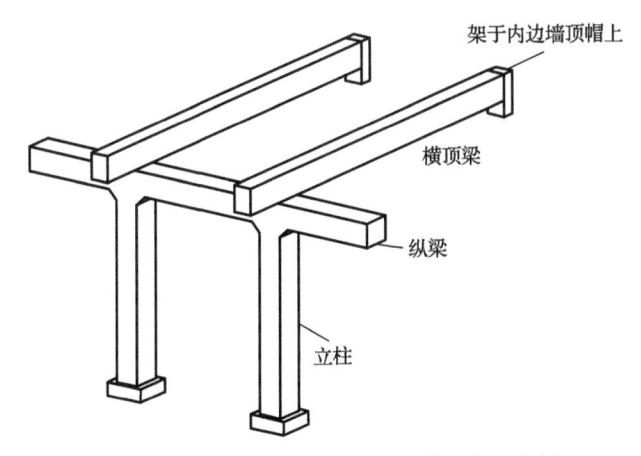

图 5.14 刚架式外侧支承结构整体框架示意图

(3) 刚架式外侧支承结构其他设计要求参见半拱形棚洞刚架式外侧支承结构设计的相关规定。

5. 其他结构

其他结构构造要求如下：

(1) 横向地系梁构造要求参见半拱形棚洞中的相关要求。

(2) 门形棚洞顶梁(板)均简支于内侧支承结构、外侧支承结构上，对内外侧的差异沉降不敏感。内侧支承结构与外侧支承结构基础均应置于稳固的地基上，当地基承载力不足时，应调整基础类型或对地基进行加固处理。具体设计要求详见

第 8 章基础工程设计的相关内容。

5.3.3 门形棚洞结构计算

门形棚洞结构多采用简支结构体系，受力简单明确，一般情况下应采用荷载结构法进行内力和变形计算分析，并应验算结构强度和裂缝宽度。结构计算中的结构强度计算、结构裂缝验算的相关要求均与拱形明洞基本相同，可参见 4.2.3 节中的相关规定，这里主要介绍门形棚洞的结构计算模型。

门形棚洞顶梁(板)简支于内侧支承结构与外侧支承结构上，为简支结构，应按照顶梁(板)的结构特征，即按照简支梁模型进行计算；内侧支承结构通常为挡土墙结构，应按照挡土墙结构要求进行计算；外侧支承结构通常为刚架结构，其计算简图如图 5.15 所示。

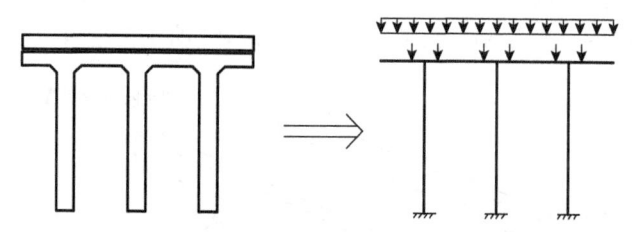

图 5.15 外侧支承结构为刚架结构时的计算简图

外侧支承结构为刚架结构时需特别注意顶梁(板)传递荷载与底部约束。顶梁(板)若采用 T 梁，则传递荷载按集中力考虑，其作用位置同 T 梁设置的位置；若采用平底结构，则传递荷载按分布力考虑。当外侧支承结构采用扩大基础、条形基础、桩基托梁基础时，其底部应为简支；当外侧支承结构采用直接接桩基础时，其底部应为固支。

5.4 特殊棚洞设计

特殊棚洞并非相对于前面按断面特征分类的半拱形、门形以外的其他断面形式，也不是在表 1.1 对棚洞的分类中的某一种具体的分类方式，而是在实际工程中可能遇到的三种棚洞的统称，即根据结构类型分类的半隧棚洞、半桥棚洞，以及根据功能作用分类的抗滑棚洞。若某种棚洞的断面特征满足前面所述，也需要执行相应的设计要求。

5.4.1 半隧棚洞设计

当地形偏压严重、路线外侧地形狭窄陡峭、外侧路基无法加宽、内侧采用放坡开挖修筑明洞会造成很高的边坡时，可采用半隧棚洞。半隧棚洞的断面形式与半拱形棚洞类似。

1. 结构特征

半隧棚洞的结构内侧(靠山侧)为"半个隧道"，需采用隧道的施工工艺进行开挖。相比于半拱形棚洞，半隧棚洞一般会增设初期支护用于"半隧"开挖，如图 5.16 所示。

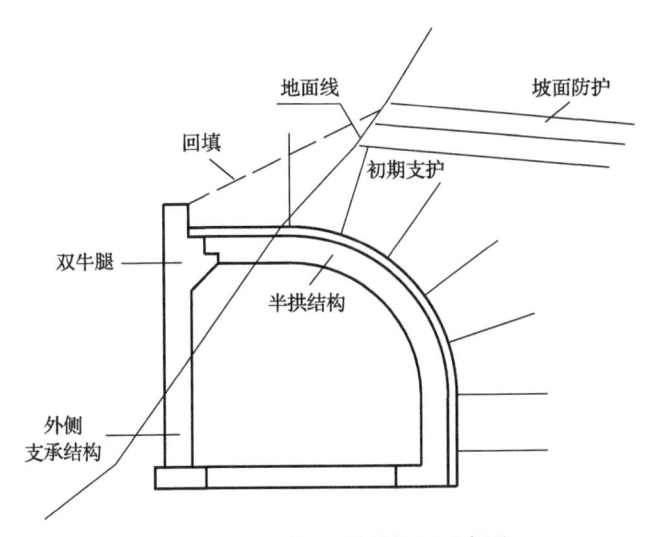

图 5.16 半隧棚洞结构特征示意图

2. 设计要点

根据半隧棚洞的结构特征及施工步骤，设计中应注重以下问题：
(1) 根据隧道暗挖施工的要求，在棚洞衬砌结构外侧设计初期支护。
(2) 外侧支承结构应设置能用于初期支护钢架与半拱结构架设的局部构造，如双牛腿。
(3) 对"半隧"初期支护拱部一定范围内的边坡进行加固处理。
(4) 半隧棚洞防排水应按照隧道防排水的要求进行设计。

5.4.2 半桥棚洞设计

当地形偏压严重、上边坡有防崩塌落石需求、临河路基宽度不足且河道不能侵占或过多压缩时，可采用半桥棚洞。半桥棚洞可根据地形、地质条件选用半拱形棚洞或门形棚洞。

1. 结构特征

半桥棚洞的实质是将棚洞内常规的路面形式改为桥面板，桥面板的一端置于内侧支承结构的基础上，另一端置于外侧支承结构的基础上。桥面板满足行车要求，棚洞作为防护结构保护行车安全，二者各司其职，如图 5.17 所示。

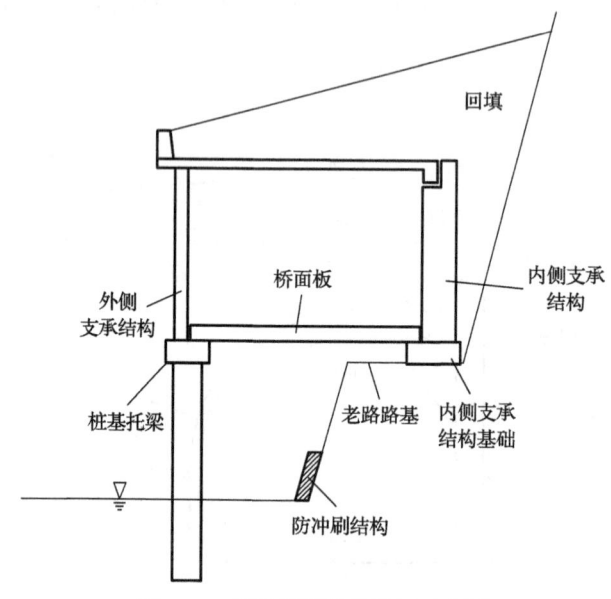

图 5.17 半桥棚洞结构特征示意图

2. 设计要点

根据半桥棚洞的结构特征，设计中应注重以下问题：

(1) 桥面板应作为独立结构单独进行设计，结构计算时应充分考虑底板作为桥面系的情况，按照桥梁设计的要求考虑其承受的各类型荷载。

(2) 桥面板宜垂直于路线轴线布置，即采用横置板，一端支承于内侧支承结构基础，另一端支承于外侧支承结构基础。

(3) 棚洞内外侧基础应稳固可靠，通常内侧在老路路基上设置纵向连续垫梁，外侧在河道内设置桩基托梁作为外侧支承结构的基础。桩基托梁计算时应充分考虑外侧支承结构、桥面板所传递荷载的偏心问题，桩基应考虑水流或石块冲击力的影响。

(4) 老路路基应加强防冲刷设计，保证内侧基础不变位。

(5) 半桥棚洞抵抗水平荷载的能力较低，宜对内侧边坡加强防护，墙背回填宜采用浆砌片石或素混凝土，以减少水平荷载的传递。

5.4.3 抗滑棚洞设计

滑坡地段不宜修建棚洞，但若采取综合整治措施能确保棚洞结构安全稳定，则可修建抗滑棚洞。抗滑棚洞应按支挡结构设计，其构造应确保滑坡体稳定与棚洞安全。

1. 结构特征

棚洞本身基本不具备抗滑能力，抗滑棚洞必须设置具有抗滑能力的支挡结构，如抗滑挡墙、抗滑桩等，因此抗滑棚洞可以分为分离设置抗滑结构棚洞(图 5.18)、联合设置抗滑结构棚洞(图 5.19)。

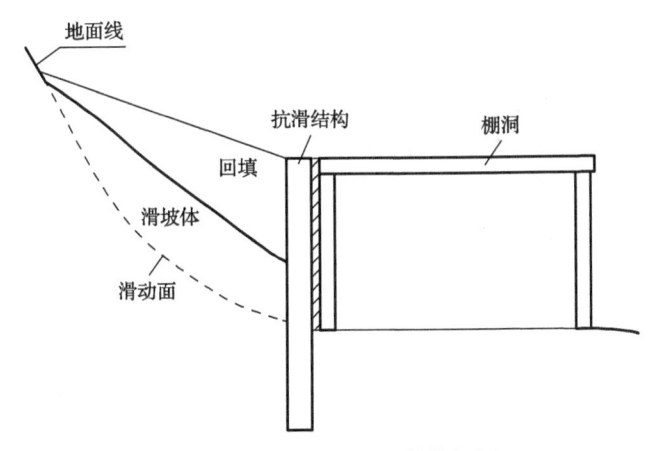

图 5.18 分离设置抗滑结构棚洞

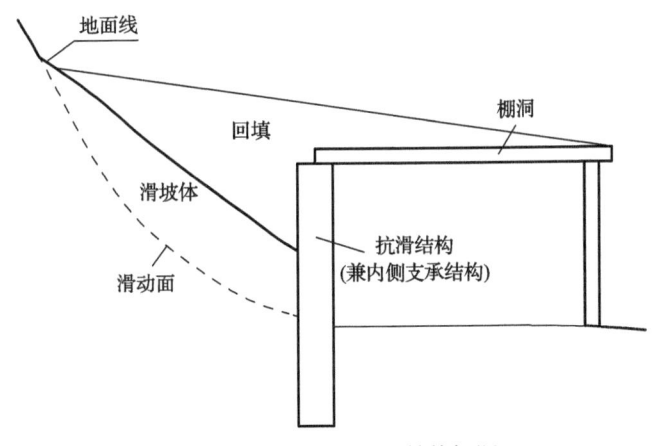

图 5.19 联合设置抗滑结构棚洞

分离设置抗滑结构棚洞设置了抗滑结构(包括抗滑桩、抗滑挡墙、抗滑键等)，而且抗滑结构与棚洞结构之间构造分离，下滑力由抗滑结构全部承担；联合设置抗滑结构棚洞是将抗滑结构作为棚洞的内侧支承结构，顶梁(板)的一端支承于抗滑结构上部。

2. 设计要点

抗滑棚洞应尽量避免穿越滑坡影响区，当不可避免时，应对滑坡性质、滑动面、滑坡推力、运营期边坡坍塌情况等进行充分的调查与研究。抗滑棚洞设计中应注重以下要点。

(1)正确分析滑坡性质、滑动面、滑坡推力等边界条件，选择合适的抗滑棚洞类型，通常宜优先采用分离设置抗滑结构棚洞。

(2)采用分离设置抗滑结构棚洞时，应满足以下要求：①抗滑结构与棚洞结构之间构造措施分离，下滑力应由抗滑结构全部承担，并按照《公路路基设计规范》(JTG D30—2015)中的相关规定进行设计；②棚洞设计可不考虑水平力的作用，满足顶部回填及可能出现的崩塌落石荷载即可；③抗滑结构与棚洞内侧支承结构之间的回填层能适应抗滑结构可能产生的水平位移。

(3)采用联合设置抗滑结构棚洞时，应满足以下要求：①抗滑结构应承担全部下滑力，并按照《公路路基设计规范》(JTG D30—2015)中的相关规定进行设计；②抗滑结构应适当加大尺寸以提高结构刚度，减小可能产生的水平位移；③抗滑结构若采用抗滑桩，应在其顶部设置贯通的纵梁作为顶梁(板)的支承结构，桩间设置板或其他可靠的挡土结构；④外侧支承结构顶部宜设置能适应一定水平变形的滑板支座，顶梁(板)与外侧支承结构之间不能固接。

第6章 钢棚洞结构设计

钢棚洞是在建筑材料上区别于普通钢筋混凝土棚洞而言，一般是指主要受力构件采用钢结构的棚洞。钢棚洞因施工快速、便捷，近年来其应用数量逐渐增加，应用场景不断丰富。本章专门针对钢棚洞常见的两种结构类型进行设计方面的讨论。

6.1 总体要求

6.1.1 一般原则

钢棚洞的应用场景与钢筋混凝土明洞、棚洞基本一致，只是其适用条件有所差别，因此钢棚洞设计的一般原则与钢筋混凝土明洞相同，详见4.1.1节，这里不再赘述。

6.1.2 基本要求

钢棚洞设计除满足5.1.2节钢筋混凝土棚洞所提出的基本要求，还应满足以下要求：

(1)钢棚洞建筑材料除主要受力构件采用钢材以外，其余部位还可以采用圬工材料、柔性材料、透光材料等。

(2)应用钢结构的部位应满足《钢结构设计标准》（附条文说明[另册]）(GB 50017—2017)的相关要求。

(3)钢材质量应分别满足《碳素结构钢》(GB/T 700—2006)、《低合金高强度结构钢》(GB/T 1591—2018)、《建筑结构用钢板》(GB/T 19879—2023)等相关规范规定。

(4)结构用钢板、热轧工字钢、槽钢、角钢、H型钢和钢管等型材产品的规格、外形、重量及允许偏差应符合国家现行相关标准的规定。

(5)主要受力结构所用的钢材应具有高屈服强度、抗拉强度、断后伸长率和硫、磷含量的合格保证，直接承受动力荷载或需验算疲劳的构件所用钢材应具有冲击韧性的合格保证，对焊接结构应具有高碳当量的合格保证。

(6)处于外露环境且对耐腐蚀有特殊要求或处于侵蚀性介质环境中的承重结构，可采用Q235NH、Q355NH和Q415NH牌号的耐候结构钢，其质量应符合《耐候结构钢》(GB/T 4171—2008)的规定。

(7)焊接承重结构为防止钢材的层状撕裂而采用 Z 向钢时,其质量应符合《厚度方向性能钢板》(GB/T 5313—2023)的规定;焊接承重结构以及重要的非焊接承重结构采用的钢材应具有冷弯试验的合格保证。

(8)所有钢结构构件均应根据环境情况设置必要的防腐蚀措施并满足《建筑钢结构防腐蚀技术规程》(JGJ/T 251—2011)的相关要求。

6.2 门形钢棚洞设计

6.2.1 门形钢棚洞结构特征

门形钢棚洞一般由顶棚、内侧支承结构、外侧支承结构围合而成。为减少顶部回填,顶棚部分可做成斜顶,形成梯形断面。本节主要针对门形或梯形造型的钢棚洞介绍其设计构造要求,其他造型的钢结构可参照执行。

为便于本书的统一描述,图 6.1 中给出了钢棚洞各部位的名称及特征。

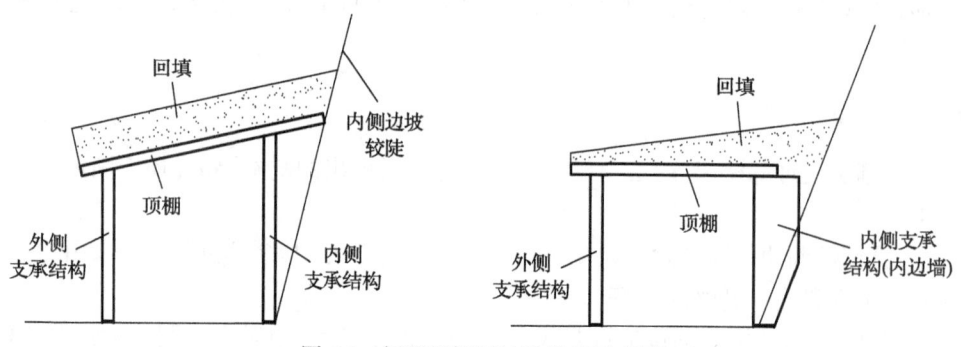

图 6.1 门形钢棚洞结构特征示意图

6.2.2 门形钢棚洞结构构造要求

1. 内轮廓

钢棚洞内轮廓设计应根据建筑限界及设棚洞路段最大超高要求,综合电缆沟、排水沟和机电设施等所需空间尺寸,确定钢棚洞内轮廓断面形式,具体要求如下:

(1)内轮廓设计采用矩形或内高外低的梯形。

(2)同一座钢棚洞采用矩形内轮廓时,内轮廓高度宜相同,宽度可根据不同的加宽要求调整;采用梯形内轮廓时,宜采用相同的内轮廓设计标准。

(3)矩形内轮廓宽度不同时可视结构情况采用线性渐变过渡或突变过渡。

(4)当钢棚洞结构采用突变过渡时,人行道或检修道应采用线性渐变过渡且满足路基超高加宽要求。

2. 顶棚

钢棚洞顶棚结构通常采用井字形梁格与顶板组成，如图 6.2 所示，可采用平顶面或斜顶面。

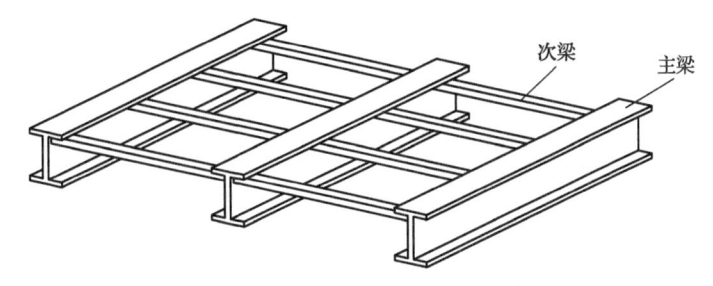

图 6.2 顶棚井字形梁格示意图

1) 顶棚结构

顶棚结构如下：

(1) 井字形梁格由主梁、次梁共同组成；垂直于路线轴线方向为主梁，是主要受力构件；平行于路线轴线方向为次梁，是纵向连接构件；主梁、次梁一般均采用 H 型钢或工字钢，其间距、截面尺寸等设计参数均通过计算确定。

(2) 主梁因跨度较大，需在其腹板处设置加劲肋，加劲肋的设置应结合纵梁共同考虑。

(3) 顶板可采用钢板或钢筋混凝土板，当采用钢筋混凝土板时井字形梁格中的主梁、次梁上翼缘板应设置剪力钉。

(4) 井字形梁格应对应主梁设置支座或支承于内/外侧支承结构的主要受力构件上。

2) 构造要求

顶棚构造要求如下：

(1) 当顶棚采用斜顶面时，坡度不宜大于 20°。

(2) 顶棚与内/外侧支承结构连接时，应设置斜撑或在节点增设加劲板，以提高其抵抗水平力的能力。

(3) 顶棚应根据顶部回填情况设置必要的四周围挡结构。

3. 内侧支承结构

内侧支承结构优先采用挡土墙结构，当条件受限且内侧边坡稳定时，也可采用钢排架结构。采用挡土墙结构时，其结构构造要求参见 5.3.2 节门形棚洞内侧支承结构的构造要求，这里不再赘述。

当内侧支承结构采用钢排架时，其结构构造应满足以下要求：

(1)钢排架结构一般由立柱、纵向支撑、斜撑或剪刀撑组成，立柱为主要受力构件，应直接与顶棚的主梁连接。

(2)应采取构造措施以确保排架的横向稳定性，例如，排架与坡面之间增设支承或锚固结构。

(3)钢排架结构宜与顶棚对应，每 10~20m 为一联，每一联之间的结构应断开。

(4)立柱、纵向支撑通常采用工字钢或 H 型钢，斜撑或剪刀撑可采用钢管、槽钢、工字钢或 H 型钢。

(5)立柱下部应置于稳固的基础上，通常采用预埋构件或地脚螺栓与基础连接。

4. 外侧支承结构

门形钢棚洞外侧支承结构一般采用钢排架结构，其结构构造参见内侧支承结构采用钢排架结构时的相关要求。

5. 基础与地基处理

内/外侧支承结构下部基础应设置素混凝土或钢筋混凝土基础，并置于稳定的地基上，若地基承载力不足，则应调整基础类型或对地基进行加固处理。具体设计要求详见第 8 章基础工程设计的相关内容。

6. 其他

其他结构构造要求如下：

(1)门形钢棚洞所有钢结构构件宜工厂统一加工，现场安装成形。
(2)门形钢棚洞主要结构之间的连接宜采用螺栓连接。
(3)门形钢棚洞应有防雷电措施。
(4)门形钢棚洞全采用抛丸除锈，除锈等级为 Sa2.5。
(5)门形钢棚洞防火等级为二级。

6.3 拱形钢棚洞设计

拱形钢棚洞是断面形状与拱形明洞类似、结构主要受力构件采用钢材的棚洞结构。拱形钢棚洞通常采用柔性材料等轻型材料作为覆盖构件，这种情况又可称为柔性棚洞。拱形钢棚洞的主要功能包括防落石、防雪、遮光等，因不同的功能作用，其柔性材料的构造、材料均有所区别。

6.3.1 拱形钢棚洞结构特征

近年来随着棚洞应用场景的丰富，拱形钢棚洞的应用得到了较大发展，特别是用于防小型落石、防雪、遮光的情况越来越多，拱形的柔性钢棚洞最为常见，也不乏一些门形等其他形状的情况，如图6.3所示。

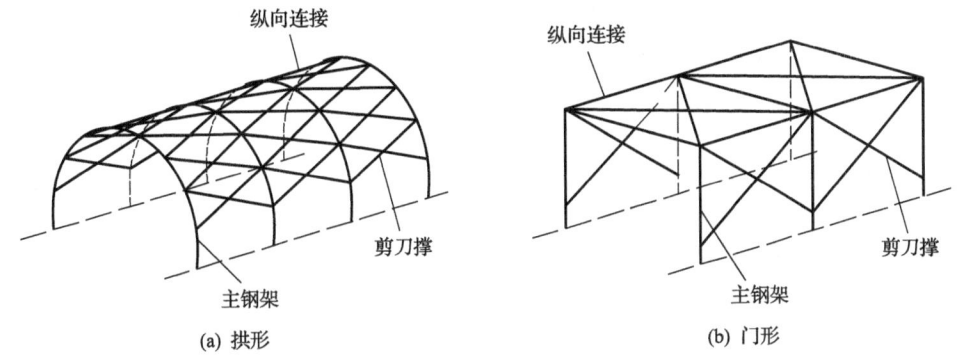

图6.3 拱形、门形钢棚洞结构特征示意图

本节以柔性材料覆盖的拱形钢棚洞为例，介绍其设计构造要求，其他造型的柔性钢棚洞可参照执行。为便于本书的统一描述，图6.3中给出了拱形钢棚洞各部位的名称及特征，未给出柔性材料。

6.3.2 拱形钢棚洞结构构造要求

1. 内轮廓

拱形钢棚洞内轮廓设计应根据建筑限界及设棚洞路段最大超高要求来确定断面形式，具体要求如下：

(1) 内轮廓设计一般采用半圆形、半椭圆形。
(2) 同一座拱形钢棚洞宜采用相同的内轮廓设计标准。

2. 一般要求

拱形钢棚洞结构构造一般要求如下：

(1) 拱形钢棚洞结构一般由主钢架、纵向连接、覆盖结构组成。
(2) 主钢架为其主要受力构件，可根据受力要求采用H型钢、工字钢、钢管等材料。
(3) 主钢架应设置纵向连接，可采用纵向水平撑、斜撑、剪刀撑，且应满足结构的整体稳定要求，防止拱形钢棚洞出现连续倒塌的不利状况。
(4) 主钢架下部基础应设置混凝土基础并置于稳定的地基上，地基承载力不足时，应调整基础类型或对地基进行加固处理，具体设计要求详见第 8 章基础工程设计的相关内容。

(5)覆盖结构应根据拱形钢棚洞的功能要求来选择不同的材料，防落石一般采用主动防护网、被动防护网、引导防护网等柔性材料，防雪、遮光一般采用膜材、有机玻璃板材等。

(6)拱形钢棚洞所有钢结构构件宜工厂统一加工，现场安装成型；钢结构之间的连接可采用螺栓连接或焊接。

3. 防落石拱形钢棚洞

防落石拱形钢棚洞一般要求如下：

(1)主钢架应有足够的刚度，可以抵抗所防御能级落石的直接或间接冲击。

(2)纵向连接、覆盖结构与主钢架之间的连接不宜过强，应保证当超过防护能力的落石冲击时，仅其连接部发生破坏，避免因连接过强而造成主钢架连续破坏、倒塌等。

(3)纵向连接、覆盖结构设计时应充分考虑其易于更换的需求。

4. 防雪、遮光拱形钢棚洞

防雪、遮光拱形钢棚洞一般要求如下：

(1)覆盖结构材料选择时应根据需要充分考虑其透光性。

(2)覆盖结构仅在主钢架拱部或顶部布设，两侧边墙部位不应设置，宜保证其通透性，也可避免棚洞可能受到过大的风荷载。

第7章 防排水设计

水是诱发明(棚)洞结构病害的主要原因之一,设计中必须重视对防排水的处理。明(棚)洞防排水处理对象主要有三个:一是明(棚)洞洞顶坡面地表汇水经回填层下渗至顶部或内侧的水;二是从明(棚)洞内侧坡面内渗出的地下水;三是路面雨水及清洗污水。针对不同的水源,应采取多种手段进行综合处理,以保障明(棚)洞结构处于良好的工作状态。

本章所述明(棚)洞的防排水设计主要是针对常见、需要设置回填层、作为永久结构设置的明(棚)洞。

7.1 总体要求

7.1.1 设计原则

结合明(棚)洞水文地质条件、工程地质条件、地形条件、结构特点、防水要求、施工工艺及技术水平、材料来源和工程费用等因素,明(棚)洞防排水设计应遵循"防、排、截相结合,刚柔相济,因地制宜,综合治理"的原则,妥善处理地表水、地下水,洞内外防排水系统应完整畅通。采取防排水工程措施时应注意保护自然环境,防排水系统应便于维修。

7.1.2 基本措施

防:要求明(棚)洞结构、防水层、回填层等具有防水能力,防止地表水、地下水透过防水层、结构而渗入内部。

排:明(棚)洞具有畅通的排水设施,将地表通过回填层下渗的水、内侧墙背的渗水、积水排出,将通过路面流入明(棚)洞内的水排出。排出结构背后的积水,能减小或消除结构承受的水压力,排得越好,结构渗漏水的概率就越小,防水也就越容易;排出路面结构层下的积水能防止路面冒水、翻浆、结构破坏。

截:对可能渗漏到明(棚)洞内部的坡面地表水、路基汇水等设置截(排)水沟引排。

地表水与地下水一般都存在一定的联系,因此明(棚)洞防排水设计应针对地表水、地下水进行妥善处理,结合明(棚)洞结构设计,采取可靠的防水、排水、截水措施,形成完整、通畅的防排水系统。

7.1.3 防水等级

《地下工程防水技术规范》(GB 50108—2008)对地下工程的防水等级分为四级，结合《公路隧道设计规范 第一册 土建工程》(JTG 3370.1—2018)中对各级公路防水的要求，明(棚)洞的防水等级及技术要求应按照表 7.1 采用，不同的防水等级应采用对应的防水措施。

表 7.1 明(棚)洞防水标准

防水等级	防水标准	适用条件
一级	总体要求：不允许渗水，结构表面无湿渍。 具体要求：拱部、边墙不渗水，路面无湿渍； 有冻害地段的明(棚)洞结构背后不积水	高速公路、一级公路、二级公路上的明(棚)洞
二级	总体要求：不允许漏水，结构表面可有少量湿渍。 具体要求：拱部、边墙不滴水，路面不积水； 有冻害地段的明(棚)洞结构背后不积水	三级公路、四级公路上的明(棚)洞
不作要求	—	防雪、遮光等特殊功能的明(棚)洞； 临时或半永久明(棚)洞； 柔性明(棚)洞

一般来说，基本不回填用于防雪、遮光等特殊功能、临时或半永久用于抢险救灾、采用膜结构、柔性防护网等柔性或镂空结构的几类明(棚)洞可不设防排水设施。

7.2 防 水 设 计

明(棚)洞的防水可分为三部分：一是主体结构防水，主要包括结构混凝土自防水、结构防水层；二是细部结构防水，主要包括三缝防水；三是外部防水，主要包括边坡坡面防水、回填层防水。从目前在役明(棚)洞的运营状态来看，主体结构采用结构混凝土自防水与防水层相结合的方式，其防水效果较好；而细部结构的漏水现象较多，是防水设计中的重点与难点。

7.2.1 防水设防要求

明(棚)洞的防水设防要求应根据使用功能、使用年限、水文地质条件、结构形式、环境条件、施工方法及材料性能等因素确定，宜参照明挖法地下工程的防水要求执行，具体详见表 7.2。

表 7.2 中列出了具体工程部位在不同防水等级下的防水措施及设置要求，同时也根据工程实践中施工难度、应用效果等具体情况给出了防水措施选用的建议，

明(棚)洞工程设计中可参考使用。

表 7.2 明(棚)洞工程防水设防要求

工程部位	防水措施	防水等级 一级 规范规定	防水等级 一级 本书建议	防水等级 二级 规范规定	防水等级 二级 本书建议
主体结构	防水混凝土	应选	■	应选	■
	防水卷材	应选一种或两种	□	应选一种	□
	防水涂层				
	塑料防水板		□		□
	膨润土防水材料				
	防水砂浆		○		
	金属防水板				
施工缝	遇水膨胀止水条(胶)	应选两种	□	应选一种或两种	○
	外贴式止水带		■		■
	中埋式止水带		□		○
	外抹防水砂浆				
	外涂防水涂料				
	水泥基渗透结晶型防水涂料				
	预埋注浆管				
后浇带	补偿收缩混凝土	应选	■	应选	■
	外贴式止水带	应选两种	■	应选一种或两种	■
	预埋注浆管				
	遇水膨胀止水条(胶)		■		○
	防水密封材料				
变形缝 (诱导缝)	中埋式止水带	应选	■	应选	■
	外贴式止水带	应选一种或两种	■	应选一种或两种	■
	可卸式止水带				
	防水密封材料				
	外贴防水卷材		○		○
	外涂防水材料				

注：① "■"表示应选、"□"表示应二选一、"○"表示建议可选。
② 未标示符号的材料在明(棚)洞工程中应用较少。

7.2.2 防水混凝土

防水混凝土自防水结构作为工程主体的防水措施已普遍被工程界所接受，因此钢筋混凝土明(棚)洞主体结构应采用防水混凝土。防水混凝土设计时应符合以下规定。

(1)防水混凝土可通过调整配合比或掺外加剂、掺合料等措施配制而成，其抗渗等级不得小于 P8。通常由于明(棚)洞工作环境，靠山侧地下水位水头高度，抗冻融、抗侵蚀等条件差异较大，在寒冷地区有冻害地段、最冷月份平均气温低于 −15℃的地区、地下水位水头较高地段、地下水有侵蚀性的地方等混凝土的抗渗等级不应低于 P10。

(2)当存在侵蚀性地下水时，应针对侵蚀介质的性质，根据混凝土耐久性、耐侵蚀性的相关要求，采用抗侵蚀性防水混凝土，并可适当提高混凝土防水等级。

(3)当明洞结构底板采用防水混凝土并设置混凝土垫层时，垫层的强度等级不应小于 C15，厚度不应小于 100mm，在软弱土层中不应小于 150mm。

(4)防水混凝土结构应符合以下规定：①结构厚度不应小于 250mm；②裂缝宽度不得大于 0.2mm，并不得贯通；③钢筋保护层厚度应根据结构的耐久性和工程环境选用，迎水面钢筋保护层厚度不应小于 50mm。

7.2.3 结构防水层

1. 一般规定

结构防水层一般规定如下。

(1)明(棚)洞靠山侧、顶部结构、底部结构(若有)外缘应敷设防水层。

(2)防水层宜采用防水层材料与无纺布(密度不小于 $300g/m^2$)的组合，为了防止回填土石损坏防水层，防水层一般采用"两布一膜"的组合方式。

(3)为保护防水层材料并形成渗水通道，防水层材料与无纺布间不得采用全复合。

(4)当回填材料中硬质材料(如硬质岩块)的比例较大时，应设置保护层，并满足以下要求：①顶板防水层上应设置细石混凝土保护层。当采用机械碾压回填土时，保护层厚度不宜小于 70mm；当采用人工回填土时，保护层厚度不宜小于 50mm；防水层与保护层之间宜设置隔离层。②底板防水层上的细石混凝土保护层厚度不应小于 50mm。③内侧墙防水层宜采用软质保护材料或铺抹 20mm 厚的 M10 水泥砂浆。

2. 防水层材料的设计要求

结构防水层是包裹于明(棚)洞结构外缘的防水结构，其主要的材料有防水卷材、防水涂层、塑料防水板、膨润土防水材料、防水砂浆、金属防水层等。在地下工程中最常用、效果较好的是防水卷材、塑料防水板、防水砂浆,本书也将以上三类作为推荐的防水措施,下面对其设计要求进行详细说明。

1)防水卷材

(1)适用条件:宜用于经常处在地下水环境、受侵蚀性介质作用或受振动作用的明(棚)洞工程。

(2)设置部位:防水卷材应铺设在混凝土结构的迎水面,一般应从结构底板垫层铺设至顶板基面,并在外围形成封闭的防水层。

(3)材料类别:防水卷材的品种主要分为高聚物改性沥青防水卷材(弹性体改性沥青、改性沥青聚乙烯胎、自黏聚合物改性沥青)、合成高分子类防水卷材(三元乙丙橡胶、聚氯乙烯(PVC)、聚乙烯丙纶、高分子自黏胶膜)两大类别7个品种。其中,高分子自黏胶膜防水卷材在明(棚)洞工程中应用广泛,效果较好。

(4)技术要求:高分子自黏胶膜防水材料厚度不应小于1.2mm;结构阴阳角处应做成圆弧或45°坡角;在阴阳角等特殊部位应增做卷材加强层,加强层宽度宜为300~500mm。

2)塑料防水板

(1)适用条件:宜用于经常受水压、侵蚀性介质或振动作用的明(棚)洞工程。

(2)设置部位:塑料防水板应铺设在混凝土结构的迎水面,通常采用全封闭、半封闭或局部封闭铺设。

(3)材料类别:塑料防水板在目前公路隧道防水设计中使用广泛,可选用乙烯-醋酸乙烯酯共聚物(EVA)、乙烯共聚物改性沥青(ECB)、PVC、高密度聚乙烯(HDPE)、低密度聚乙烯(LDPE)类或其他性能相近的材料。其中,EVA防水板在明(棚)洞工程中应用广泛,效果较好。

(4)技术要求:塑料防水板幅宽宜为2~4m,厚度不应小于1.2mm;当铺设塑料防水板时,两幅塑料防水板的搭接宽度不应小于100mm,搭接缝应为热熔双焊缝,每条焊缝的有效宽度不应小于10mm。

3)防水砂浆

(1)适用条件:不宜用于受持续振动或温度高于80℃的明(棚)洞工程。

(2)设置部位:防水砂浆可设置于明(棚)洞主体结构的迎水面或背水面。

(3)材料类别:防水砂浆包括聚合物水泥防水砂浆、掺外加剂或掺合料的防水砂浆。

(4)技术要求:聚合物水泥防水砂浆的厚度单层施工宜为6~8mm,双层施工宜为10~12mm;掺外加剂或掺合料的防水砂浆厚度宜为18~20mm;水泥砂浆防水层的基层混凝土强度或砌体用的砂浆强度均不应低于设计值的80%;防水砂浆应采用多层抹压法施工。

3. 结构防水层细部构造

在结构防水层的铺设中,底部内侧、顶部内侧、顶部外侧等三处是防水层铺设的关键位置,如图 7.1 所示。

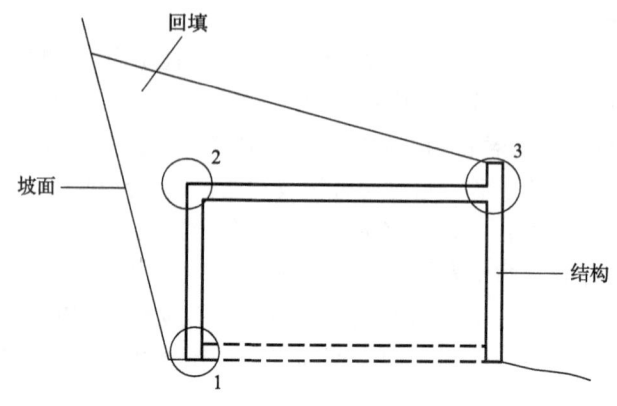

图 7.1　防水层铺设关键位置示意图

1)底部内侧防水层构造

底部内侧防水层的设置有外防式、内防式两种构造方式。外防式构造适用于棚洞、地下水不易从底板渗入结构内部的明洞;内防式构造适用于地下水位较高容易从底板渗入结构内部的明洞。底部内侧防水层具体构造如图 7.2 所示。

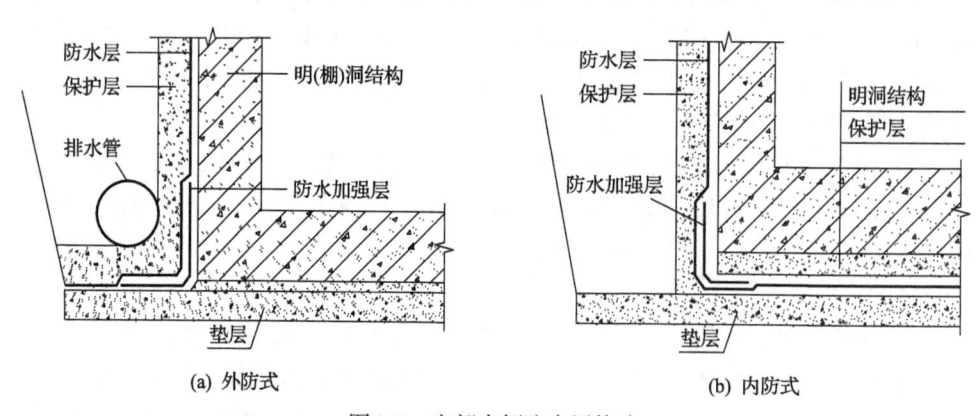

(a) 外防式　　(b) 内防式

图 7.2　底部内侧防水层构造

2)顶部内侧防水层构造

顶部结构水平布置时,在设置防水层的同时也应考虑顶部横向排水的问题,设置横坡坡度不小于 2% 的找坡层。找坡层纵向坡度与路线纵坡相同,可采用 M10 水泥砂浆,也可以在结构混凝土浇筑时直接考虑,其厚度不小于 20mm。明(棚)洞顶部内侧防水层构造因结构的不同而有所差异,其具体构造如图 7.3 所示。

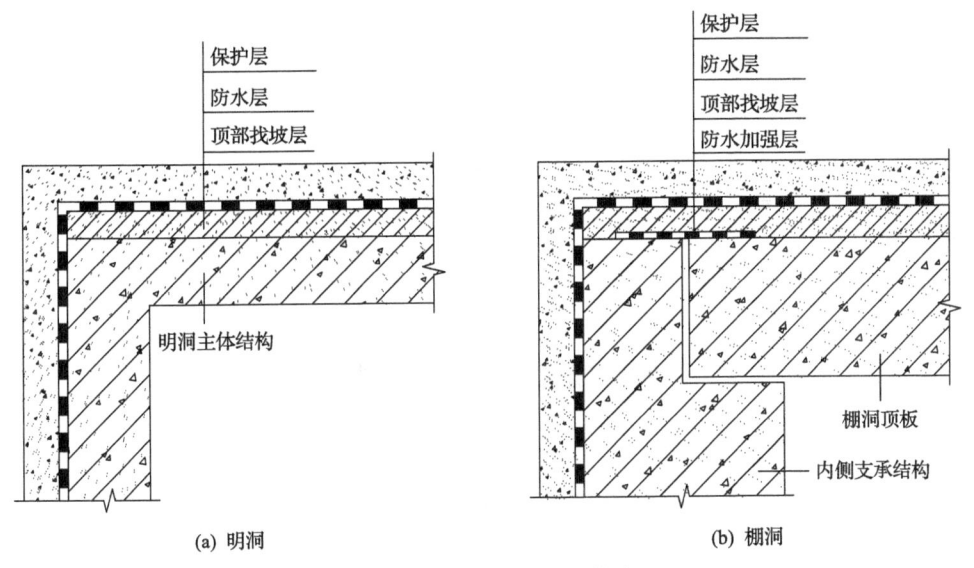

图 7.3 顶部内侧防水层构造

3) 顶部外侧防水层构造

为便于明(棚)洞顶部回填土石，一般需要在结构边缘设置挡土墙，因此易在该处形成积水部位，需要加强防水，同时需设置有效的排水设施，其具体构造如图 7.4 所示。

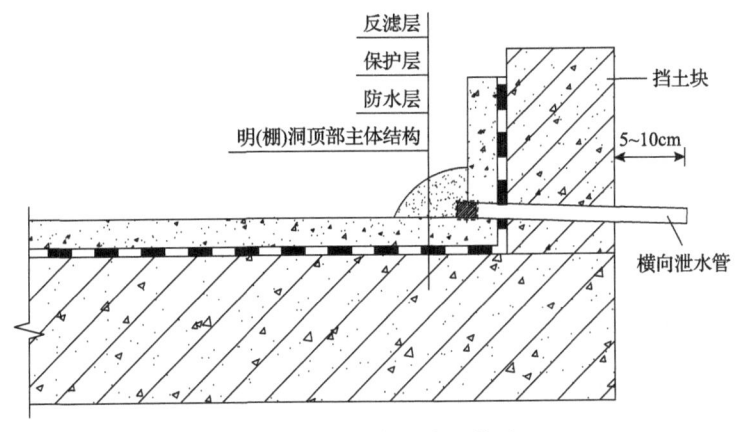

图 7.4 顶部外侧防水层构造

7.2.4 变形缝与施工缝防水

在役明(棚)洞的防水情况表明，变形缝、施工缝在运营过程中最易发生渗漏水现象，其防水构造是防水设计的重点与难点，需要根据不同的防水等级，按照表 7.2 的要求采取可靠的防水构造措施。

实际工程设计中考虑到标准化设计以及提高防水可靠性的需求，变形缝、施工缝的防水构造宜采用较高的技术要求，因此本书建议变形缝、施工缝均按照一级防水要求进行设计。

变形缝统一采用中埋式止水带+外贴式止水带组合的防水构造，当地下水丰富、水压较大时，宜增加外贴式防水卷材；施工缝统一采用外贴式止水带+遇水膨胀止水条(胶)组合的防水构造。主体结构变形缝、施工缝的构造形式如图 7.5 所示。

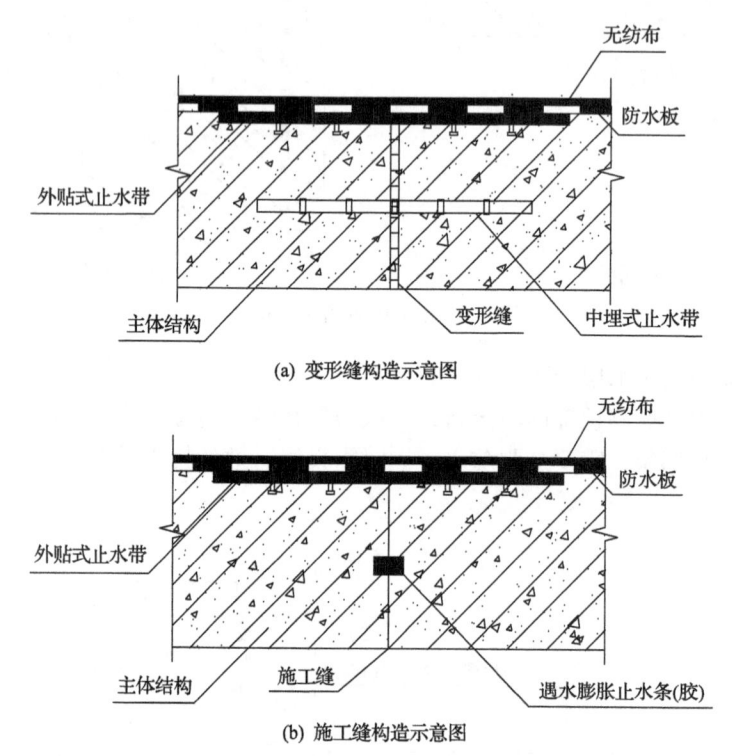

(a) 变形缝构造示意图

(b) 施工缝构造示意图

图 7.5 主体结构变形缝、施工缝的构造形式

7.2.5 边坡坡面防水

边坡坡面防水主要针对边坡坡体内的地下水、天然冲沟内地表水下渗形成的地下水两种情况。

1. 边坡坡体防水

明(棚)洞内侧边坡坡体内地下水渗出时，可采用喷混凝土封闭表面防水，同时设置必要的泄水孔以减小地下水压；边坡坡体内地下水大面积流出或股状流出时，可对出水较少部位采用注水泥浆或水泥砂浆封堵，对出水较大部位采用集中引排的方式处理。

2. 天然冲沟防水

明(棚)洞上部天然冲沟沟底岩石节理裂隙发育，且当地表水下渗对明(棚)洞影响较大时，可采用浆砌片石铺砌沟底，铺砌厚度不宜小于30cm，采用尽量减少地表水下渗的方式防水。

7.2.6 回填顶部防水

明(棚)洞顶部回填土石表面一般应铺设黏土隔水层，黏土隔水层表面设置坡度不小于3%的排水横坡，且应与边坡搭接良好，以防地表水下渗。隔水层表面种草防护，可防雨水冲刷，其构造如图7.6所示。

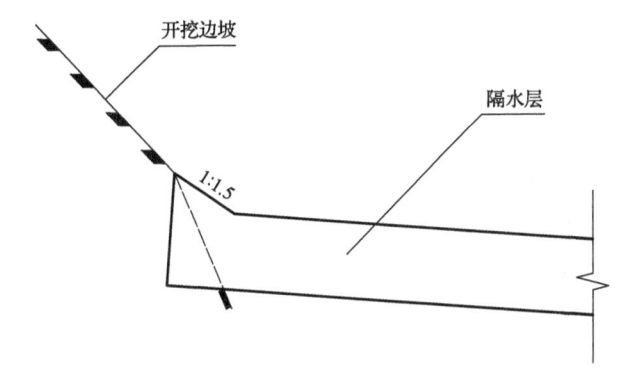

图7.6 黏土隔水层与边坡搭接详图

7.3 排水设计

排水是指采用疏导的方法将明(棚)洞范围内的地下水、地表水有组织地经排水系统排出，以削弱水对明(棚)洞结构的压力，减小水对结构的渗透，从而辅助明(棚)洞工程达到防水的目的。因此，明(棚)洞工程在进行防水方案选择时，应根据工程所处的环境、地质条件，充分考虑完善的排水措施。

7.3.1 一般要求

排水设计的一般要求如下：

(1)明(棚)洞排水设计应根据"清浊分离、内外分离"的原则，按外部排水系统排放地下水与地表渗水、内部排水系统排放运营清洗污水与消防污水的原则进行设计。

(2)排水系统应设置完善的便于检查、维修和疏通的纵横向排水管(沟)。

(3)明(棚)洞排水系统中的排水管(沟)过水断面应通过水力计算确定，并检查其流速是否在允许范围内。

7.3.2 外部排水系统设计

外部排水系统是排放地下水、地表水、地表渗水的通道，主要由墙背纵向排水管(沟)、底部横向排水管(沟)、顶部边挡墙泄水管、顶部引流槽、坡面泄水管、坡面透水层等组成。

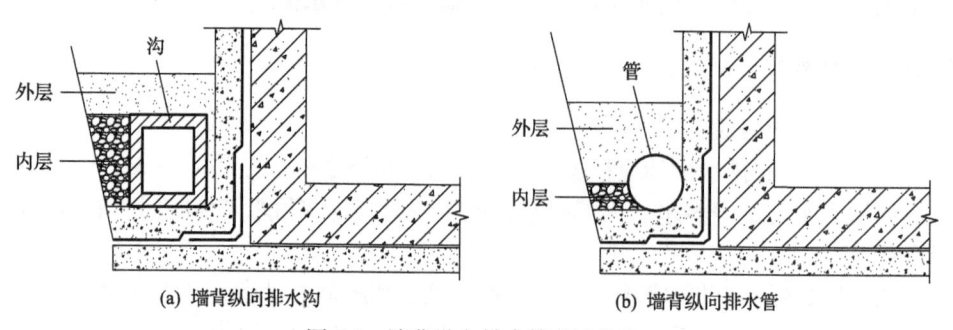

1. 墙背纵向排水管(沟)

墙背纵向排水管(沟)作为明(棚)洞外部排水系统最重要的结构，所有需要设置排水的明(棚)洞均应设置墙背纵向排水管(沟)，并满足以下要求：

(1)墙背纵向排水管(沟)应设置为盲管(沟)。

(2)墙背纵向排水管(沟)在运营过程中检修、更换困难，为防止其被压扁、压坏而影响排水断面，排水管宜采用无砂混凝土管(强度不应小于3MPa)，排水沟宜采用钢筋混凝土盖板沟(盖板打孔)。

(3)明(棚)洞内侧结构背后应设置纵向排水管(沟)，管(沟)底标高一般同明(棚)洞结构基底标高，排水管(沟)的水应直接排至明(棚)洞外。

(4)当明(棚)洞较短或水量较小时，可采用排水管，管径不应小于100mm，上半断面打孔并外裹无纺布；当明(棚)洞较长或水量较大时，宜采用排水沟或加大排水管管径，具体尺寸应通过水力计算确定。

(5)墙背纵向排水管(沟)上部应设置无纺布(密度不小于300g/m²)并铺设碎卵石等透水材料作为反滤层，反滤层的层次与粒径组成应满足表7.3的要求，墙背纵向排水管(沟)构造如图7.7所示。

表7.3 反滤层的层次与粒径组成

反滤层的层次	地层为砂性土(塑性指数 I_p<3)	地层为黏性土(塑性指数 I_p>3)
外层(贴近土石)	1～3mm 粒径砂子	2～5mm 粒径砂子
内层(贴近管沟)	3～10mm 粒径小卵石	5～10mm 粒径小卵石

(a) 墙背纵向排水沟 (b) 墙背纵向排水管

图7.7 墙背纵向排水管(沟)构造

(6)墙背纵向排水管(沟)纵坡的设计应满足以下规定：①排水坡度一般不小于0.5%，困难地段不小于0.3%，最大坡度一般不大于5%，当坡度大于5%时应将其底座设置为锯齿状；②通常情况下，墙背纵向排水管(沟)纵坡与明(棚)洞纵坡保持一致；③当路线凹曲线最低点在明(棚)洞内部、地下水量不大时，墙背纵向排水管(沟)可独立设置排水纵坡，在满足最小排水坡度的同时，排水管(沟)的最高点不应超过明(棚)洞内侧结构总高度的1/3，如图7.8所示；④当路线凹曲线最低点在明(棚)洞内部，且不满足独立设置排水纵坡的条件时，应在路线凹曲线最低点处的明(棚)洞下部设置底部横向排水管(沟)，将水横向排出。

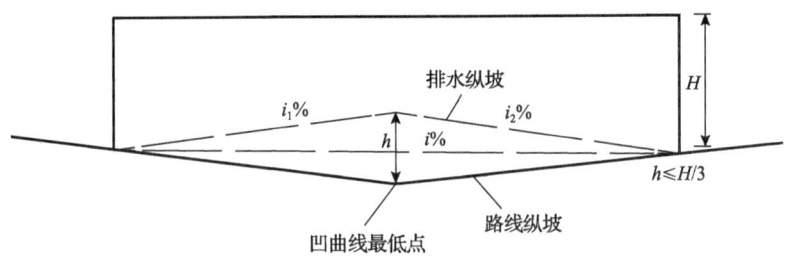

图7.8 排水纵坡示意图

(7)一般情况下路基边沟水不得排入明(棚)洞墙背纵向排水管(沟)内；当不可避免必须设置时，应在路基边沟与墙背纵向排水管(沟)交接处设置沉砂池。

2. 底部横向排水管(沟)

底部横向排水管(沟)是明(棚)洞内侧墙背积水无法排出时而设置的排水措施，其设置应满足以下要求：

(1)当明(棚)洞内侧墙背地下水、地表渗水无法通过墙背纵向排水管(沟)自然排出洞外时，应在最低点设置底部横向排水管(沟)。

(2)当明(棚)洞较长时，应根据地下水量大小、渗排水条件、路线纵坡等因素，按照纵向间距200～300m的要求设置底部横向排水管(沟)。

(3)底部横向排水管(沟)应设于明洞底板垫层或棚洞路面结构层下部，如图7.9所示，其横向排水坡度一般不小于0.5%，困难地段不应小于0.3%，最大排水坡度一般不大于5%，当坡度大于5%时应将其底座设置为锯齿状。

(4)底部横向排水管(沟)断面尺寸均不应小于墙背纵向排水管(沟)断面尺寸。

(5)当底部横向排水管(沟)通向江、河、湖、海的出水口高程低于洪(潮)水位时，应采取防倒灌措施；当出水口下方边坡为土质时，应做铺砌处理，避免冲刷路基边坡。

(6)底部横向排水管(沟)宜采用钢筋混凝土管(沟),其背后宜采用砂砾、碎石等透水性材料回填,回填层压实度不应小于96%。

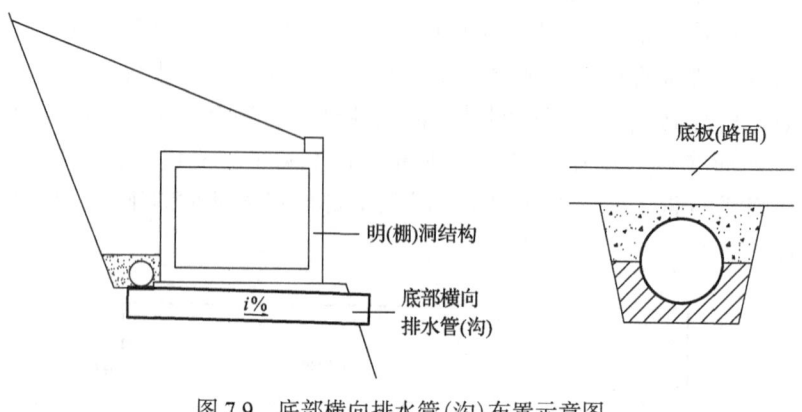

图 7.9 底部横向排水管(沟)布置示意图

3. 顶部边挡墙泄水管

为防止明(棚)洞顶回填内积水,应在顶部边挡墙底设置泄水管,如图 7.4 所示,泄水管可采用普通 PVC 管,管径不小于 50mm,纵向间距为 1.5～2.0m,泄水管宜伸出墙面 10～20cm。

4. 顶部引流槽

当明(棚)洞顶部边坡天然冲沟内有大量明水时,应在明(棚)洞顶部天然冲沟对应位置设置引流槽,以排泄地表冲沟水。引流槽的断面尺寸应根据水文条件计算确定,其设计要求详见第 9 章中相关内容。

5. 坡面泄水管

为防止明(棚)洞内侧坡面饱水不利于坡面稳定,当坡面封闭时应设置坡面泄水管。泄水管宜水平向上 10°～15°设于坡体内,泄水管管径不宜大于 80mm,管上应设置 8～10mm 的梅花形泄水孔,并外裹无纺布(密度不小于 $300g/m^2$),具体设置的长度、间距等应根据坡面饱水程度综合确定。

6. 坡面透水层

当明(棚)洞内侧坡面地下水丰富或水压较大时,应在坡面与不透水的回填层之间设置透水层,如图 7.10 所示。透水层宜采用透水性的砂砾、碎石,含泥量应小于 5%,其厚度不应小于 50cm。

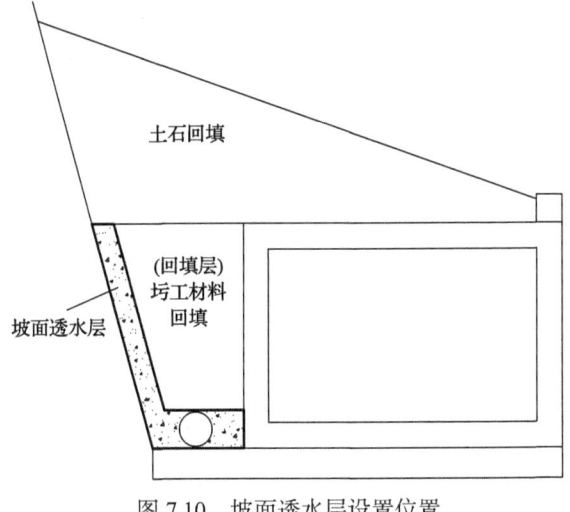

图 7.10　坡面透水层设置位置

7.3.3　内部排水系统设计

内部排水系统是排放运营清洗污水、消防污水、路面汇水的通道，主要由路侧排水浅槽、检修道下纵向排水沟、路侧横向排水管、路面底部横向排水管等组成。

1. 路侧排水浅槽

明(棚)洞内路面两侧应设置路侧排水浅槽，以排泄路面水，其需满足以下要求：

(1)路侧排水浅槽应设置于路面侧向宽度的范围内，其纵向排水坡度宜与明(棚)洞纵坡保持一致。

(2)为便于养护清扫，路侧排水浅槽宜采用开口明沟，有条件时应尽量采用预制构件。

(3)路侧排水浅槽可采用矩形、倒梯形断面，浅槽不宜太大，其宽度与深度均不应超过 10cm。

2. 检修道下纵向排水沟

明(棚)洞内部检修道下方空间可根据路面水的排泄需要设置为纵向排水沟，并满足以下要求：

(1)通常情况下检修道下纵向排水沟宜设置为矩形，当明(棚)洞内有设置电缆、光纤等设施要求时也可设置为兼做电缆沟的倒 L 形。

(2)排水沟断面尺寸根据路面排水需要计算确定，其纵向排水坡度宜与明(棚)洞纵坡保持一致。

(3)排水沟可采用钢筋混凝土盖板或树脂高分子材料盖板。

(4)当路线凹曲线最低点在明(棚)洞内部、内侧检修道下纵向排水沟中的水无法从洞口或者横向排出洞外时,应将沟中水引排至外部排水系统中的底部横向排水管(沟),或设置专门的路面底部横向排水管(沟)排水。

3. 路侧横向排水管

路侧横向排水管是将路侧排水浅槽与检修道下纵向排水沟连通或将路侧排水浅槽直接排至明(棚)洞外侧的排水设施,其管径不宜小于 80mm,排水坡度不宜小于1%,纵向间距不宜大于10m。

4. 路面底部横向排水管

当路线凹曲线最低点在明(棚)洞内部且外部排水系统未设置底部横向排水管(沟)时,应在凹曲线最低点处设置路面底部横向排水管以排泄内侧检修道下纵向排水沟中的积水。

通常路面汇水量较小,因此路面底部横向排水管管径一般不大于100mm,其横向排水坡度一般不小于0.5%,困难地段不应小于0.3%,应设置于路面结构层下部。

7.3.4 排水管(沟)的水力计算

排水管(沟)的水力计算应依据设计流量确定排水管(沟)所需的断面尺寸,并检查其流速是否在允许范围内。

(1)排水管(沟)的泄水能力按式(7.1)计算:

$$Q_c = vA \tag{7.1}$$

式中,Q_c 为排水管(沟)的泄水能力(m^3/s);v 为排水管(沟)的平均流速(m/s);A 为过水断面面积(m^2),各种排水管(沟)过水断面面积计算公式可参考表7.4。

(2)排水管(沟)内的平均流速按式(7.2)计算:

$$v = \frac{1}{n} R^{2/3} I^{1/2} \tag{7.2}$$

$$R = A/\rho \tag{7.3}$$

式中,n 为排水管(沟)壁的粗糙系数,按表7.5确定;R 为水力半径(m),各种排水管(沟)的水力半径计算公式可参考表7.4;ρ 为过水断面湿周(m);I 为水力坡度,可取用排水管(沟)的底坡坡度。

(3)排水管(沟)的允许流速应符合下列规定:①明沟的最小允许流速为0.4m/s,暗排水管(沟)的最小允许流速为0.75m/s;②管的最大允许流速金属管为10m/s、非金属管为5m/s;③明沟的最大允许流速在水深为0.4~1.0m时,按表7.6选用,在此水深范围外的允许值,按表7.6中列值乘以表7.7中相应的修正系数。

表 7.4 排水管(沟)水力半径和过水断面面积计算公式

断面形状	断面图	断面面积 A	水力半径 R
矩形		$A = bh$	$R = \dfrac{bh}{b+2h}$
梯形		$A = 0.5(b_1+b_2)h$	$R = \dfrac{0.5(b_1+b_2)h}{b_2 + h\left(\sqrt{1+m_1^2} + \sqrt{1+m_2^2}\right)}$
圆形	充满度 $a = H/(2d)$ $\varphi = \arccos(1-2a)$ φ 为弧度	$A = d^2\left[\varphi - \dfrac{1}{2}\sin(2\varphi)\right]$	$R = \dfrac{d}{2}\left[1 - \dfrac{\sin(2\varphi)}{2\varphi}\right]$

表 7.5 排水管(沟)壁的粗糙系数

排水管(沟)类别	n	排水管(沟)类别	n
塑料管(PVC)	0.010	土质明沟	0.022
石棉水泥管	0.012	带杂草土质明沟	0.027
水泥混凝土管	0.013	砂砾质明沟	0.025
陶土管	0.013	岩石质明沟	0.035
铸铁管	0.015	植草皮明沟(流速 0.6m/s)	0.035~0.050
波纹管	0.027	植草皮明沟(流速 1.8m/s)	0.050~0.090
沥青路面(光滑)	0.013	浆砌片石明沟	0.025
沥青路面(粗糙)	0.016	干砌片石明沟	0.032
水泥混凝土路面(馒抹面)	0.014	水泥混凝土明沟(馒抹面)	0.015
水泥混凝土路面(拉毛)	0.016	水泥混凝土明沟(预制)	0.012

表 7.6 明沟的最大允许流速

(单位：m/s)

明沟类型	最大允许流速	明沟类型	最大允许流速	明沟类型	最大允许流速	明沟类型	最大允许流速
亚砂土	0.8	干砌片石	2.0	黏土	1.2	水泥混凝土	4.0
亚黏土	1.0	浆砌片石	3.0	草坡护坡	1.6		

表 7.7　最大允许流速的水深修正系数

水深 h/m	h≤0.4	0.4<h≤1.0	1.0<h≤2.0	h>2.0
修正系数	0.85	1.00	1.25	1.40

7.4　截 水 设 计

截水是明(棚)洞防排水设计中的重要关口,通过截流的方式可以减少地表水下渗,但会加重明(棚)洞防排水系统的负担。截水主要包括坡面截水、路基截水两个措施,有效的截水设施有助于提高明(棚)洞防排水系统的运营效率。

7.4.1　坡面截水

坡面截水最有效的措施为截水沟,其设置应满足以下要求。

1)截水沟设置位置

截水沟一般沿路线方向设于明(棚)洞内侧坡面,在顶部回填线或内侧边坡开挖线 3~5m 以外合适位置布设,如图 7.11 中 A 位置所示;当地表横坡坡度陡于 1:0.75、在坡面设置截水沟困难时,可在回填面与坡面交界处设置,如图 7.11 中 B 位置所示。

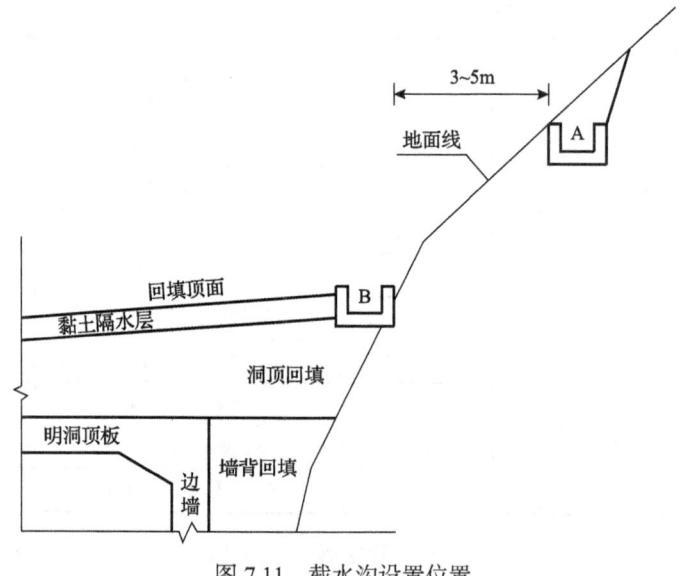

图 7.11　截水沟设置位置

2)截水沟设置范围

截水沟的设置范围应使明(棚)洞边坡坡面不受冲刷为宜,下游应将水引至适当地点排泄，避免冲刷山体。流量较大时，不宜将水引入路基排水边沟排泄，应根据地形将水引至附近沟谷或涵洞排泄。

3) 截水沟排水坡度

截水沟排水坡度应根据地形设置，为避免淤积，不应小于0.3%；当坡度过陡时，应设置急流槽或跌水连接；当地面自然坡度陡于1:1时，水沟应做成阶梯式，以减少对坡面的冲刷；当土质地段截水沟坡度大于20%或石质地段截水沟纵坡坡度大于40%时，应设置抗滑基座，以确保其纵向稳定。

4) 截水沟断面

截水沟断面应根据流入截水沟的汇水区流量确定。水沟深度应高出计算水位20cm，一般底宽和深度均不宜小于60cm。当水沟采用浆砌片石时，其沟壁厚度不小于30cm；当水沟采用混凝土时，其沟壁厚度不小于25cm。断面形式以梯形为主，石质地段可采用矩形。截水沟式样及适用范围如表7.8和图7.12所示。

5) 特殊岩层中的处理措施

在容易渗漏、沉陷和易冲蚀的地层（如大孔性和膨胀性砂质黏土、黄土和黄土状砂质黏土、松散岩石、砂土、泥炭、含盐的松散岩层、耕种层等）和易溶于水的岩层中（如石膏、石膏质砂岩、岩盐等）设置的截水沟，宜采用混凝土截水沟，必要时在底部铺设防裂钢筋网。通过坡面裂隙发育的截水沟，宜采取抹面、勾缝等

表7.8 截水沟式样及适用范围

截水沟式样	适用范围	
	地面自然横坡	地质条件
图7.12(a)	缓于1:2.00	土质地层或较软岩层
图7.12(b)	缓于1:1.25	一般地质条件
图7.12(c)	缓于1:1.25	坚硬岩层
图7.12(d)	陡于1:1.25	坚硬岩层

注：图7.12(a)也适用于回填顶面与坡面交界处截水沟。

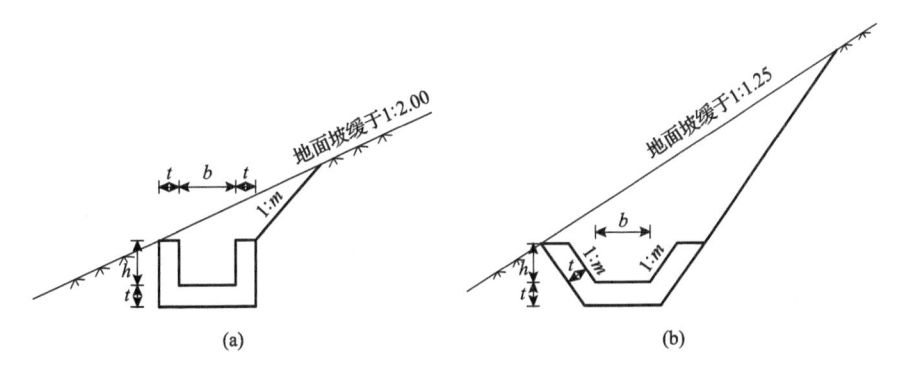

(c)　　　　　　　　　　　　(d)

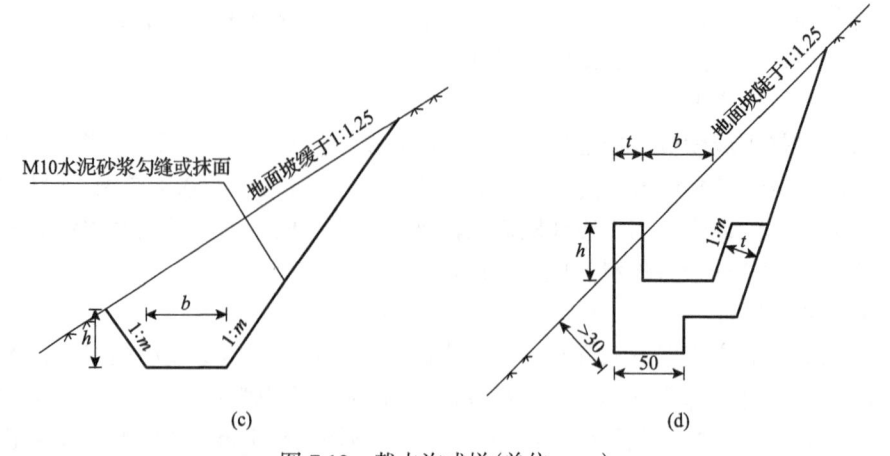

图 7.12　截水沟式样（单位：cm）

b-水沟宽度（或底宽）；h-水沟深度；$1:m$-坡度；t-水沟壁厚

防渗漏措施。

7.4.2　路基截水

路基截水是指通过截水措施将明（棚）洞附近的路基汇水截流，引排至明（棚）洞以外，主要截水措施包括路基边沟、路面横向截水沟等。

1. 路基边沟

根据明（棚）洞"清浊分离、内外分离"的排水原则，洞外水一般不应流入明（棚）洞排水系统，其设置应满足以下要求：

（1）当明（棚）洞出洞方向为上坡、洞口外路基靠山侧有条件时，应设置反向排水边沟；若设置路基反坡排水困难，则宜在明（棚）洞外附近位置设置路基涵洞（管），引排路基边沟水到公路外侧排放。

（2）若明（棚）洞短、洞外路堑边沟水流量不大且含泥沙量小、修建反向排水边沟困难时，洞外路堑汇水可通过明（棚）洞墙背纵向排水管（沟），并在高洞口端设置检查井将二者连通。同时，还应验算明（棚）洞墙背纵向排水管（沟）的排水能力，当过水断面不足时应做调整。

2. 路面横向截水沟

当高洞口端可能有大量路面水流入明（棚）洞、对行车安全有较大影响时，可在明（棚）洞高洞口端设置路面横向截水沟，截排路面水。

路面横向截水沟的设置一般有三种：①采用雨箅子设置明沟；②在路面层下设置暗沟；③将路面结构层做成排水、透水路面。在实际工程中，采用雨箅子设置明沟的方式施工简单，较为常见，但其安装稍有不平整易影响行车安全，特别是设计速度较高时安全风险更大，同时存在容易被车辆碾压破坏的问题。因此，路面横向截水沟使用较少，本书也不推荐使用，若必须设置时应满足相关规范的规定。

第8章 基础工程设计

广义来讲,基础工程设计主要是针对明(棚)洞主体结构以下部位的各种处理,通常包含地基处理、基础设计、路基加宽、基础防护四大工作内容。对于一座明(棚)洞,基础工程设计可以是其中一种或几种,其内容的选择需要根据明(棚)洞的结构特征、地质情况、周边环境等综合确定。

8.1 总体要求

8.1.1 设计原则

1. 基本要求

1)强度要求

通过基础而作用在地基上的荷载不能超过地基的承载能力,保证地基不因地基土中的剪应力超过地基土的强度而破坏,并且应有足够的安全储备。

2)变形要求

应保证基础沉降或其他特征变形不超过建筑物的允许值,保证上部结构不因沉降或其他特征变形过大而受损或影响正常使用。

3)经济要求

基础工程设计应是技术经济最优、方案安全可靠,并满足环保、行洪等方面的要求。

4)其他要求

除满足以上三个基本要求,还应满足上部结构对基础结构的强度、刚度、耐久性等方面的其他特殊要求。

2. 重视基础工程设计的综合技术经济比选

基础工程设计所包含的地基处理、基础设计、路基加宽、基础防护等,虽然是不同的工作内容,但是又有着密不可分的联系。在基础工程方案比选时,应在满足适应上部结构、符合使用要求的前提下,开展基础工程设计的综合比选,确定最优方案。

3. 重视地基耐久性问题

地基是基础的基础,确保地基土在基础与上部结构使用年限内的强度和稳定性满足要求是基础工程设计的关键。导致地基条件劣化的因素分为人为因素与自然因素两大类，人为因素有违法取土、堆载等，自然因素主要有地基土的风化、临河冲刷和水库塌岸等，工程设计需要着重防风化设计和防冲刷设计，确保地基耐久性。

4. 满足稳定性及变形要求

稳定性及变形要求如下：

(1) 埋深应足以防止基础底面下的物质向侧面挤出，应在冻融及植物生长引起的季节性体积变化区以下，这两点对独立浅基础尤其重要。

(2) 基础体系在抗倾覆、转动、滑动或防止土破坏（抗剪强度破坏）方面，在应对土中的有害物质所引起的锈蚀、腐蚀、软化、腐化等情况，以及在应对场地或施工几何尺寸方面出现的某些变化时，必须是安全的。

(3) 地基总沉降量及沉降差应在基础构件、上部结构构件所允许的范围内。

8.1.2 设计内容

通俗地讲，地基处理是为了给上部结构提供一个满足承载力与变形要求的面；基础设计是为了给各上部的柱或墙提供点或线的支承；路基加宽是为上部结构支承的点、线、面宽度不足时所提供的补充；基础防护是对提供点、线、面支承结构的保护。

1. 地基处理

当地基承载力不足或压缩性过大而不能满足设计对地基承载力与变形要求时，需要进行地基处理。地基处理包括地基土的承载力确定、变形计算、稳定性计算、地基处理设计等。地基处理的对象是明（棚）洞结构下部的原状土石层。

2. 基础设计

根据明（棚）洞结构特征，结合地质条件及地基情况开展基础设计，主要包括基础形式的选择、基础埋置深度及基础底面面积大小的确定、基础内力和配筋计算等。基础设计的对象是人工修筑的各类型基础。

3. 路基加宽

当路基宽度不足，无法为明洞提供足够的基础宽度，或无法为棚洞提供足够的路基宽度时，需进行路基加宽处理。路基加宽在存在既有老路的情况下才会涉及，其对象是既有老路的路基，路基加宽分为挖方路基（内侧）加宽与路堤（外侧）加宽两类。内侧加宽仅需开挖边坡即可满足要求，相对比较简单；外侧加宽则需要根据既有路基的支挡结构物、地形地质条件等来综合确定加宽方案，情况较多，内容复杂。

4. 基础防护

当地基或基础受风化、冲刷等影响较大，威胁地基或基础安全时，应考虑对基础进行防护以保证其稳定性、耐久性。基础防护的对象主要是针对以上三种情况处理后，在外力长期作用下仍然存在安全风险的情况，包括防风化与防冲刷两种主要类型。

8.1.3 设计步骤

1. 资料准备

资料准备包括但不限于：①明(棚)洞类型、规模及上部结构荷载计算结果；②岩土工程勘察报告；③施工机具、技术条件和进出场条件；④工程区环境条件。

2. 基础工程设计内容的确定

1) 影响因素

基础工程设计应以建设场地地质勘察报告为设计依据，结合上部结构情况选择合理的基础形式，基础选型设计应综合考虑以下因素：①明(棚)洞主体结构墙、柱等上部结构特点及传递给基础的荷载；②建设场地土层性状及力学参数条件；③施工工艺的可行性；④施工场地条件及施工季节；⑤经济指标、环保性能及施工工期。

2) 基础工程设计建议

基础工程设计建议如下：

(1) 当明洞有底板(或仰拱)时，一般要求其底部均匀连续易成型，其基础工程优先考虑地基处理。

(2) 当棚洞无底板(或底部仅有横向系杆)时，仅需要满足其内外侧支承结构的受力要求，其基础工程优先考虑基础设计。

(3) 当路基宽度不足时，应考虑路基加宽。

(4) 当基础易遭受风化、冲刷作用时，应考虑基础防护。

3. 基础工程设计

基础工程设计的目的是为明(棚)洞提供满足基础承载力和沉降要求的底部支承，并同时满足基础工程整体方案技术可靠、经济合理的要求。因此，基础工程方案应开展多方案比选，进行充分的技术经济比较，择优选用。

8.1.4 地基承载力抗力系数

明(棚)洞地基承载力的验算应以修正后的地基承载力特征值乘以地基承载力抗力系数来控制。地基承载力抗力系数可按表8.1取值，单桩承载力抗力系数可按

表 8.2 取值。

表 8.1 地基承载力抗力系数

受荷阶段	作用组合或地基条件		f_a/kPa	抗力系数
使用阶段	频遇组合	永久作用与可变作用组合	≥150	1.25
			<150	1.00
		仅计结构重力、预加力、土的重力、土侧压力和汽车荷载、人群荷载	—	1.00
	偶然组合(落石冲击力、地震力)		≥150	1.25
			<150	1.00
施工阶段	不承受单向推力		—	1.25
	承受单向推力		—	1.50

表 8.2 单桩承载力抗力系数

受荷阶段	作用组合		抗力系数
使用阶段	频遇组合	永久作用与可变作用组合	1.25
		仅计结构重力、预加力、土的重力、土侧压力和汽车荷载、人群荷载	1.00
	偶然组合(落石冲击力、地震力)		1.25
施工阶段	施工荷载组合		1.25

8.1.5 地基承载力的确定与修正

1. 一般规定

(1) 明(棚)洞地基承载力的验算应以修正后的地基承载力特征值 f_a 乘以地基承载力抗力系数 γ_R 来控制，并应符合下列要求：①地基承载力特征值 f_{a0} 宜根据现场测试确定，也可按本条第②～③款确定；②修正后的地基承载力特征值 f_a 应根据基础基底埋深、宽度及地基土的类别等因素，在地基承载力特征值 f_{a0} 的基础上进行修正；③其他特殊性岩土地基的承载力特征值及抗力系数应根据各地区经验或标准规范来确定。

(2) 地基承载力特征值 f_{a0} 宜由载荷试验或其他原位测试方法实测取得，其值不应大于地基极限承载力的 1/2。

2. 地基承载力测试

地基承载力原位测试方法主要有载荷试验、静力触探、动力触探、旁压试验等。本书简要介绍轻型动力触探 N10 确定地基承载力特征值 f_{a0} 的方法，详见表 8.3 和表 8.4。

表 8.3　中砂～砾砂地基承载力特征值 f_{a0}

N10/(击/10cm)	3	4	5	6	7	8	9	10
f_{a0}/kPa	120	150	180	220	260	300	340	380

注：①本表适用于冲积和洪积的中砂、粗砂和砾砂。
②本表适用的深度范围为1～20m。

表 8.4　碎石类土地基承载力特征值 f_{a0}

N10/(击/10cm)	3	4	5	6	8	10	12	14	16	18	20
f_{a0}/kPa	140	170	200	240	320	400	480	540	600	660	720

注：①本表适用于冲积和洪积的圆砾、角砾、卵石和碎石土土层。
②本表适用的深度范围为1～20m。

3. 地基承载力特征值 f_{a0}

明(棚)洞地基岩土可分为岩石、碎石土、砂土、粉土、黏性土和特殊性岩土，其中粉土、黏性土、特殊性岩土物理力学性能较差，不宜作为基础持力层，因此不对其地基承载力特征值 f_{a0} 进行深入讨论。

(1)一般岩石地基可根据坚硬程度、节理发育程度按表8.5确定其地基承载力特征值 f_{a0}。对复杂的岩层(如溶洞、断层、软弱夹层、易溶岩石、崩解性岩石等)应按各项因素综合确定。

表 8.5　岩石地基承载力特征值 f_{a0}　　　　　　（单位：kPa）

坚硬程度	节理发育程度		
	节理不发育	节理发育	节理很发育
坚硬岩、较硬岩	>3000	3000～2000	2000～1500
较软岩	3000～1500	1500～1000	1000～800
软岩	1200～1000	1000～800	800～500
极软岩	500～400	400～300	300～200

(2)碎石土地基可根据其类别和密实程度按表8.6确定其地基承载力特征值 f_{a0}。

表 8.6　碎石土地基承载力特征值 f_{a0}　　　　　　（单位：kPa）

类别	密实程度			
	密实	中密	稍密	松散
卵石	1200～1000	1000～650	650～500	500～300
碎石	1000～800	800～550	550～400	400～200
圆砾	800～600	600～400	400～300	300～200
角砾	700～500	500～400	400～300	300～200

(3) 砂土地基可根据土的密实程度和水位情况按表8.7确定其地基承载力特征值f_{a0}。

表 8.7 砂土地基承载力特征值 f_{a0} （单位：kPa）

类别	水位情况	密实程度			
		密实	中密	稍密	松散
砾砂、粗砂	与湿度无关	550	430	370	200
中砂	与湿度无关	450	370	330	150
细砂	水上	350	270	230	100
	水下	300	210	190	—
粉砂	水上	300	210	190	—
	水下	200	110	90	—

4. 地基承载力的深宽修正

当基础宽度大于2m或埋置深度大于3m时，通过载荷试验或其他原位测试、规范表格等方法确定的地基承载力特征值应按式(8.1)进行修正。基础设计图纸中应明确提出考虑深宽修正后的地基承载力特征值。

$$f_a = f_{a0} + k_1\gamma_1(b-2) + k_2\gamma_2(h-3) \tag{8.1}$$

式中，f_a 为修正后的地基承载力特征值(kPa)；b 为基础底面的最小边宽(m)，$b<2m$时取$b=2m$，$b>10m$时取$b=10m$；h 为基底埋置深度(m)，从自然地面起算，有水流冲刷时自一般冲刷线起算，$h<3m$时取$h=3m$，$h/b>4$时取$h=4b$；k_1、k_2 分别为基底宽度修正系数、深度修正系数，与基底持力层土的类别有关，取值详见表8.8；γ_1 为基底持力层土的天然重度(kN/m³)，若持力层在水面以下且为透水者，应取浮重度；γ_2 为基底以上土层的加权平均重度(kN/m³)。换算时若持力层在水面以下，且不透水时，不论基底以上土的透水性质如何，均取饱和重度；当透水时，水中部分土层取浮重度。

表 8.8 地基土承载力宽度修正系数、深度修正系数

系数	砂土								碎石土			
	粉砂		细砂		中砂		砾砂、粗砂		碎石、圆砾、角砾		卵石	
	中密	密实	中密	密实	中密	密实	中密	密实	中密	密实	中密	密实
k_1	1.0	1.2	1.5	2.0	2.0	3.0	3.0	4.0	3.0	4.0	3.0	4.0
k_2	2.0	2.5	3.0	4.0	4.0	5.5	5.0	6.0	5.0	6.0	6.0	10.0

注：①对稍密和松散状态的砂土和碎石土，k_1、k_2值可采用表中值的50%。
②强风化和全风化的岩石，可参照风化成的相应土类取值，其他状态下的岩石不修正。

8.1.6 基础类型

在地基处理、基础设计、路基加宽、基础防护这四大基础工程设计的种类中,基础设计全部是新建人工结构物,所涉及的类型最多,设计计算理论最复杂。基础设计的主要目的是根据地质条件给明(棚)洞结构匹配合理的基础形式,满足上部结构对基础承载力、变形等方面的要求。因此,这里专门对其分类、选型进行相关的说明。

1. 基础分类

明(棚)洞基础形式一般分为浅基础和深基础两大类:

(1)浅基础按照基础形式主要分为独立基础、条形基础、壳体基础、墩式基础、杯口基础、联合基础、筏板(平板筏板、梁式筏板)基础、箱型基础、实体基础等。对于明(棚)洞工程的特点,独立基础、条形基础最为常见。

(2)深基础按照基础形式主要分为桩基础、沉井基础、沉箱基础、地下连续墙等,其中沉井基础、沉箱基础是大型水下基础形式,地下连续墙通常作为基坑支护的基础,均不适合于明(棚)洞工程,在明(棚)洞工程中桩基础使用最为广泛,本章深基础主要讨论桩基础。桩基础按照其结构特征常分为单桩基础、桩基承台基础。

2. 选型考虑因素

明(棚)洞基础选型通常应综合考虑以下因素:①明(棚)洞上部主体结构特征以及上部结构中的墙、柱等所传递的轴力;②建设场地地基岩土层性状及力学参数条件;③施工工艺的可行性、施工期道路的保通要求;④施工场地条件及施工季节;⑤经济指标、环保性能及施工工期。

8.2 地 基 处 理

地基处理的主要目的是提高地基承载力、减少沉降与变形。地基处理方案应根据场地地质条件、公路等级、环境及工期等因素综合确定,达到经济合理、安全可靠的目的。明洞宜优先考虑采用地基处理来满足对基础的要求。

8.2.1 岩石地基处理

岩石地基通常能够满足明(棚)洞对地基承载力的要求,仅需适当整平即可使用,但当遇到溶洞、空洞、节理裂隙、破碎带等特殊情况时应进行处理。

1. 溶洞、空洞

对于明(棚)洞范围的溶洞、空洞,应根据洞的大小、深度、充水情况、所处位置及施工条件,采取下列处理措施:

(1)对有排泄要求的溶洞、空洞,不得进行封堵处理,应采取设置钢筋混凝土盖板、涵洞等构造物跨越,保护岩溶地区地下水系。

(2)对位于基底裸露和埋藏较浅可见底的溶洞,可采取回填封闭、钢筋混凝土盖板跨越、支承加固等处理措施。

(3)对有充填物的溶洞,可采取注浆法、旋喷法等措施加固处理。

2. 节理裂隙、破碎带

节理裂隙、破碎带等碎裂岩体常用的地基处理措施是固结灌浆,可有效提高基岩的整体性和强度,降低地基的透水性。固结灌浆孔一般布置在节理裂隙发育和破碎带范围内并沿主要节理裂隙布置,布置间距宜通过现场试验确定,灌浆深度不应小于基础宽度的2倍。

8.2.2 土质地基处理

本节所述土质地基主要是指明(棚)洞下部全部或较深范围均为土质的情况。

土质地基处理方法有换填垫层、旋喷桩、刚性桩复合地基、强夯、桩网(板)结构、地表注浆等,其各自的适用条件及优缺点详见表8.9,其中换填垫层、刚性桩复合地基(钢管桩)、地表注浆在明(棚)洞工程中最为常见。

表8.9 明(棚)洞土质地基常用处理方法

处理方法	适用条件	优缺点
换填垫层	适用于浅层软弱地基及不均匀地基的处理	一般不超过3m,随基础宽度增加,其效果逐渐降低
旋喷桩	可用于淤泥、淤泥质土、黏性土、粉土、砂土、碎石土、黄土及人工填土等地基处理	对施工工艺要求较高,施工质量直接影响处理效果
刚性桩复合地基(CFG桩、混凝土桩、钢管桩)	可用于黏性土、粉土、砂土、素填土等深厚软土地基,不适用于淤泥和泥炭土地基	处理效果好,造价较高
强夯	可用于处理碎石土、砂土、湿陷性黄土、素填土和杂填土等地基	对环境要求高,当邻近既有建筑物、居民区时、可能导致地基失稳时均不宜采用
桩网(板)结构	可用于基础变形控制严格的既有路基加固、岩溶及空洞地基处理	整体性好,刚度大,但造价较高
地表注浆(钢花管、裸孔)	可用于岩溶、人工坑洞、碎石土地基处理及既有地基处理	孔隙率大的非黏性地基土效果较好

注:CFG指水泥粉煤灰碎石。

1. 换填垫层

1）作用原理

换填垫层可有效提高地基承载力，均化应力分布，调整不均匀沉降，减少部分沉降值，主要表现为：①有效提高基础持力层的抗剪强度，降低压缩性，防止局部剪切破坏和挤出变形；②通过垫层扩散基底压力，降低下卧较软土层的附加应力；③垫层可作为基底下水平排水层，加速浅层地基的固结，提高下卧层的强度。

2）常用材料

换填垫层主要采用砂(卵)砾石、片碎石或石屑、灰土或水泥稳定土等，必要时可加铺土工合成材料或采用加筋土垫层换填。

3）设计要点

换填垫层设计中最核心的要点就是换填垫层的厚度，其厚度设计着重验算荷载(基底压力)通过一定厚度的垫层后，应力扩散至软土层表面的附加应力与垫层自重之和是否满足下卧层地基承载力的要求。垫层压力扩散角度与材料、垫层厚宽比(垫层厚度与基础宽度之比)有关。换填垫层厚度应通过计算确定，一般采用 0.5～3.0m。

4）施工要求

换填垫层施工时应根据换填材料的特点，采用相应碾压夯实机械，根据施工质量标准碾压压实。

2. 刚性桩复合地基(钢管桩)

刚性桩复合地基的桩体可采用 CFG 桩、素混凝土桩、钢筋混凝土桩、钢管桩等，在明(棚)洞地基处理中，钢管桩是最常见的技术手段，因此这里主要针对钢管桩进行说明。

1）作用原理

刚性桩桩身具有较高的强度和刚度，可以全桩长发挥桩的侧摩阻力，将荷载传递给较深的坚硬土层或岩层，可以较大幅度地提高地基承载力，减小沉降。

2）常用材料

钢管桩用钢管应采用镀锌钢管，常用尺寸为 $\phi 89mm$、$\phi 108mm$ 或 $\phi 127mm$ 三种。

3）设计要点

刚性桩复合地基(钢管桩)设计要点如下：

(1) 钢管桩设计计算主要包括桩体强度、单桩竖向承载力、复合地基沉降、稳定性验算。复合地基沉降计算采用单向压缩分层总和法计算，稳定性验算采用圆弧滑动面法验算。

(2) 钢管桩桩顶设置混凝土桩帽时，桩帽可采用圆柱体、台体或倒锥台体，其平面尺寸宜为 0.3～0.6m，厚度宜为 0.2～0.4m，宜同时铺设厚度不小于 0.3m 的碎石垫层；桩顶设置混凝土顶板时，桩顶宜采用 $\phi 8 \sim \phi 12$mm 钢筋网片连接，混凝土顶板厚度不小于 0.2m，其强度等级不低于 C20。

(3) 钢管桩的平面布置可采用正方形、正三角形、梅花形排列，其直径、桩长、间距应经稳定性、沉降验算后确定。钢管桩间距宜为 0.5～2m。

(4) 当明(棚)洞结构传递荷载较大、地层基覆界线深度小于 10m 时，钢管桩宜以基岩作为桩端持力层，入岩深度不小于 0.5m、不大于 1m；当地层基覆界线较深时，钢管桩可不进入基岩层，其长度通过稳定性及沉降验算确定，一般不小于 5m。

(5) 钢管桩内应灌注水泥砂浆，其强度等级不应低于 M5；若有抗弯需要还可以在管内加筋，加筋应根据抗弯刚度要求采用 1～3 根钢筋或采用型钢加劲；当地基土具备注浆加固条件时，管身可开孔兼做注浆管，注浆孔孔径为 10～16mm，孔间距为 15～20cm，呈梅花形布置，尾部 2～3m 留不钻孔的止浆段。

(6) 钢管桩应根据环境条件采取外壁加覆防腐涂层、镀锌等方式进行防腐处理。

4) 施工要求

钢管桩通常采用锚杆钻机成孔、下管，对一些工程要求不高、注浆深度较浅及范围较大的松散土质地层加固注浆时，可将钢管桩直接用人工或机械打入地层。钢管桩桩顶标高宜高出设计桩顶标高不少于 0.2m。当地基竣工验收时，承载力检验应采用复合地基荷载试验。

3. 地表注浆

1) 作用原理

注浆是将一定材料配制成浆液，用压送设备将其灌入地层或缝隙内使其扩散、凝胶或固化，以达到加固地层或防渗堵漏的目的。注浆按照用途主要分为填充加固、堵水防渗等，对于明(棚)洞工程，注浆通常指的是地表注浆，其主要目的是填充加固地基。

2) 常用材料

如果一种(或多种)液体或多种固体混合物，在一定条件下可以形成(新)固体，那么这类物质就称为注浆材料。注浆材料按照浆液类型可以分为颗粒浆液、化学浆液两大类。颗粒浆液由水泥、黏土等颗粒材料配制而成，主要有水泥浆、黏土浆、水泥黏土浆、水泥-水玻璃浆；化学浆液是指溶液中两种或两种以上化学物质产生化学反应形成的凝胶体，化学浆液原料又可分为无机化合物与有机化合物，主要有水玻璃类、环氧树脂类、聚氨酯类、丙烯酰胺类等。明(棚)洞地表注浆最常用的注浆材料是水泥浆，当地基土层中存在动水且流速较大时，宜采用水泥-

水玻璃浆。水泥浆、水泥-水玻璃浆的主要性能及适用范围详见表 8.10，具体性能指标及参数详见第 12 章建筑材料相关内容。

表 8.10 注浆材料主要性能及适用范围

注浆材料	可注最小粒径/mm	浆液扩散半径/cm	适用范围
水泥浆	1	20~30	地面、工作面预注浆，岩石裂隙注浆
水泥-水玻璃浆	1	20~30	地面、工作面预注浆，岩石裂隙注浆机壁后注浆、堵水、地基加固等

3) 设计要点

注浆设计主要包括注浆标准、施工范围、注浆材料、浆液扩散半径、钻孔布置、注浆压力、注浆效果评估等。对于明(棚)洞工程，注浆是为了提高地基的力学强度和抗变形能力，这个目的明确以后，地表注浆的设计才能有的放矢。

(1) 注浆标准。地表注浆的目的是提高地基承载力以后在其上建设明(棚)洞工程，因此宜采用强度和变形标准进行控制，即将明(棚)洞对地基承载力或变形的要求作为注浆标准，例如，要求注浆后地基承载力不小于 0.2~0.3MPa。

(2) 注浆材料。对于提高地基力学强度和抗变形能力，一般选用以水泥为基本材料的高强度混合物，如水泥浆、水泥砂浆、水泥-水玻璃浆等。

(3) 浆液扩散半径。浆液扩散半径是一个重要参数，它对注浆工程及造价具有重要影响，但要准确获得其数值又是非常困难的事情。通常可以针对地层特征选择最接近的理论公式进行估算；当地层条件复杂或计算参数难选时，宜通过现场试验确定。但是，地层构造和渗透性差异大，即使是现场试验都难以获得较准确的参数，这就显现了理论与实际的矛盾。因此，在确定扩散半径时应特别注意：扩散半径并非最远距离，而是能符合设计要求的扩散距离；在确定扩散半径时，要选取多数条件下可以达到的数值，而不能取平均值。

(4) 钻孔布置。理论上来说，当注浆范围和注浆半径确定以后，就可以确定注浆孔间距。确定注浆孔间距时，既要考虑最大限度地发挥每个注浆孔的作用、降低工程造价，又要考虑孔与孔之间的相互搭接、达到均匀受浆；对于加固注浆，一般采用等距布孔，梅花形布置。孔间距一般为 $0.8R$（R 为扩散半径），排间距为孔间距的 87%。实际操作中，在砂性土层，渗透注浆孔间距一般取 0.8~1.2m；在黏性土层，劈裂注浆孔间距一般取 1.0~1.2m。另外，当地层条件好不易塌孔时，可采用裸孔注浆，仅在孔口设置 1~2m 的孔口管即可；当地层松散不易成孔时，通常采用 ϕ42mm 或 ϕ76mm 注浆小导管注浆。注浆深度一般不小于 5m，不大于 10m，并根据基覆界线的变化进行设置。

(5) 注浆压力。由于浆液的扩散能力与注浆压力的大小关系密切，很多人倾向于采用较高的注浆压力。高压注浆虽然有很多优点，但是当注浆压力超过地层的上覆重力和强度时，将有可能导致地基破坏。因此，一般都以不使地层结构破坏或仅发生局部的少量破坏作为确定地层允许注浆压力的低压填充注浆，采用低压填充注浆既可密实地基、填充空隙，又能提高地基承载力。通常软土地基中注浆压力在 0.3~0.5MPa，稍微密实一点的地层可适当提高，一般不超过 1.0MPa。

(6) 注浆效果评估。注浆效果与注浆质量是两个完全不同的概念。注浆质量是指注浆施工是否严格按设计和施工规范进行；注浆效果是指注浆以后能把地层的物理力学性能改变到什么程度，是否达到设定的注浆标准。因此，注浆质量好的不一定注浆效果好。注浆效果的检测方法有钻探法、标贯法、触探法和物探法，通常可采用钻孔取芯进行效果评估。

4) 施工要求

注浆施工最重要的原则就是注浆有效，即不跑浆、不破坏。注浆次序一般原则是从外围进行围、堵、截，内部进行填、压，以获得良好的注浆效果。

为防止浆液溢出，可采用间歇式注浆方法，在浆液凝胶期间应暂停注浆，若先注的浆液强度较低，还需重新注入强度较高的浆液，以便挤出低强度凝胶物形成强度较高的固结体；也可针对不同的部位调整浆液的浓度，例如，周边孔和每个孔的底部宜采用浓度较大、流动性较小的浆液，从而形成封堵圈。

对于不易成孔的散粒体类地基，除采用注浆管外，还可采用袖阀管法，也可采用自上而下分段钻注法；对于岩层、断层破碎带等地基，宜采用小口径孔口封闭自上而下分段钻注法。

8.2.3 不均匀地基处理

不均匀地基是指明(棚)洞地基范围内因地层岩性有所差异而存在软硬不均或软弱不均的情况，其最大的危害是引起不均匀沉降，从而导致超静定的明(棚)洞结构变形破坏，因此需要对其进行处理。这里不再对岩石地基或土质地基所遇到的问题进行说明，仅针对如何减小地基不均匀而带来的不良影响提供解决方案。

1. 地基处理原则

不均匀地基处理应以处理后不同性质地基的变形模量、地基承载力、不均匀沉降等趋于相近、不至于引起过大的明(棚)洞结构附加应力为原则，简称为"扶弱抑强、减小差异"：

(1) "扶弱"，即提高软弱部分地基的完整性与强度，使软弱部分地基处理后的地基模量与坚硬地基土接近。

(2) "抑强"，即适当降低坚硬部分地基的强度，通过适当挖除较坚硬地基、回填模量较低的填料，从而达到地基沉降的协调。

2. 地基处理措施

地基处理措施主要有局部换填、整体换填、刚性复合地基(钢管桩)、地表注浆等。其中，刚性复合地基(钢管桩)、地表注浆的具体方法可参见土质地基处理中所介绍的方法，这里主要介绍局部换填、整体换填的处理方法。

1) 局部换填

局部换填是指换填明(棚)洞底板以下局部承载力不足的地基，如图 8.1 所示。当内外侧地基软硬不均，或局部地基土存在明显的上软下硬情况，特别是存在倾斜基覆界面，一般最大换填深度不超过 3m 时，宜采用局部换填的处理方法。

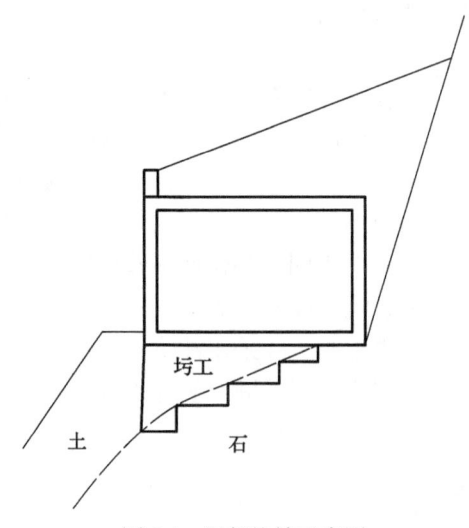

图 8.1 局部换填示意图

一般局部换填采用圬工材料，即挖除全部软弱土，以低强度浆砌片石、片石混凝土、素混凝土等回填，将全部明洞基底压力传递至坚硬土层或岩层。换填基底应开挖成台阶状，必要时还可设置 1:5～1:10 的反坡台阶。

2) 整体换填

当软硬不均地基较软侧地基承载力不足，或土层地基软弱与岩质地基相比软硬差异较大且较厚时，宜采用整体换填的处理方法。根据明(棚)洞结构修筑后土层地基的稳定性，整体换填又可分为稳定土层、不稳定土层两类，其处理方式如图 8.2 所示。

(1) 稳定土层整体换填，应在明(棚)洞宽度范围内整体挖除土质与岩质的地基进行换填处理。换填材料可采用砂砾石、片碎石等。换填厚度通过计算确定，除满足土质部分的承载力外，还应验算土质、岩质的沉降差要求，换填厚度一般不小于 50cm。整体换填层压实度一般不小于 96%。

第 8 章 基础工程设计

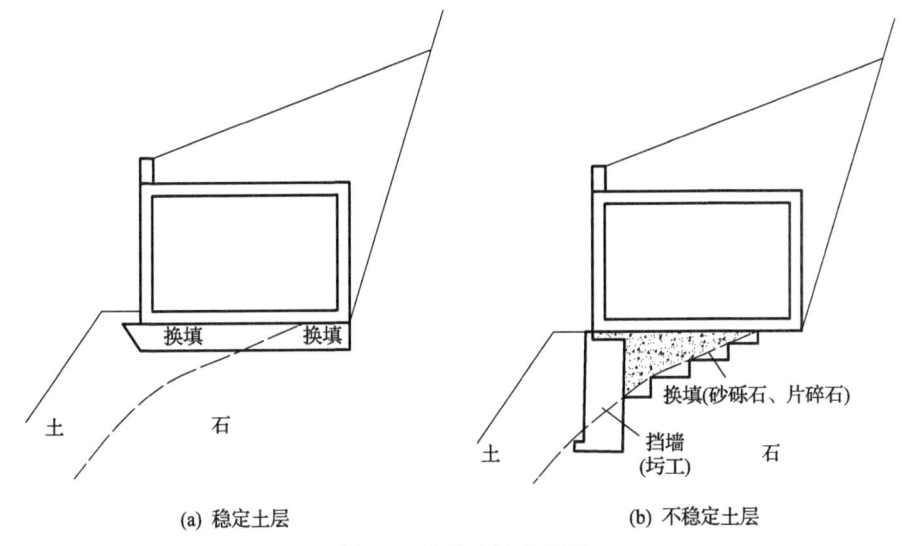

(a) 稳定土层　　　　　　　(b) 不稳定土层

图 8.2　整体换填示意图

(2) 不稳定土层整体换填，首先应解决明(棚)洞结构修筑后土层地基的稳定性。换填都是针对基覆界线深度不太大的地层，因此常在结构底部外侧设置挡墙，并将挡墙基置于岩层上。挡墙可采用衡重式、仰斜式等形式，一般按照路肩墙设计，计算时应考虑明(棚)洞结构传递的荷载，可不考虑外侧不稳定土层的有利作用。挡墙、岩质地基、明(棚)洞结构所围合的部分采用砂砾石、片碎石等换填。

8.3　浅基础设计

本节浅基础设计所述内容主要针对明(棚)洞工程中常用的独立基础与条形基础。

8.3.1　浅基础设计内容

天然地基上浅基础的设计主要包括以下内容：①选择基础的材料、类型，进行基础平面布置；②确定地基持力层和基础埋置深度；③确定地基承载力；④确定基础尺寸，进行必要的地基变形与稳定性验算；⑤进行基础结构设计，包括对基础进行内力分析、截面计算并满足构造要求等；⑥绘制基础施工图，提出施工说明及要求。

设计时要充分掌握拟建场地的工程地质条件和地基勘察资料，如各种不良地质情况、断层分布及危害性、地基土层分布、软弱下卧层情况、各层土的类别及其工程特性指标。

在仔细研究地基勘察资料的基础上，结合考虑上部结构的类型、荷载的性质及大小和分布、明(棚)洞布置和使用要求以及拟建基础对周围环境的影响,即可选择基础类型和进行基础平面布置,并确定地基持力层和基础埋置深度。

8.3.2 基础埋置深度

浅基础一般采用明挖修筑,其基础埋置深度应满足以下要求:

(1)基础最小埋置深度应根据地基岩层性质来确定,通常不宜小于1m。风化层不厚的硬质岩石地基,基底应置于基岩未风化层以下。

(2)当基础位于稳定斜坡面上时,基础外边缘埋置深度与距地表的水平距离应满足表8.11的要求。

表8.11　斜坡面基础埋置条件

土层类别	基底最小埋入深度/m	距地表水平距离/m
硬质岩石	0.60	1.50
软质岩石	1.00	2.00
土层	≥1.00	2.50

(3)浅基础若涉水或基底可能被冲刷时,基础埋置深度应满足《公路桥涵地基与基础设计规范》(JTG 3363—2019)的要求。

(4)当基础设置在不冻胀土层中时,基底埋置深度可不受冻深的限制。

(5)当基础设置在冻胀土层中时,基底埋置深度应考虑冻深的影响。当冻深小于或等于1.0m时,基底应在冻结线以下不小于0.25m,且最小埋置深度不应小于1.0m;当冻深大于1.0m时,基础最小埋置深度应不小于1.25m,并对基底至冻结线以下0.25m深度范围的地基土采取措施,防止冻害。

(6)当基础设置在季节性冻胀土层中时,基底的最小埋置深度可按式(8.2)计算:

$$d_{\min} = z_d - h_{\max} \tag{8.2}$$

$$z_d = \psi_{zs}\psi_{zw}\psi_{ze}\psi_{zg}\psi_{zf}z_0 \tag{8.3}$$

式中,$d_{\min}$ 为基底最小埋置深度(m);z_d 为设计冻深(m);z_0 为标准冻深(m),无实测资料时可按照《公路桥涵地基与基础设计规范》(JTG 3363—2019)附录H选用;ψ_{zs} 为土的类别对冻深的影响系数,按表8.12查取;ψ_{zw} 为土的冻胀性对冻深的影响系数,按表8.13查取;ψ_{ze} 为环境对冻深的影响系数,按表8.14查取;ψ_{zg} 为地形坡向对冻深的影响系数,按表8.15查取;ψ_{zf} 为基础对冻深的影响系数,取 $\psi_{zf}=1.1$;$h_{\max}$ 为基础底面下的容许最大冻层厚度(m),按表8.16查取。

表 8.12　土的类别对冻深的影响系数

土的类别	黏性土	细砂、粉砂、粉土	中砂、粗砂、砾砂	碎石土
ψ_{zs}	1.00	1.20	1.30	1.40

表 8.13　土的冻胀性对冻深的影响系数

冻胀性	不冻胀	弱冻胀	冻胀	强冻胀	特强冻胀	极强冻胀
ψ_{zw}	1.00	0.95	0.90	0.85	0.80	0.75

表 8.14　环境对冻深的影响系数

周围环境	村、镇、旷野	城市近郊	城市市区
ψ_{ze}	1.00	0.95	0.90

注：①当城市市区人口为20万～50万时，按城市近郊取值。
②当城市市区人口大于50万且小于等于100万时，按城市市区取值。
③当城市市区人口超过100万时，按城市市区取值，5km以内的郊区应按城市近郊取值。

表 8.15　地形坡向对冻深的影响系数

地形坡向	平坦	阳坡	阴坡
ψ_{zg}	1.0	0.9	1.1

表 8.16　不同冻胀土类别在基础底面下的容许最大冻层厚度　（单位：m）

冻胀土类别	弱冻胀	冻胀	强冻胀	特强冻胀	极强冻胀
h_{max}	$0.38z_0$	$0.28z_0$	$0.15z_0$	$0.08z_0$	0.00

8.3.3　地基计算

1. 基本规定

地基计算基本规定如下。

(1) 明(棚)洞基础是保证其结构安全与正常使用的关键，宜按照建筑工程地基基础设计等级的甲级进行控制。

(2) 所有明(棚)洞的地基计算均应满足承载力计算的相关规定，并按照地基变形进行设计，同时应验算其稳定性。

(3) 荷载效应最不利组合与相应的抗力限值应满足下列规定：①按地基承载力确定基础底面面积及埋置深度时，传至基础底面上的荷载效应按正常使用状态下荷载效应的标准组合，相应的抗力应采用地基承载力特征值；②计算地基变形时，传至基础底面上的荷载效应应按正常使用状态下荷载效应的准永久组合，不应计入风荷载和地震作用，相应限值应为地基变形允许值；③计算地基或斜坡稳定时，荷载效应应按承载能力极限状态下荷载效应的基本组合，但其分项系数均为1.0；

④在确定基础高度、配筋和验算材料强度时,上部结构传来的荷载效应组合和相应的基底反力,应按承载力极限状态下荷载效应的基本组合,采用相应的分项系数;⑤在地基或基础的竖向承载力验算时,采用作用的频遇组合和偶然组合,作用组合表达式中的频遇值系数和准永久值系数均应取1.0,汽车荷载应计入冲击系数。

2. 承载力计算

(1)不考虑嵌固作用,当轴心荷载作用时,基础底面岩土的承载力按式(8.4)验算:

$$p = \frac{N}{A} \leqslant f_a \tag{8.4}$$

式中,p 为基底平均压应力(kPa);N 为地基或基础竖向承载力验算时对应作用组合下基底的竖向力(kN);A 为基础底面面积(m^2)。

(2)不考虑嵌固作用,当基底单向偏心受压时,基础底面岩土的承载力按式(8.5)验算:

$$p_{max} = \frac{N}{A} + \frac{M}{W} \leqslant \gamma_R f_a \tag{8.5}$$

式中,p_{max} 为基底最大压应力(kPa);M 为地基或基础竖向承载力验算时对应作用组合下基底的水平力和竖向力对基底重心轴的弯矩(kN·m);W 为基础底面偏心方向的面积抵抗矩(m^3)。

(3)不考虑嵌固作用,当基底双向偏心受压时,基础底面岩土的承载力按式(8.6)验算:

$$p_{max} = \frac{N}{A} + \frac{M_x}{W_x} + \frac{M_y}{W_y} \leqslant \gamma_R f_a \tag{8.6}$$

式中,M_x、M_y 为作用于基础的水平力和竖向力对基底分别在 x 轴、y 轴的弯矩(kN·m);W_x、W_y 为基础底面偏心方向边缘对 x 轴、y 轴的面积抵抗矩(m^3)。

(4)当设置在基岩上的基础基底承受单向偏心荷载(图8.3),且偏心距 e_0 超过相应的截面核心半径 ρ 时,宜仅按受压区计算基底最大压应力(不考虑基底承受拉力),当基底为矩形截面时,其最大压应力 p_{max} 按式(8.7)计算:

$$p_{max} = \frac{2N}{3\left(\frac{b}{2} - e_0\right)a} \leqslant \gamma_R f_a \tag{8.7}$$

式中,b 为偏心方向基础底面的边长(m);a 为垂直于 b 边基础底面的边长(m);e_0

为偏心荷载 N 作用点与截面重心的距离(m); N 为基础承受的单向偏心荷载(kN)。

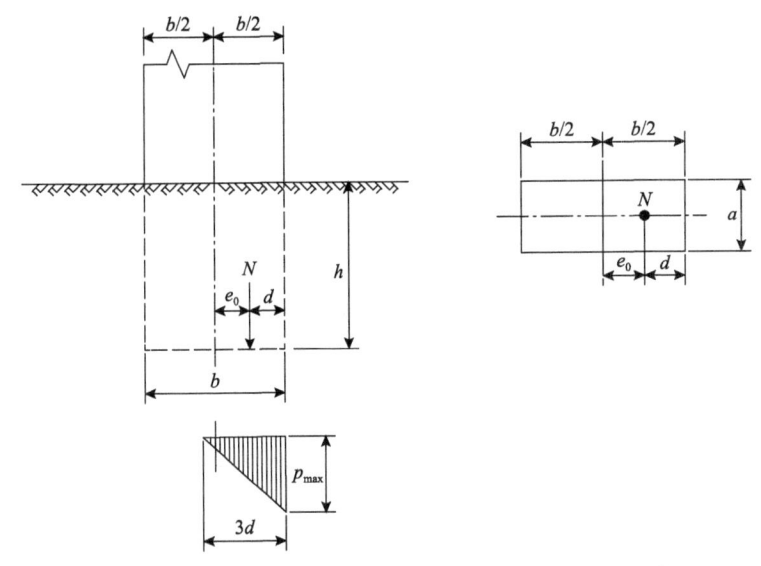

图 8.3 基岩上矩形截面基底单向偏心受压应力重分布示意图

(5) 当基础底面下有软弱地基或软土层时,按式(8.8)验算软弱地基或软土层的承载力:

$$p_z = \gamma_1(h+z) + \alpha(p - \gamma_2 h) \leqslant \gamma_R f_a \tag{8.8}$$

式中,p_z 为软弱地基或软土层的压应力(kPa)。h 为基底处的埋置深度(m),当基础受水流冲刷时,由一般冲刷线算起;当基础不受水流冲刷时,由天然地面算起;若位于挖方内,则由开挖后地面算起。z 为从基底处到软弱地基或软土层地基顶面的距离(m)。γ_1 为深度在 $h+z$ 范围内各土层的换算重度(kN/m³)。γ_2 为深度在 h 内各土层的换算重度(kN/m³)。α 为土中附加应力系数,具体参数详见《公路桥涵地基与基础设计规范》(JTG 3363—2019)中附录 J。p 为基底压应力(kPa),当 $z/b>1$ 时,p 采用基底平均压应力,b 为矩形基底的宽度;当 $z/b\leqslant 1$ 时,p 为基底压应力图形采用距最大压应力点 $b/4\sim b/3$ 处的压应力。f_a 为软弱地基或软土层地基顶面土的承载力特征值。

3. 地基变形计算

采用浅基础的明(棚)洞除满足地基承载力要求,还需进行地基变形计算。对于超静定结构,如门形棚洞的刚架式外侧支承结构,各基础不均匀沉降变形差值还应满足结构的受力要求。地基基础最终沉降量按式(8.9)计算:

$$s = \psi_s s_0 \tag{8.9}$$

式中,s 为地基基础最终沉降量(mm);s_0 为按分层总和法计算的地基沉降量(mm);ψ_s 为沉降计算经验系数,根据地区沉降观测资料及经验确定,当缺少沉降观测资料及经验数据时,可按表 8.17 取值。

表 8.17 沉降计算经验系数

基底附加压应力	沉降计算范围内压缩模量的当量值				
	2.5MPa	4.0MPa	7.0MPa	15.0MPa	20.0MPa
$p_0 \geqslant f_{a0}$	1.4	1.3	1.0	0.4	0.3
$p_0 \leqslant 0.75 f_{a0}$	1.1	1.0	0.7	0.4	0.2

4. 地基稳定性验算

地基稳定性可按照挡土墙稳定性验算的方法来验算其抗倾覆稳定性与抗滑移稳定性,稳定性安全系数按表 8.18 选取,抗滑移稳定性计算时基底摩擦系数按表 8.19 选取。

表 8.18 抗倾覆稳定性和抗滑移稳定性安全系数限值

作用组合		验算项目	稳定性安全系数限值
使用阶段	仅计永久作用(不计混凝土收缩徐变、浮力和汽车、人群作用的标准值组合)	抗倾覆	1.5
		抗滑移	1.3
	各种作用的标准值组合	抗倾覆	1.3
		抗滑移	1.2
施工阶段作用的标准值组合		抗倾覆	1.2
		抗滑移	1.2

表 8.19 基底摩擦系数

地基土分类	摩擦系数
黏性土(流塑~坚硬)、粉土	0.25~0.35
砂土(粉砂~砾砂)	0.30~0.40
碎石土(松散~密实)	0.40~0.50
软岩(极软岩~较软岩)	0.40~0.60
硬岩(较硬岩~坚硬岩)	0.60、0.70

8.3.4 基础尺寸设计

基础尺寸设计包括基础底面的长度、宽度与基础的高度。根据地质情况确定地基承载力特征值，结合基础类型、埋置深度、作用在基础底面的荷载值等进行基础尺寸设计。

1. 轴心荷载作用下的基础尺寸

1）基础底面面积 A 的计算

根据式（8.4）可计算得到基础底面面积 $A=l\times b$（长×宽）。若为独立基础，通常根据基础上部柱结构的断面长宽比例来确定基础长宽比例；若为条形基础（$l\geq 10b$），可作为平面问题考虑，纵向取 1m 进行计算，$A=b$。

2）基础高度 h 的计算

基础高度 h 通常小于基础埋置深度 d，这是为了给基础提供一定的保护层厚度 d_0。通常 d_0 取 10~15cm。因此，基础高度 $h=d-d_0$。

若基础材料采用刚性材料，则基础高度设计应满足刚性角的要求，避免基础被拉裂，刚性角具体要求详见无筋扩展基础设计的相关内容。

2. 偏心荷载作用下的基础尺寸

偏心荷载作用下，基础底面受力不均匀，需要加大基础底面面积，通常采用逐次渐进试算法进行计算，主要步骤如下：

（1）按轴心荷载作用下的方法初算基础底面面积 A_1。

（2）考虑偏心不利影响，加大底面积 10%~40%，偏心小时可采用 10%，偏心大时采用 40%。因此，偏心荷载作用下的基础底面面积 $A=(1.1\sim 1.4)A_1$。

（3）验算基底边缘最大应力与最小应力。

（4）若验算结果满足 8.3.3 节中地基承载力计算要求，则基础底面面积 A 合适，即为计算结果；若验算结果不满足 8.3.3 节中地基承载力计算要求，则重复（2）、（3）两步，直至满足要求。

8.3.5 独立基础（无筋扩展基础）

由砖、片石、素混凝土以及灰土等材料修建的独立基础称为无筋扩展基础，也可称为刚性基础。这类基础技术简单、造价低廉、施工方便，但只能承受压力，不能承受弯矩或拉力。

1. 适用范围

无筋扩展基础适用于上部结构传递荷载较小、基本属于轴心荷载作用的情况。

2. 基础材料

可作为无筋扩展基础的材料较多，如混凝土、片石混凝土、砖、浆砌片石、灰土、三合土等。在明(棚)洞结构中，由于上部结构传递荷载较大，对基础材料刚度要求较高，因此明(棚)洞结构若采用无筋扩展基础，其材料一般只考虑混凝土、片石混凝土、浆砌片石三类，其材料要求详见表8.20。

表8.20 无筋扩展基础台阶宽高比允许值

基础材料	质量要求	标准组合对基础底面平均压力 p_k		
		$p_k \leqslant 100$kPa	100kPa$<p_k \leqslant$200kPa	200kPa$<p_k \leqslant$300kPa
混凝土	不低于 C15	1:1.00	1:1.00	1:1.25
片石混凝土	不低于 C15	1:1.00	1:1.25	1:1.50
浆砌片石	不低于 M7.5	1:1.25	1:1.50	—

注：①当基础采用不同材料叠合组成时，应对接触部分进行抗压验算。
②当混凝土、片石混凝土基础地面处的平均压应力大于 300kPa、浆砌片石基础底面压应力大于 200kPa 时，应进行抗剪验算。

3. 刚性角

无筋扩展基础设计时，基础外伸宽度 b' 与基础高度 h 的比值有一定的限度，以避免刚性材料被拉裂，即满足式(8.10)的要求：

$$\frac{b'}{h} \leqslant \left[\frac{b'}{h}\right] = \tan\alpha \tag{8.10}$$

式中，$\left[\dfrac{b'}{h}\right]$ 为刚性基础台阶宽高比允许值，可按表 8.20 采用；α 为基础的刚性角(°)，如图 8.4 所示。

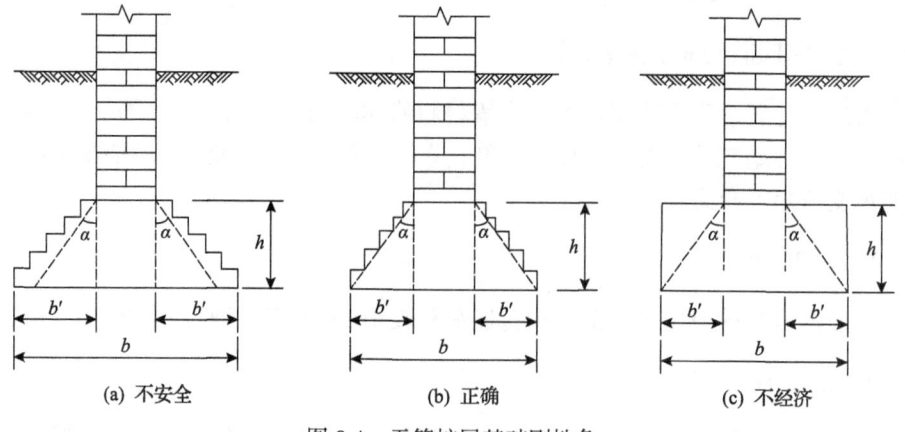

(a) 不安全　　　　(b) 正确　　　　(c) 不经济

图 8.4　无筋扩展基础刚性角

4. 基础底面宽度

无筋扩展基础抗拉强度、抗剪强度较低，结构设计时通过控制材料强度等级和台阶宽高比来确定基础的截面尺寸，而无须进行内力分析和截面强度计算。图 8.5 为无筋扩展基础构造示意图，要求每个基础台阶的宽高比($b_2:h$ 或 $\tan\alpha$)都不得超过表 8.20 的规定允许值。基础底面宽度应满足式(8.11)的要求：

$$b \leqslant b_0 + 2h\tan\alpha \tag{8.11}$$

式中，b_0 为基础顶面上部结构的宽度(m)；h 为基础高度(m)；$\tan\alpha$ 为基础台阶宽高比的允许值，可按表 8.20 选用。

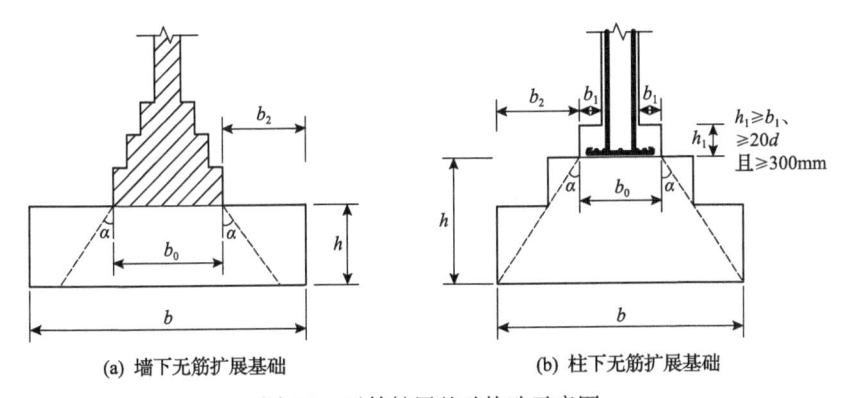

(a) 墙下无筋扩展基础　　(b) 柱下无筋扩展基础

图 8.5　无筋扩展基础构造示意图

由于台阶宽高比的限制，无筋扩展基础的高度一般都较大，但不应大于基础埋置深度，否则应加大基础埋置深度或选择刚性角较大的基础类型(如混凝土基础)，若仍不满足可采用钢筋混凝土基础。

采用无筋扩展基础的钢筋混凝土柱，其柱脚高度 h_1 不得小于 b_1，如图 8.5(b) 所示，并应不小于 300mm 且不小于 20d(d 为柱中纵向钢筋直径)。当柱中纵向钢筋在柱脚内的竖向锚固长度不满足锚固要求时，可沿水平方向弯折。

8.3.6　独立基础(扩展基础)

钢筋混凝土材料建造的基础称为扩展基础，也可称为柔性基础，如图 8.6 所示。这类基础底部配置足够的钢筋来承受弯矩的作用，使基础在受弯时不至于被破坏，而且不受材料刚性角的限制，其形状可以做成扁平状，用较小的高度将上部结构的荷载传到较大的基础底面上，以适应地基承载力的要求。

1. 适用范围

扩展基础适用于上部结构荷载较大、有偏心荷载或承受弯矩、水平荷载的明

(棚)洞结构基础。在地基表层土质较硬、下层土质软弱的情况下,利用表层硬土层设计浅基础,最适宜采用扩展基础。

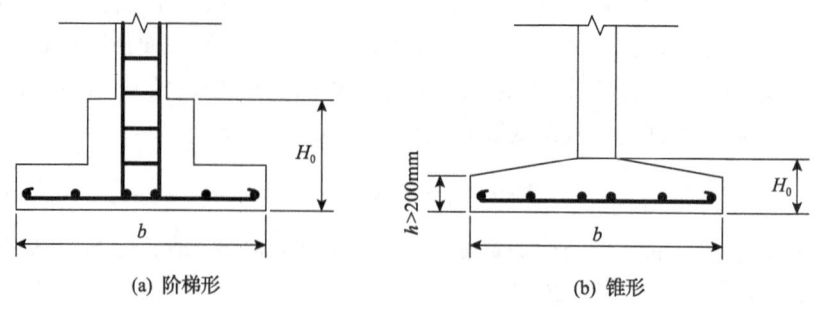

(a) 阶梯形 (b) 锥形

图 8.6　扩展基础示意图

2. 基础材料

扩展基础的底面向外扩展,基础外伸的宽度大于基础高度,基础材料需承受拉应力作用,因此扩展基础必须采用钢筋混凝土材料。

3. 构造要求

扩展基础可采用现浇施工或预制施工,但对于明(棚)洞结构,现浇结构更为常见,适应性更强,因此这里的构造要求主要针对现浇施工,具体如下:

(1)锥形基础的边缘高度不宜小于 20cm,阶梯形基础的每阶高度宜为 30~50cm。

(2)扩展基础宜设置混凝土垫层,垫层厚度不宜小于 10cm,其混凝土强度等级不宜低于 C15。

(3)扩展基础混凝土强度等级不应低于 C25。

(4)底板受力钢筋应采用 HRB400 钢筋,其最小直径不宜小于12mm,间距不宜大于 20cm,也不宜小于 10cm。

(5)底板钢筋净保护层厚度有垫层时不宜小于 4cm,无垫层时不宜小于 7cm。

4. 基础计算

扩展基础计算主要包括确定基础底面面积、基础高度和变阶处高度、底板配筋等。

1)基础底面面积

扩展基础底面面积的确定宜按照 8.3.4 节基础尺寸设计的相关内容确定。当计算基础底面面积过大时,应开展地基处理与基础方案联合技术经济比选,选择最优方案。

2) 基础高度和变阶处高度

在柱荷载作用下,如果基础高度(或阶梯高度)不足,则将沿柱周边(或阶梯高度变化处)产生冲切破坏,形成 45°斜裂面的锥体。因此,由冲切破坏锥体以外的地基净反力所产生的冲切力应小于冲切面处混凝土的抗冲切能力。矩形基础一般沿柱短边一侧先产生冲切破坏,因此只需根据短边一侧的冲切破坏条件来确定基础高度,计算简图如图 8.7 所示,并满足式(8.12)的要求:

$$F_l \leqslant 0.7\beta_{hp}f_t b_m h_0 \tag{8.12}$$

$$F_l = p_j A_l \tag{8.13}$$

式中,F_l 为基础受冲切承载力设计值(kN)。p_j 为对应作用的基本组合的地基净反力设计值(kN/m²)。A_l 为冲切力的作用面积(m²),如图 8.7 中斜线部分所示。β_{hp} 为受冲切承载力截面高度影响系数,当基础高度 h 不大于 800mm 时,取 1.0;当 h 大于等于 2000mm 时,取 0.9,其间按线性内插法计算得到。f_t 为混凝土轴心抗拉强度设计值(kN/m²)。b_m 为冲切破坏锥体斜裂面上下边长的平均值(m)。h_0 为基础冲切破坏锥体的有效高度(m)。

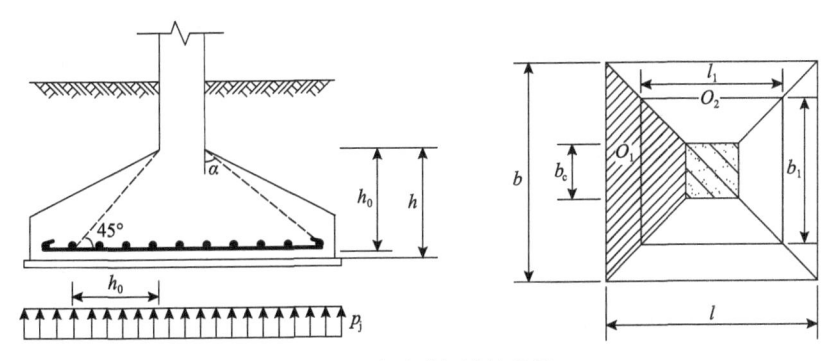

图 8.7 基础冲切计算简图

对于阶梯形基础,除对柱边进行冲切计算,还应对上一阶底边变阶处进行下阶的冲切验算,验算方法同上。

3) 底板配筋

在地基净反力作用下,基础沿柱的周边向上弯曲。一般矩形基础的长宽比小于 2,因此为双向受弯。当弯曲应力超过基础的抗弯强度时,会发生弯曲破坏,其破坏特征是裂缝沿柱角至基础角将基础底面分裂成四块梯形面积。因此,配筋计算时,将基础板看成四块固定在柱边的梯形悬臂板。

(1)阶梯形基础变阶处是抗弯的危险截面,应分别计算台阶变截面的弯矩和配筋面积。

(2) 偏心荷载作用时，如果只在矩形基础长边方向产生偏心，则当荷载偏心距 $e \leqslant l/6$ 时，基础高度和底板配筋计算均采用最大净反力 p_{jmax} 作为基底反力设计值。

8.3.7 墙下条形基础

墙下条形基础，顾名思义，其上部结构是连续的墙体，基础对应采用连续的条形基础，其设计可以将结构纵向取 1m 进行简化，经简化以后的条形基础可分别按照 8.3.5 节独立基础(无筋扩展基础)、8.3.6 节独立基础(扩展基础)两种类型进行设计。

8.3.8 柱下条形基础

当单柱荷载较大，地基承载力不大，按照常规的独立基础设计需要较大的基础底面面积而导致基础之间的净距很小时，通常为方便施工把各基础之间的净距取消，连在一起，即形成柱下条形基础。柱下条形基础具有刚度大、调整不均匀沉降能力强等优点，但造价较高。

1. 适用条件

柱下条形基础通常适用于以下几种情况：①地基较软弱，承载力较低，而荷载较大，或地基压缩性不均匀，如地基中有局部软弱夹层、土洞等；②荷载分布不均匀，有可能导致较大的不均匀沉降；③上部结构对基础沉降比较敏感，有可能产生较大的次应力或影响使用功能。

2. 截面类型

根据上部结构柱的数量、基础的断面尺寸、上部荷载大小与分布、结构刚度等情况，柱下条形基础可分别采用等截面与局部扩大两种形式：

(1)等截面条形基础的横截面通常呈倒 T 形，如图 8.8(a)所示，底部挑出部分为翼板，其余部分为肋梁。

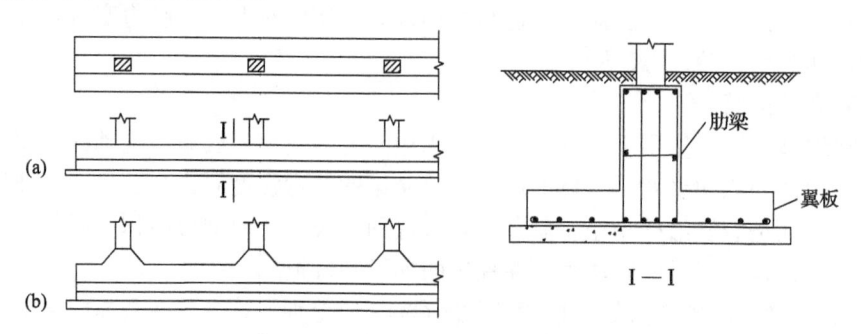

图 8.8 柱下条形基础截面类型

(2) 局部扩大条形基础，即在与柱交接处局部扩大或加高，如图 8.8(b)所示，以适应上部结构传递的较大荷载，不至于出现局部应力集中的现象。

3. 构造要求

柱下条形基础构造要求如下：
(1) 基础梁高宜为柱距的 1/8~1/4，翼板厚度不小于 20cm，当翼板厚度大于 25cm 时，宜采用变厚度翼板，其坡度不大于 1:3。
(2) 条形基础的端部宜向外伸出，伸出长度宜为第一跨的 1/4。
(3) 柱下条形基础均采用钢筋混凝土结构，其混凝土强度等级不低于 C25。
(4) 条形基础梁顶部和底部的纵向受力钢筋除应满足计算要求，顶部钢筋按计算配筋全部贯通，通常底部钢筋的面积不应小于底部受力钢筋截面总面积的 1/3。

4. 基础底面面积

柱下条形基础可视为一个狭长的矩形基础进行计算，其底面面积宜按 8.3.4 节基础尺寸设计的相关内容来确定。

5. 条形基础梁的内力计算

条形基础梁的内力计算解析方法主要有连续梁法、弹性地基梁法，近年来随着数值计算的发展，地层结构法的应用也越来越广泛。

1) 连续梁法

连续梁法适用于地基比较均匀、上部结构刚度较大、荷载分布较均匀且条形基础梁的高度大于 1/6 柱间距的情况，地基反力可按直线分布计算。

因基础自重不引起内力，采用基底净反力计算内力(净反力计算中不包括基础与其上部覆土的自重)进行配筋。两端边跨应增加受力钢筋，并上下均匀配置。

2) 弹性地基梁法

当上部结构刚度不大、荷载分布不均匀且条形基础梁的高度小于 1/6 柱间距时，地基反力不按直线分布计算，可按弹性地基梁来计算内力，通常采用 Winkler 地基梁进行计算。Winkler 地基模型假设地基上任一点所受的压应力 p 与该点的地基沉降量 s 成正比，即满足式(8.14)：

$$p = Ks \tag{8.14}$$

式中，K 为基床系数。

K 值的大小与地基土的种类、松密程度、软硬状态等有关，一般应由现场荷载试验来确定；若无荷载试验，可按表 8.21 取值。

表 8.21 基床系数 K 的经验值

土的分类	土的状态	K/(N/cm³)
淤泥质黏土	流塑	3~5
淤泥质黏性土	流塑	5~10
黏土、黏性土	软塑	5~20
	可塑	20~40
	硬塑	40~100
砂土	松散	7~15
	中密	15~25
	密实	25~40
砾石	中密	25~40

3) 地层结构法

当基础结构或地层结构复杂，不宜采用连续梁法、弹性地基梁法直接进行解析计算时，可采用地层结构法进行数值分析。地层结构法分为二维和三维两种，如果柱下条形基础上部荷载存在横向偏心的情况，则应采用三维模型进行计算分析。通常情况下，地层可采用弹塑性本构模型，基础采用线弹性本构模型。

8.4 深基础设计

本节深基础设计所述内容主要针对明(棚)洞工程中常用的桩基础，其他类型的深基础在明(棚)洞工程中应用较少，在此不过多讨论。

8.4.1 深基础概述

深基础是相对浅基础而言的，其埋置深度远远超过浅基础，一般基础埋置深度大于 5m 的基础称为深基础。

1. 深基础适用范围

深基础可以满足较高的地基承载力需求，主要适用于以下两种情况：

(1) 天然地基土质软弱。若天然地基土质软弱，浅基础不满足地基承载力或变形的要求，或采用地基处理不经济、时间不允许时，则宜采用深基础。

(2) 上部荷载较大。上部结构传递较大荷载给基础时，若采用一般浅基础，地基将发生强度破坏或极大变形，而导致结构无法使用，这时宜采用深基础。

2. 深基础的特点

深基础与浅基础相比有以下特点：

(1)技术难度大。深基础需要考虑基础与周边土体或岩层的相互作用，理论基础复杂；深基础需要进行特殊结构设计；深基础施工要求高。

(2)地基承载力高。深基础一般选择深层较坚实的地层作为持力层，地基承载力比浅表层更高；深基础由于埋置深度大，地基承载力经修正后有大幅提高；深基础四周侧壁的摩阻力对承载力有一定的贡献。

(3)施工方法复杂。深基础施工均需要专用设备辅助才能完成，如预制桩的打桩设备，灌注桩的成孔设备，沉井基础的开挖、浇筑、降水、纠偏等成套设备。各种基础类型对应不同的设备与不同的工法。

(4)造价高、工期长。深基础一方面结构体量远大于浅基础，另一方面施工设备与难度均高于浅基础，因此其工程造价更高、施工工期更长。

8.4.2 桩基础概述

1. 桩基础分类

桩基础可以按照承载方式、成桩方法、桩身材料、施工方法、使用功能、桩径大小等不同标准进行分类，对应的类型见表 8.22。钢筋混凝土灌注桩或旋挖桩是明(棚)洞基础工程中应用最广泛的类型，因此本节桩基础设计主要是针对其设计要点而言。

表 8.22 桩基础分类

分类标准	桩的类型
承载方式	摩擦型桩、端承型桩
成桩方法	非挤土型桩、部分挤土型桩、挤土型桩
桩身材料	木桩、素混凝土桩、钢筋混凝土桩、钢桩、组合材料桩
施工方法	预制桩、灌注桩、旋挖桩、扩底桩、嵌岩桩
使用功能	竖向抗压桩、竖向抗拔桩、水平受荷桩、复合受荷桩
桩径大小	小桩、中等直径桩、大直径桩、超大直径桩

2. 桩基础的设计原则

桩基础的设计原则如下：

(1)单桩承受的竖向荷载不应超过单桩竖向承载力特征值。

(2)桩基础的沉降不得超过上部结构的沉降允许值。

(3)对于位于坡地、岸边的桩基础，应验算其在最不利荷载组合效应下的整体稳定性。

(4)对于软土、湿陷性黄土、膨胀土、季节性冻土和岩溶地区的桩基础，应按相关规范的规定考虑特殊性土对桩基础的影响，并在桩基础设计中采取有效措施。

3. 桩基础的设计内容

桩基础的设计内容如下：
(1)桩的类型和几何尺寸选择。
(2)单桩竖向(和水平向)承载力的确定。
(3)桩的数量、间距和平面布置的确定。
(4)桩基础承载力和沉降验算。
(5)桩身结构设计、承台设计，以及桩基础施工图的绘制。

8.4.3 桩基础设计

1. 适用条件

当浅基础无法有效解决地基承载力及变形要求，或采用桥式明(棚)洞等情况时，宜采用桩基础。

2. 构造要求

桩基础构造要求如下。
(1)钻孔桩或旋挖桩设计直径不宜小于 0.8m。
(2)桩身混凝土强度等级不应低于 C25，当采用强度标准值为 400MPa 及以上的钢筋时，不应低于 C30。
(3)钢筋混凝土沉桩的桩身配筋应按运输、沉入和使用各阶段的内力要求通长配筋。桩的两端和接桩区箍筋或螺旋筋的间距应加密，其值可取 40～50mm。
(4)钻孔桩可按桩身内力大小分段配筋。当内力计算表明无须配筋时，应在桩顶 3～5m 内设构造钢筋。配筋应符合下列规定：①桩内主筋直径不应小于 16mm，每桩的主筋数量不应少于 8 根，其净距不应小于 80mm 且不应大于 350mm。②配筋较多时可采用束筋，束筋的单根钢筋直径不应大于 36mm；束筋的单根钢筋根数，当其直径不大于 28mm 时不应多于 3 根，当其直径大于 28mm 时应为 2 根。③闭合式箍筋或螺旋筋直径不应小于主筋直径的 1/4，且不应小于 8mm，其中距不应大于主筋直径的 15 倍，且不应大于 300mm。④钢筋笼骨架上每隔 2～2.5m 应设置直径为 16～32mm 的加劲箍一道；钢筋笼四周应设置凸出的定位混凝土块或采取其他可行的定位措施；钢筋笼底部的主筋宜稍向内弯曲。
(5)桩的布置和中距应符合下列规定：①群桩的布置一般采用对称形。②摩擦型钻孔桩、挖孔桩中距不应小于桩径的 2.5 倍；端承型钻孔桩、挖孔桩中距不宜小于桩径的 2 倍。③对边桩或角桩外侧与承台边缘的距离,当桩直径小于或等于 1m 时,不应小于桩径的 1/2 且不应小于 250mm;当桩直径大于 1m 时,不应小于桩径的 30%且不应小于 500mm。

3. 桩的计算

(1)支承在土层中的钻(挖)孔桩,其单桩轴向受压承载力特征值 R_a 可按式(8.15)计算:

$$R_a = \frac{1}{2}u\sum_{i=1}^{n}q_{ik}l_i + A_p q_r \tag{8.15}$$

$$q_r = m_0\lambda[f_{a0} + k_2\gamma_2(h-3)] \tag{8.16}$$

式中,R_a 为单桩轴向受压承载力特征值(kN),桩身自重与置换土重(当自重计入浮力时,置换土重也计入浮力)的差值计入作用效应;u 为桩身周长(m);A_p 为桩端截面面积(m^2),对于扩底桩,可取扩底截面面积;n 为土的层数;l_i 为承台底面或局部冲刷线以下各土层的厚度(m),扩孔部分及变截面以上 $2d$ 长度范围内不计;q_{ik} 为与 l_i 对应的各土层与桩侧的摩阻力标准值(kPa),宜采用单桩摩阻力试验确定,当无试验条件时可按表 8.23 选用,扩孔部分及变截面以上 $2d$ 长度范围内不计摩阻力;q_r 为修正后的桩端土承载力特征值(kPa),当持力层为砂土、碎石土时,若计算值超过下列值,宜按下列值采用,即粉砂为 1000kPa,细砂为 1150kPa,中砂、粗砂、砾砂为 1450kPa,碎石土为 2750kPa;f_{a0} 为桩端土的承载力特征值(kPa),按表 8.6~表 8.8 确定;h 为桩端的埋置深度(m),有冲刷的桩基埋置深度由局部冲刷线起算,无冲刷的桩基埋置深度由天然地面线或实际开挖后的地面线起算,h 的计算值不应大于 40m,大于 40m 时,取 40m;k_2 为承载力特征值的深度修正系数,根据桩端持力层土的类别按表 8.8 选用;λ 为修正系数,按表 8.24 确定;m_0 为清底系数,按表 8.25 确定。

表 8.23 钻孔桩桩侧土的摩阻力标准值 q_{ik}

土类	状态	q_{ik}/kPa
中密炉渣、粉煤灰	—	40~60
黏性土	流塑	20~30
	软塑	30~50
	可塑、硬塑	50~80
	坚硬	80~120
粉土	中密	30~55
	密实	55~80

续表

土类	状态	q_{fk} /kPa
粉砂、细砂	中密	35～55
	密实	55～70
中砂	中密	45～60
	密实	60～80
粗砂、砾砂	中密	60～90
	密实	90～140
圆砾、角砾	中密	120～150
	密实	150～180
碎石、卵石	中密	160～220
	密实	220～400
漂石、块石	—	400～600

表 8.24 修正系数 λ

桩端土情况	l/d		
	4～20	20～25	>25
透水性	0.70	0.70～0.85	0.85
不透水性	0.65	0.65～0.72	0.72

表 8.25 清底系数 m_0

t_0/d	0.1～0.3
m_0	0.7～1.0

注：① t_0、d 分别为桩端沉渣厚度和桩的直径。
② 当 $d \leqslant 1.5$m 时，$t_0 = 300$mm；当 $d > 1.5$m 时，$t_0 \leqslant 500$mm，同时满足条件 $0.1 < t_0/d < 0.3$。

(2) 支承在基岩上或嵌入基岩中的钻(挖)孔桩，其单桩轴向受压承载力特征值 R_a 可按式(8.17)计算：

$$R_a = c_1 A_p f_{rk} + u \sum_{i=1}^{m} c_{2i} h_i f_{rki} + \frac{1}{2} \zeta_s u \sum_{i=1}^{n} l_i q_{ik} \tag{8.17}$$

式中，c_1 为根据岩石强度、破碎程度等因素确定的端阻力发挥系数，取值见表 8.26；A_p 为桩端截面面积(m^2)，对扩底桩取扩底截面面积；f_{rk} 为桩端岩石饱和单轴抗压强度标准值(kPa)，黏土岩取天然湿度单轴抗压强度标准值，f_{rk} 小于 2MPa 时按支承在土层中的桩计算；f_{rki} 为第 i 层的 f_{rk} 值；c_{2i} 为根据岩石强度、破碎程度等因素确定的第 i 层岩层的侧阻发挥系数，取值见表 8.26；u 为各土层或各岩层部分的桩身周长(m)；h_i 为桩嵌入各岩层部分的厚度(m)，不包括强风化层、全风化层及局部冲刷线以上的基岩；m 为岩层的层数，不包括强风化层和全风化层；ζ_s 为覆盖层土的侧阻力发挥系数，其值应根据桩端 f_{rk} 确定，取值见表 8.27；l_i 为承台底面或局部冲刷线以下各土层的厚度(m)；q_{ik} 为桩侧第 i 层土的侧阻力标准值(kPa)，应采用单桩摩阻力试验值，当无试验条件时，对钻(挖)孔桩可按表 8.23 确定；n 为土层的层数，强风化层和全风化层按土层考虑。

表 8.26 发挥系数 c_1、c_2

岩石层情况	c_1	c_2
完整、较完整	0.6	0.05
较破碎	0.5	0.04
破碎、极破碎	0.4	0.03

注：①当入岩深度小于或等于 0.5m 时，c_1 乘以 0.75 的折减系数，$c_2=0$。
②对钻孔桩，系数 c_1、c_2 值降低 20%采用。
③对中风化层作为持力层的情况，c_1、c_2 分别乘以 0.75 的折减系数。

表 8.27 覆盖层土的侧阻力发挥系数 ζ_s

f_{rk}/MPa	2	15	30	60
ζ_s	1.0	0.8	0.5	0.2

注：ζ_s 值内插计算。当 f_{rk}>60MPa 时，按 f_{rk}=60MPa 取值。

(3) 当桩基按嵌岩桩设计时，圆形桩嵌入基岩中的有效深度可按式(8.18)计算：

$$h_r = \frac{1.27H + \sqrt{3.81\beta f_{rk} d M_H + 4.84H^2}}{0.5\beta f_{rk} d} \tag{8.18}$$

式中，h_r 为桩嵌入基岩中(不计强风化层、全风化层及局部冲刷线以上的基岩)的有效深度(m)，不应小于 0.5m；H 为基岩顶面处的水平力(kN)；M_H 为基岩顶面处的弯矩(kN·m)；β 为岩石的垂直抗压强度换算为水平抗压强度时的折减系数，取 0.5~1.0，应根据岩层侧面构造确定，节理发育岩石取小值，节理不发育岩石取大值；f_{rk} 为桩端岩石饱和单轴抗压强度标准值(kPa)。

(4) 桩的内力计算可采用 m 法或其他可靠的方法。
(5) 当桩基位于季节性冻胀土层中时，应验算桩的抗冻拔稳定性。

8.4.4 承台设计

承台可以将多根桩连接形成整体，共同承受上部荷载，同时又将上部荷载传递到各桩的顶部，为达到将上部结构荷载均匀传递的目的，承台应具有足够的刚度。承台设计包括选择承台的材料及其强度等级、确定几何形状及其尺寸、进行承台结构承载力计算，并使其构造满足一定的要求等。

1. 分类及适用情况

承台可按照其结构特征、埋置位置等进行分类。

1)按结构特征分类

按照不同的结构特征,承台可以分为柱下独立承台、柱下或墙下条形承台、筏形承台、箱型承台等。明(棚)洞结构中应用较多的是独立承台与条形承台。

2)按埋置位置分类

按照不同的埋置位置,承台可以分为高桩承台、低桩承台。桩顶位于地面以上一定高度的承台称为高桩承台;桩顶位于地面以下的承台称为低桩承台。在半隧、半桥明(棚)洞中,为减少对河道的占用、减小结构阻水面积,常采用高桩承台。

2. 构造要求

承台构造要求如下:

(1)承台的平面尺寸根据桩的平面布置确定,承台每边由桩外围外伸一般不小于 $d/2$,承台的宽度不宜小于 0.5m。

(2)承台的厚度要保证桩顶嵌入承台,并防止桩的集中荷载造成承台的冲切破坏,需通过计算确定,其最小厚度不宜小于 1.5 倍桩径且不小于 1.5m。

(3)承台应采用钢筋混凝土结构,混凝土强度等级不低于 C30。

(4)承台配筋应按计算确定,并应双向配置受力钢筋,钢筋保护层厚度不宜小于 50mm。

3. 承台计算

承台的内力可按简化计算方法确定,并根据《混凝土结构设计规范(2015 年版)》(GB 50010—2010)进行局部受压、受冲切、受剪、受弯的强度计算及抗震验算。

1)局部受压计算

当承台的混凝土强度等级低于柱或桩的混凝土等级时,应验算柱下或桩上承台的局部受压承载力。

2)受冲切计算

当桩基承台的有效高度不足时,承台将产生冲切破坏。承台冲切破坏的方式,一种是柱对承台的冲切,另一种是角桩对承台的冲切。冲切破坏锥体斜面与承台底面的夹角大于或等于 45°,柱边冲切破坏锥体的顶面在柱与承台交界处或承台变阶处,底面在桩顶平面处,而角桩冲切破坏锥体的顶面在角桩内边缘处,底面在承台上方。

3)受剪计算

桩基础承台的抗剪计算,在小剪跨比的条件下具有深梁的特征。柱下桩基础独立承台应分别对柱边和桩边、变截面和桩边连线形成的斜截面进行受剪计算。当柱边外有多排桩形成多个剪切斜截面时，应对每个斜截面进行验算。

4)受弯计算

承台弯矩的计算截面应取在柱边和承台高度变化处，根据计算的柱边截面和截面高度变化处的弯矩，分别计算同一方向各截面的配筋量后，取各向的最大值按双向均布配置。

5)抗震验算

当进行承台的抗震验算时，应根据现行抗震设计规范的规定对承台的受弯、受剪承载力进行抗震调整。

8.5 路基加宽

路基加宽是针对在既有道路上增设明(棚)洞而言，当既有路基宽度不满足明(棚)洞设置的宽度要求时，需要进行路基加宽处理。路基加宽主要有挖方路基(内侧)加宽、填方路基(外侧)加宽两大类型。

8.5.1 一般原则

路基加宽一般原则如下：

(1)明(棚)洞路基加宽设计前，应对既有路基和加宽场地进行调查、勘测，查明既有路基的填料性质、含水率、密度、压实度、强度以及路基的稳定情况等，分析评价路基加宽后对建设明(棚)洞的影响。

(2)路基加宽应根据公路沿线的地形地貌、地质情况、既有路基现状等，综合比较确定路基加宽方案，采取合理的工程措施，保证路基加宽并设置明(棚)洞后的强度和稳定性。

(3)路基加宽应重点调查既有路基支挡工程基础形式、地基地质条件和使用状况，必要时应对支挡工程地基进行勘探测试。

(4)明(棚)洞结构对地基不均匀沉降较为敏感，路基加宽应将新老路基差异沉降作为设计控制指标。

(5)路基加宽应重视加宽后路基的稳定性计算，明(棚)洞结构及其顶部回填层应作为永久荷载、汽车荷载应作为可变荷载考虑。

(6)路基加宽设计应做好施工期交通组织设计。

8.5.2 挖方路基(内侧)加宽

设置明(棚)洞的路段内侧挖方边坡往往是针对已经出现崩塌、落石等病害的边坡。修筑明(棚)洞时尽量不采用挖方的方式加宽路基；若必须采用时，应以挖方加宽不引起新的边坡病害为原则。

挖方路基(内侧)加宽的处理方式比较简单,直接开挖即可,边坡防护应结合其所在位置、地质情况等综合确定。一般地,明(棚)洞对应的段落路基开挖后为临时边坡,应根据地质条件设置临时防护,如锚网喷、主(被)动防护网等,以保证施工过程的安全;明(棚)洞前后段落路基开挖后为永久边坡,应按照永久边坡的要求设置必要的防护措施,如锚杆(索)框架、桩板墙等,以保证边坡运营期间的安全。

8.5.3 填方路基(外侧)加宽常规方式

填方路基(外侧)加宽方案的选择主要取决于地形地质条件和既有路基状况,常规的填方路基(外侧)加宽方式有填方拼宽、支挡结构拼宽、挡墙加宽等三种主要类型。

1. 填方拼宽

当既有路基为坡率法填筑的普通路基,路基加宽宽度较大,且外侧地形比较平缓,不受水流冲刷影响时,可采用填方拼宽的方式对填方路基进行加宽,如图 8.9 所示。

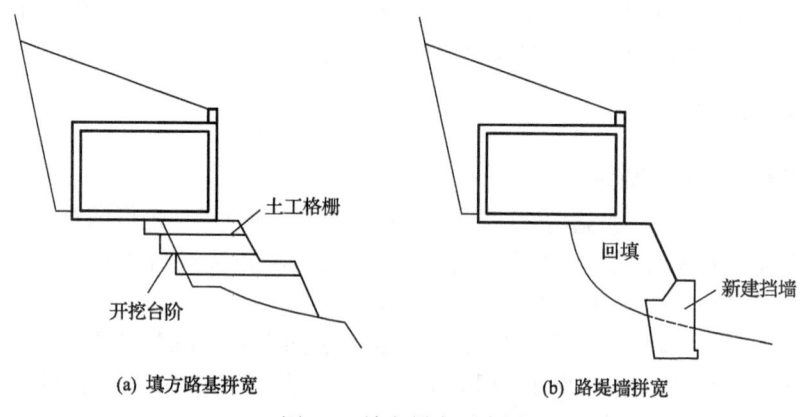

图 8.9 填方拼宽示意图
(a) 填方路基拼宽 (b) 路堤墙拼宽

填方拼宽应满足以下要求。

(1)路基填筑前,应清除既有路基边坡绿化、未经压实的土或其他非适用性土,以满足上层路基填筑压实的要求,并应与原有路基排水设施有效衔接,确保排水通畅。

(2)路基填料宜采用与既有路基相同且符合要求的填料或比既有路基渗水性更强的填料。当采用细粒土填筑时,应注意新旧路基间的排水设计,必要时可增设盲沟,以排除路基内部积水。

(3)当新旧路基拼宽时,应在既有填方路基坡面开挖台阶,台阶宽度不宜小于1m,必要时可设向内 2%~4%的横坡。拼接部应铺设土工格栅等合成材料,加强新旧路基物理连接,确保拼接密实,防止不均匀沉降。

(4)当拼宽宽度较小时,可采取超宽填筑或翻挖原有路基等措施,更有利于机械压实,确保路基压实度。

(5)高填方路基与陡坡路堤路基的拼宽还应满足以下要求:①宜采用改善路基填料、提高压实要求等措施来减小差异沉降;②除应对填方路基整体稳定性进行验算外,还应对沿新旧路堤结合面、斜坡地基、软弱层带滑动等的稳定性进行验算;③原坡脚支挡结构物不宜拆除,拼接填筑时邻近结构物处可采用小型机具薄层夯压密实,并应做好排水的衔接设计;④在施工及运营过程中,应对高路堤与陡坡路堤拼宽段拓宽路堤和原路堤的变形与稳定进行动态监控,明确观测的路堤段落、观测项目、观测点布置、观测要求及控制标准。

2. 支挡结构拼宽

当既有路基外侧较陡、加宽较宽、路基无法填筑,或受水流冲刷影响时,宜采用支挡结构拼宽的方式进行加宽,如图 8.10 所示。

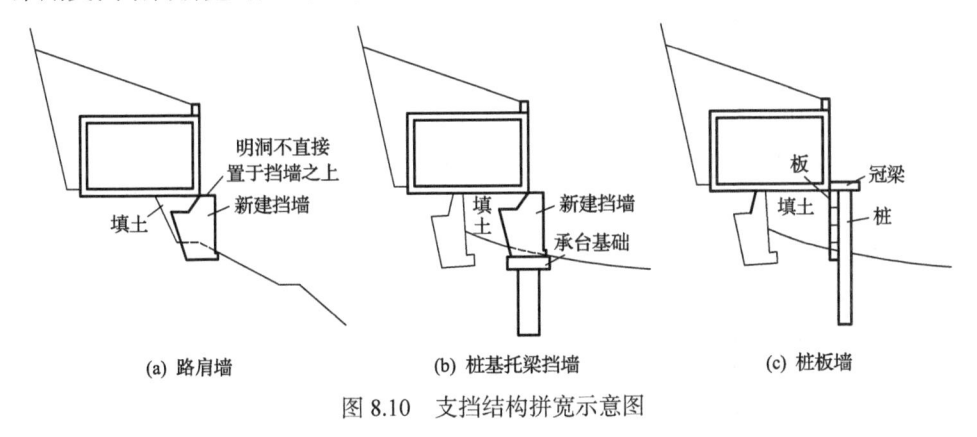

图 8.10 支挡结构拼宽示意图

支挡结构拼宽可采用路肩墙、桩基托梁挡墙、桩板墙等结构,其设计应满足下列要求:

(1)明(棚)洞结构不应直接支承于拼宽挡墙墙身之上,挡墙宜设置于明(棚)洞外侧,受限制时应参照路肩墙予以开槽,且设置厚度不小于 50cm 的片碎石垫层。

(2)当既有路基设置挡墙时,挡墙顶部应予以拆除,拆除高度不宜小于路床底面以上,剩余未拆除的部分不应对新的路面结构层受力变形产生不利影响。

(3)桩基础施工宜采用旋挖成孔,经论证对既有路基影响较小时也可采用冲击成孔。

(4)当支挡结构背侧回填宽度较窄难以压实时,可采用砂砾石、泡沫混凝土等材料回填,并确保既有路基可能的渗水有明确的排水通道。

3. 挡墙加宽

当既有路基外侧为挡墙,仅需加厚既有挡墙即可满足路基加宽要求时,宜采用挡墙加宽的方式处理,如图 8.11 所示。

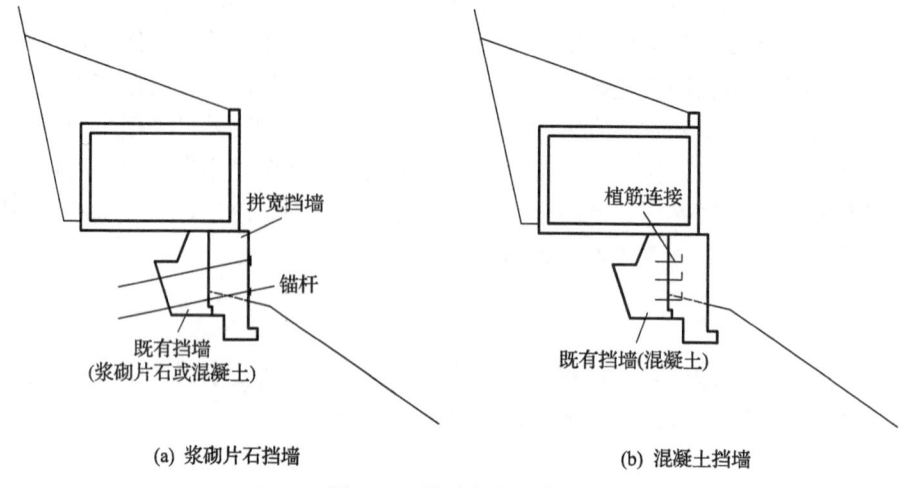

(a) 浆砌片石挡墙　　(b) 混凝土挡墙

图 8.11　挡墙加宽示意图

挡墙加宽处理应满足以下要求:

(1)经检测计算,当既有挡墙不能承受上部修筑明(棚)洞时,应拆除既有挡墙,重新修筑满足设置明(棚)洞需求的挡墙;当既有挡墙结构完好,或经简单加固后墙身结构满足设置明(棚)洞要求时,可论证予以利用。

(2)新老挡墙间应设置必要的连接措施,以确保新老挡墙整体受力,避免出现接口错缝。既有挡墙加宽均应采用混凝土结构,其强度等级不应低于 C20。

(3)浆砌片石挡墙加宽,应采用长锚杆贯穿新旧挡墙,并锚固于稳定的地基中。长锚杆一般采用 $\phi22mm$ 压力注浆锚杆,矩形或梅花形布置,间距为 1.2~2.0m。

(4)混凝土挡墙加宽,应将既有挡墙表面凿毛,并采用短钢筋连接。一般采用 $\phi22mm$ 钢筋在既有挡墙表面植筋,矩形或梅花形布置,间距为 1.0~1.5m。

(5)加宽部分挡墙基坑开挖应避免扰动既有挡墙地基土,无法避开时应采取临时加固措施。

8.5.4　填方路基(内侧)加宽特殊方式

特殊加宽方式是相对常规加宽方式而言的,是修筑明(棚)洞时遇到一些特殊情况,采用非常规措施或非常规结构实现的路基加宽。

1. 明洞垫块式加宽

当采用常规加宽工程规模较大、地基承载力不满足设置挡墙要求或加宽部位很小等情况时,可采用垫块式加宽,如图 8.12 所示。

第 8 章 基础工程设计

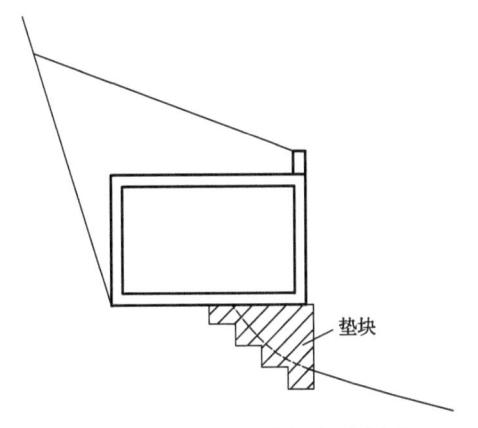

图 8.12 明洞垫块式加宽示意图

明洞垫块式加宽应满足以下要求：

(1) 垫块应根据地形、地质条件灵活设置，并置于稳定的地层中，设置垫块以后一般不再填筑路基填料。

(2) 垫块通常采用锯齿状、矩形、梯形等截面形状。

(3) 垫块应采用圬工结构，浆砌片石强度等级不低于 M7.5，混凝土或片石混凝土强度等级不低于 C15。

2. 半桥明(棚)洞路基加宽

当既有路基临河内侧无法加宽、外侧不能设置路基压缩河道时，可采用半桥明(棚)洞路基加宽。这种结构形式是一种特殊的明(棚)洞类型，需要将明洞结构或棚洞行车道板的一侧设于既有路基上，另一侧设于桩基承台或托梁上，如图 8.13

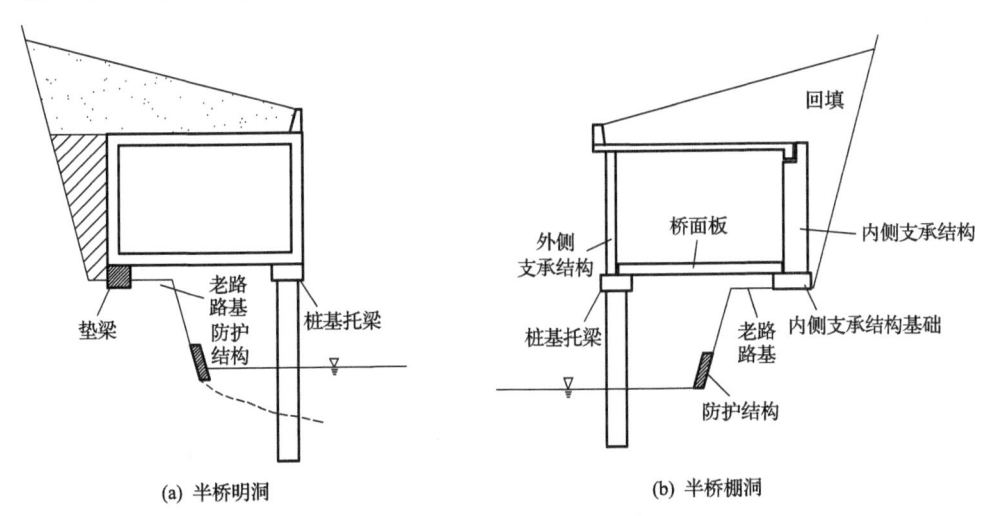

(a) 半桥明洞　　　(b) 半桥棚洞

图 8.13 半桥明(棚)洞结构示意图

所示。半桥明洞的设计要点详见4.4.2节,半桥棚洞的设计要点详见5.4.2节。

3. 设桩基础棚洞挡墙加宽

设桩基础棚洞挡墙加宽列入路基加宽的特殊类型,因为最常见的门形棚洞外侧支承结构采用桩基础时与挡墙的三种相对位置关系有不同的处理方式与要求,如图8.14所示。

(a) 挡墙在桩基础外侧　　(b) 挡墙与桩基础位置重合　　(c) 桩基础在挡墙外侧

图 8.14　棚洞桩基础与路基挡墙不同的位置关系

1)挡墙在桩基础外侧
加宽后的路基宽度大于实际需求,棚洞桩基础可直接在路基上施作。
2)挡墙与桩基础位置重合
(1)桩基础在设计时应充分考虑路基传递给桩基础的水平土压力。
(2)若挡墙是既有路基的挡墙,宜将设置桩基础对应位置的挡墙局部拆除以后再进行桩基础施工,优先采用旋挖成孔的方式,避免冲桩振动破坏既有挡墙。
(3)若挡墙是为了加宽路基而新建,则应先施工完成桩基础以后,再在桩之间开挖施工路基挡墙。
3)桩基础在挡墙外侧
这种情况是既有路基宽度满足棚洞建设的要求,为了避免拆除挡墙影响交通,而在既有挡墙外侧设置桩基础,此时需要充分考虑,外侧支承结构高度变高需要增设横向支承结构以保持其稳定性;桩基础施工优先采用旋挖成孔的方式,避免冲桩振动破坏既有挡墙。

8.6　基 础 防 护

基础防护是对经地基处理、基础设计、路基加宽等方式处理后的广义基础的保护。基础防护需要解决的两大问题,一是地基(主要是岩石地基)的防风化问题,二是临河基础的防冲刷问题,把这两个问题解决好,才能实质性地确保基础安全可靠。

8.6.1 地基防风化

风化作用是指地表或接近地表的坚硬岩石、矿物与大气、水及生物接触过程中产生物理、化学变化而在原地形成松散堆积物的全过程。根据风化作用的因素和性质可将其分为三种类型：物理风化作用、化学风化作用、生物风化作用。风化作用会严重降低岩体的工程地质性能，这种降低是通过改变岩体的某些地质特征结构和矿物成分来实现的。因此，地基防风化设计主要是指岩石地基防风化设计。

1. 防风化设计原则

基于以上对风化基本原理的分析，地基防风化设计原则可归纳为提高地基抗风化能力、降低外界环境因素对地基的影响。

2. 防风化措施

根据地基防风化设计原则，其措施可简述为三大类：加固、封闭、排水。在实际工程中往往没有刻意去区分到底属于哪种措施，而是结合工点的实际情况采取综合措施进行地基防风化设计。

1）加固

加固能从根本上提高地基的物理力学性质，是提高地基抗风化能力最重要的手段，也是防风化最"硬核"的措施。常用的加固措施有注浆、设置支挡结构、设置锚杆/锚索等。

2）封闭

封闭是对地基实施的表面保护，为了隔绝外界水文、气候等环境因素对地基的影响。水对岩体力学性质的弱化主要表现为五种作用：楔劈作用、润滑作用、冻融作用、潜蚀作用、水解作用。其中，冻融作用在我国北方和高寒地区影响较大；当楔劈作用和冻融作用同时发生时，水对岩体的破坏作用更大。常用的封闭措施有喷锚、护面墙等。

3）排水

这里所说的排水主要是指地基体内排水。地基体内水若没有排出，则会大大降低地基的物理力学性能，加速风化效应；若长期有水渗出，则容易带走其内部的细颗粒而引起地基的不稳定等。常用的排水措施有：当地基岩土富水或有水渗出时，宜设置泄水管排水；当基岩为完整坚硬岩或较坚硬岩时，可采用裸孔排水。

8.6.2 基础防冲刷

当临河地基或基础受水流、潮沙、风浪作用可能会发生冲刷破坏，其影响基础甚至明(棚)洞安全时,应采取防冲刷措施。

1. 冲刷防护工程设置要求

冲刷防护工程设置要求如下:

(1)冲刷防护工程顶面高程应为设计水位与波浪侵袭高度、壅水高度、安全高度。

(2)基底应埋设在冲刷深度以下不小于1m或嵌入基岩内,寒冷地区应在冻深以下不小于1m。当冲刷深度较深、水下施工困难时,可采用桩基等方式。

(3)冲刷防护工程应与上下游岸坡平顺衔接,端部嵌入岸壁足够的深度,防止恶化上下游的水文条件。

(4)设置导流建筑物时,应根据河道地貌、地质、水流特性、河道演变规律和防护要求等设计导治线,并应避免农田、村庄、公路和下游路基的冲刷加剧。在山区河谷地段,不宜设置挑水导流建筑物。

(5)河湾凹岸防护范围可按如图 8.15 所示的方法确定。当河湾圆心角大于90°时,防护起点在进口断面的凸岸引切线与下游凹岸的交点 A 处;当河湾圆心角小于90°时,防护起点应从 A 点再向上游加长一个河槽宽度 B,即 A_1 点处;无论圆心角角度是多少,河湾出口下游直段都应有 1.5~2 倍河槽宽的防护长度。

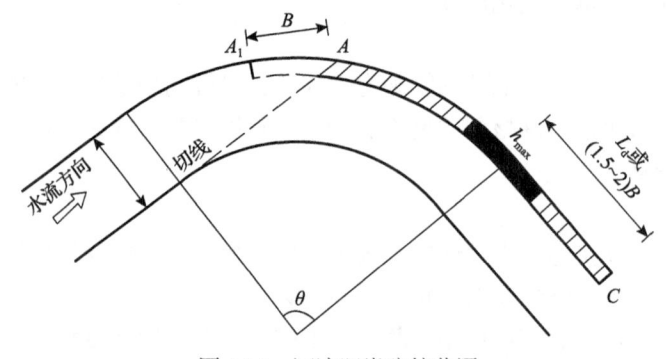

图 8.15 河湾凹岸防护范围

2. 基础防冲刷分类

基础防冲刷措施从大的方案上来看可分为结构防冲刷和护岸防冲刷两种类型:

(1)结构防冲刷是指明(棚)洞的挡墙、桩基础等基础结构临河设置,直接受到水流冲刷时,应充分考虑冲刷的影响,通过冲刷计算后确定其基础埋置深度,达到结构自身能防冲刷的要求。结构防冲刷在基础结构设计时考虑即可,这里不再赘述。

(2)护岸防冲刷是指明(棚)洞结构或基础未直接受冲刷影响,而其下部地基受冲刷后可能影响明(棚)洞结构安全时,需要对其岸坡进行防冲刷处理。护岸防冲刷是本节主要讨论的内容。

3. 护岸防冲刷形式及适用情况

护岸防冲刷的形式及适用情况见表 8.28。

表 8.28 护岸防冲刷的形式及适用情况

防护类型		适用情况
植物防护		可用于允许流速为 1.2～1.8m/s、水流方向与公路路线近似平行、不受洪水主流冲刷的季节性水流冲刷地段防护。经常浸水或长期浸水的路堤边坡，不宜采用
圬工护坡		可用于允许流速为 2～8m/s 的路堤边坡防护
土工织物软体		可用于允许流速为 2～3m/s 的沿河路基冲刷防护
石笼防护		可用于允许流速为 4～5m/s 的沿河路堤坡脚或河岸防护
墙式防护		可用于允许流速为 5～8m/s 的峡谷急流和水流冲刷严重的河段
护坦防护		可用于沿河路基挡墙或护坡局部冲刷深度过大、深基施工不便的路段
抛石防护		可用于经常浸水且水深较大的路基边坡或坡脚以及挡墙、护坡基础防护
排桩防护		可用于局部冲刷深度过大的河湾或宽浅性河流的防护
坝式防护（导流）	丁坝	可用于宽浅性河段，保护河岸或路基不受水流直接冲蚀而产生破坏
	顺坝	可用于河床断面较窄、基础地质条件较差的河岸或沿河路基防护，以调整流水曲度和改善流态

4. 护岸防冲刷工程设计

1) 圬工护坡

护坡厚度应按流速及波浪大小等因素确定，通常干砌片石护坡厚度不宜小于 0.25m，浆砌片石护坡厚度不应小于 0.35m，混凝土护坡厚度不应小于 0.10m；护坡底面应设置反滤层。

2) 土工织物软体

土工织物枕及土工织物软体排护脚可根据水深、流速、河岸及附近河床土质情况，采用单个土工织物枕抛护，可用 3～5 个土工织物枕抛护，也可用土工织物枕与土工织物垫层构成软体排形式防护。

3) 石笼防护

石笼网抗冲性能主要受到填石料粒径的控制，同时也与网垫结构的厚度、岸坡坡比有关，厚度为 50cm 的石笼网的抗冲临界流速为 6m/s，能够抵御山区河流高势能水头的水流冲刷。石笼防护最小厚度不应小于 0.5m。

4) 墙式防护

墙式护岸的结构形式可采用直立式、陡坡式、折线式等。墙体结构材料可采用钢筋混凝土、素混凝土、浆砌石、石笼等，断面尺寸及墙基嵌入河岸坡脚的深度应根据具体情况及河岸整体稳定来计算分析确定。在水流冲刷严重的河岸应采取护基措施。

墙式护岸在墙后与岸坡间宜回填砂砾石。墙体应设置排水孔，排水孔处应设置反滤层。在水流冲刷严重的河岸，墙后回填体顶面应采取防冲刷措施。

5) 护坦防护

护坦顶面必须埋在河床床面以下，砂质河床多取床面以下 1~2m，卵石河床可取床面以下 1m 左右。护坦顶面宽度一般多取 1.5~3m。实践证明，护坦顶面宽度越大，凹岸冲刷越浅，凸岸淤积越小，床面横向变形越平缓，同时可以保证护坦的上游端不会出现局部冲刷坑。

山区公路防护多用石块砌筑护坦顶板，为防止汛期被洪水冲来的巨石撞击破坏，护坦顶板的厚度不宜小于 0.8m。

为保证路基边坡稳定，护坦顶板和挡土墙、护坡必须连接成整体，尽量采用较大的石块、砂浆饱满的砌缝；为保证护坦的安全和防护效果，垂裙下端应埋在计算冲刷线以下至少 0.5m 处，垂裙的厚度不宜小于 0.6m；若护坦垂裙做成斜墙，则次生旋涡发展受到限制，冲刷深度还要减小；护坦顶板和垂裙砌筑完成后，必须用较大粒径的河砂回填密实。

6) 抛石防护

抛石防护要点如下：

(1) 抛石防护的材料可以是混凝土四面体、四角锥及石块等。

(2) 抛石粒径应根据水深、流速情况，按《堤防工程设计规范》(GB 50286—2013) 附录 D 的有关规定计算或根据已建工程分析确定。

(3) 抛石厚度不宜小于抛石粒径的 2 倍，水深流急处宜增大。

(4) 抛石护脚的坡度宜小于 1:1.5。

7) 排桩防护

排桩防护要点如下：

(1) 桩基础可采用木桩、钢桩、钢筋混凝土桩等，其中钢筋混凝土桩应用最为广泛，旋挖或冲击成孔。

(2) 桩的长度、直径、入土深度、桩距、材料、结构等应根据水深、流速、泥沙、地质等情况，通过计算或已建工程经验来分析确定；桩的布置可采用 1~3 排桩，排距可采用 2~4m。

(3) 桩可选用透水式和不透水式，透水式桩间应以横梁连系并挂尼龙网、铅丝网等构成屏蔽式桩坝，桩间及桩与坡脚之间可抛块石、混凝土预制块等桩护底防冲；不透水式桩间防护结构可采用砌石、混凝土或墙式护坡；防冲桩与桩间防护结构埋置深度应根据河岸局部冲刷深度确定。

8) 丁坝

丁坝防护要点如下：

(1) 丁坝长度应根据防护长度、丁坝与水流方向的交角、河段地形、水文条件及河床地质情况等确定,丁坝的间距可为坝长的1~3倍。垂直于水流方向上的投影长度不宜超过稳定河床宽度的1/4。丁坝平面示意图如图8.16所示。

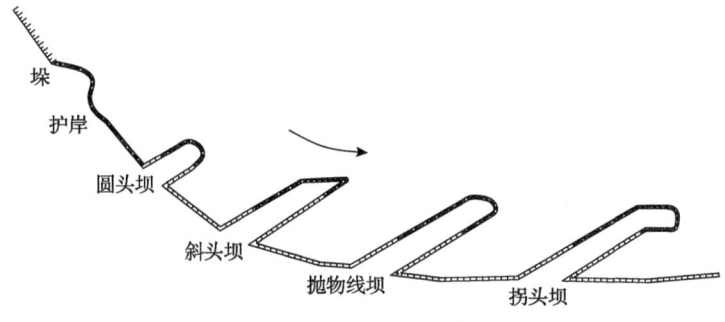

图8.16 丁坝平面示意图

(2) 用于路基防护的丁坝宜采用漫水坝或潜坝,丁坝与水流方向的交角宜小于或等于90°。坝顶面宜做成坝根斜向河心的纵坡,其坡度可为1%~3%。

(3) 当设置群坝时,坝间距离应小于前坝的防护长度。当丁坝间的河岸或路基边坡所能承受的允许流速小于水流靠岸回流流速时,应缩短坝距,或对河岸及路基边坡采取防护措施。

(4) 丁坝的横断面形式和尺寸应根据材料种类、河流的水文特性等确定,坝顶宽度根据稳定计算确定。抛石丁坝坝顶的宽度宜采用1.0~3.0m,坝的上、下游坡度不宜陡于1:1.5,坝头坡度宜采用1:2.5~1:3.0。

9) 顺坝

顺坝防护要点如下:

(1) 顺坝与上、下游河岸的衔接应使水流顺畅,起点应选择在水流匀顺的过渡段,坝根位置宜设在主流转向点的上方。顺坝平面示意图如图8.17所示。

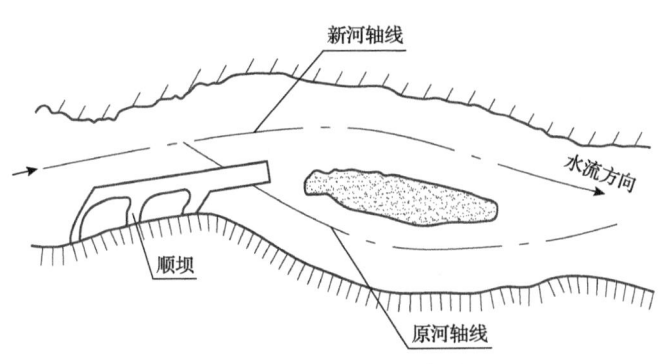

图8.17 顺坝平面示意图

(2) 坝顶宽度应根据稳定计算确定,坝根应嵌入稳定河岸内且不小于3m。

(3) 漫溢式顺坝,应在坝后设置格坝。

第9章 回填设计

除用于防雪、遮光等功能的明(棚)洞，对于应对边斜坡不良地质病害、保障边坡安全、可以防崩塌落石或设置引流槽的明(棚)洞，其顶部及边墙采用合适的回填材料是明(棚)洞有效发挥其防护作用的必要措施。

9.1 总体要求

9.1.1 洞顶回填一般规定

洞顶回填一般规定如下：

(1)当山坡有严重的危石、崩塌威胁时，应予以清除或进行加固处理。为防护一般的落石、崩塌等危害，明(棚)洞洞顶回填土厚度不宜小于1.2m，填土表面应设置一定的排水坡度。

(2)立交明(棚)洞上的填土厚度应结合公路、铁路、市政道路、沟渠及其他人工构造物的标高、自然环境、美化要求和结构设计等确定。

(3)当明(棚)洞洞顶设置过水、泥石流等引流槽、沟渠及其他构造物时，设计应考虑其影响。一般过水沟渠或普通截水沟沟底距洞顶外缘厚度不宜小于1.0m；当为排泄山沟洪水、泥石流等的引流槽时，沟渠底距洞顶外缘不宜小于1.5m。

(4)设计中宜根据内侧边坡情况，预留清除洞顶堆积体的条件，当堆载超过设计回填坡度时，应及时清除。

9.1.2 墙背回填一般规定

墙背回填一般规定如下：

(1)明(棚)洞结构设计考虑地层弹性抗力时，边墙背后应用混凝土、浆砌片石或干砌片石回填。

(2)明(棚)洞边墙按回填土计算土压力时，边墙背后回填料的内摩擦角不应低于原地层计算摩擦角或设计回填料的计算摩擦角。

(3)回填材料与内侧边坡接触处，宜开挖成台阶，并用粗糙透水性材料填塞。

9.2 常规回填设计

常规材料是指采用土石、浆砌片石、片石混凝土、素混凝土等，这些材料在公路建设中极为常见，也是明(棚)洞回填时最常用的材料。通常土石材料作为缓冲材料用于明(棚)洞顶部，圬工材料作为约束结构变形提供抗力的材料主要用于边墙背后。常规回填设计的内容主要包括顶部回填设计、边墙回填设计及相应的施工要求。

9.2.1 顶部回填设计

通常为提高明(棚)洞的灾害防护及承载能力，其顶部一般采用土石材料作为回填层，但对于不同功能作用的明(棚)洞，其顶部回填要求也有所差异，应按照以下要求进行设计。

1. 应对边斜坡不良地质病害明(棚)洞

应对边斜坡不良地质病害通常是明(棚)洞设置最主要的目的，也是工程中最为常见的情况，其回填厚度、回填坡度应根据明(棚)洞的防护要求，通过计算确定。

1) 回填厚度

明(棚)洞回填厚度应根据防护要求与计算荷载综合确定，设计时通常按照承受荷载大小的分类标准先进行力学分析，这一步选择就首先确定了明(棚)洞顶部回填厚度的量级，不同类型明(棚)洞的回填厚度应满足以下要求：

(1) 重型明(棚)洞顶部回填较厚，具体厚度主要与所防护的不良地质灾害荷载有关，需根据荷载大小计算确定，通常大于5m。

(2) 中型明(棚)洞顶部回填厚度比重型明(棚)洞薄，同样需要计算确定，一般要求土石回填层厚度不小于1.2m。

(3) 轻型明(棚)洞在永久防护中使用较少，其顶部土石回填层厚度不超过1.2m。

2) 回填坡度

洞顶回填坡度分为设计回填坡度和实际回填坡度，可根据防御崩塌、落石和支承边坡稳定性，并结合填料、地形和排水要求决定，不同情况的回填坡度应满足以下要求：

(1) 为满足洞顶排水的需要，回填土石坡度一般不小于2%。

(2) 在一般崩塌、落石情况下，可采用设计回填土石坡度为1:5~1:3，实际回填土石坡度为1:10~1:5。

(3) 为支承边坡稳定或防御山坡可能发生的较大塌方、泥石流、滑坡，宜先清除危石或对边坡进行加固处理，并适当增加回填土石厚度，洞顶设计回填坡度为1:3~1:1.5，实际回填坡度为1:5~1:3。

2. 立交明(棚)洞

立交明(棚)洞的填土厚度、压实度、工后沉降等应满足其作为洞顶各类构造物基础的要求：

(1)当立交明(棚)洞计算时,其顶部所有的回填层均应作为永久荷载进行结构计算。

(2)当顶部回填厚度较大时,明(棚)洞结构设计宜根据不同的土石回填厚度标准进行设计；土石回填层宜按高填方路基进行设计与施工,回填层中部、顶部宜设置土工格栅。

(3)当顶部回填厚度较小时,明(棚)洞结构计算应考虑汽车单轴对结构产生的影响。

9.2.2 边墙回填设计

通常为加强边坡对明(棚)洞的约束效应,提高结构承载能力,明(棚)洞边墙后背回填一般不采用土石材料,其回填材料、回填高度通常按照以下要求进行设计。

1) 回填材料

边墙回填材料一般采用浆砌片石、片石混凝土、素混凝土等圬工材料。当边墙背后为石质边坡且回填空间较小时,宜采用内边墙同级或低标号混凝土直接回填,一次性浇筑；当边墙背后空间较大时,宜采用浆砌片石回填；当边墙背后为土质边坡时,一般采用浆砌片石回填。

2) 回填高度

边墙背后圬工材料回填高度设计的原则是满足能提供弹性抗力的高度,即明(棚)洞结构与圬工回填层能够相互挤压的高度。通常拱形结构墙背回填的高度约为结构总高度的 2/3~3/4；矩形或门形结构墙背回填有条件时应填充至整个结构高度范围,当有降低工程造价要求时其回填高度最低不应低于结构高度的 1/2。

9.2.3 回填施工要求

明(棚)洞顶部与边墙回填设计是结构发挥其作用的必要措施,其施工应满足以下要求：

(1)当明(棚)洞主体结构混凝土强度达到设计强度的 70%时,才能施作防水层、墙脚盲沟及回填。

(2)回填前应提前做好墙背纵向排水管(沟)等排水设施,回填施工时应注意对排水设施的保护,保证管(沟)能正常发挥渗排水作用。

(3)土石回填填料最大粒径应小于 150mm,常规应对边斜坡不良地质病害明(棚)洞土石回填层压实度一般不小于 80%；立交明(棚)洞顶部土石回填层的压实度应按照对应公路、铁路、市政道路等路基的要求执行。

(4)顶部回填应分层夯实,每层厚度不宜大于 0.3m；回填至结构顶部后需满铺分层填筑,严禁任意抛填。对路堑式明洞应对称分层夯实,其两侧回填的土石面高差不得大于 0.5m。

(5)采用推土机等大型机械回填时，应先用人工夯填不小于 1m 后，方可使用大型机械设备在顶部进行作业。

(6)回填土石与边坡接触处，宜挖成台阶，台阶宽度不小于 0.5m，并用粗糙透水材料填塞，防止回填土石沿边坡滑动。

(7)边墙施工应尽量减少超挖。若设计要求墙背回填干砌片石时，必须分层码砌，填塞紧密，严禁抛填。

9.3 特殊回填设计

特殊回填是区别于常规土石材料、圬工材料回填方式的情况，主要分为特殊材料回填、特殊结构回填两类情况。特殊材料回填是指采用具有轻质高弹、缓冲耗能特性的材料，可有效提高明(棚)洞结构的抗冲击能力；特殊结构回填是指明(棚)洞顶部设置具有特殊功能的结构，如引流槽等。

9.3.1 特殊材料回填设计

特殊材料回填的目的是进一步提高明(棚)洞的抗冲击性能，因此需要涉及材料类型、应用部位、回填要求等关键问题。

1. 材料类型

特殊材料主要是指采用炭渣、废旧轮胎、发泡聚苯乙烯(expanded polystyrene，EPS)、发泡聚乙烯(expandable polyethylene，EPE)等具有轻质高弹、缓冲耗能特征的材料，各种材料具体性能指标详见第 12 章建筑材料的相关内容，各种材料的工程性能对比详见表 9.1。

表 9.1 特殊材料主要性能比较

性能	炭渣	废旧轮胎	EPS	EPE
密度	堆积密度较大	堆积密度小	密度小	密度小
缓冲性能	差	较好	较好(脆性)	好(延性)
耐久性	差	较差	较好	好
吸水性	强	差	差	差
作为回填材料所利用性能	轻质	轻质高弹缓冲耗能	轻质高弹缓冲耗能	轻质高弹缓冲耗能
价格	低	低	高	高

(1)炭渣：主要来源于以煤炭为燃料的火电厂、工厂和城市集中供热锅炉，是

煤炭燃烧后的剩余物，其物理性质主要包括密度、堆积密度、细度、比表面积等，由于炭渣的组成波动范围很大，其物理性质的差异也很大。

(2)废旧轮胎：汽车轮胎因为正常老化、严重划破、使用频繁等原因造成其抓地力降低而需要更换，正常情况下轮胎的使用年限为5～10年，更换后变成废旧轮胎。

(3)发泡聚苯乙烯是由聚苯乙烯(polystyrene, PS)经加热发泡后形成的具有微细闭孔结构的泡沫塑料。

(4)发泡聚乙烯，俗称珍珠棉，是由聚乙烯(polyethylene, PE)经加热发泡后形成的开孔泡沫塑料。

炭渣主要利用其堆积密度略小于土石材料、价格低廉的特点；废旧轮胎堆积密度小、缓冲性能较好、价格低廉，但耐久性较差；EPS密度小、缓冲性能较好，但材料脆性易破裂、价格高；EPE密度小、缓冲性能好、耐久性好，各项性能均优于EPS，但价格比EPS略高。

综上所述，特殊材料选用时，若资金充裕、对各项性能要求很高时，优先选用EPE材料；若资金有限又需要较好的缓冲性能时，可选择废旧轮胎。

2. 应用部位

特殊材料回填的目的是进一步提高明(棚)洞的抗冲击能力，这就决定了特殊材料的应用部位，即仅用于明(棚)洞洞顶，替换部分常规回填材料，不应用于边墙背后回填。

3. 回填要求

特殊材料因价格通常高于土石、圬工等常规材料，回填设计时一般用量较少，为充分发挥其优质的缓冲耗能特性，对其回填有以下要求。

(1)大型高位落石、崩塌地段有条件时宜设置特殊材料，根据特殊材料不同的缓冲性能及防护需要，废旧轮胎通常设置2～5层，EPS或EPE材料通常设置为0.5～2.0m。

(2)特殊材料因具有轻质的特征，不宜单独使用，应与常规材料配合使用，并设置于常规回填材料下部，与明(棚)洞主体结构密贴，如图9.1所示。

(3)废旧轮胎为圆形中空结构，体积不大，落石直接冲击时易弹起，因此其铺设需要考虑堆放方式及必要的固定措施，并满足以下要求：①废旧轮胎宜选用型号尺寸相同或接近的，易于堆放平整；每层废旧轮胎采用水平对齐堆放的形式，上、下两层宜采用梅花形错缝堆放，如图9.2所示；②为了避免废旧轮胎单个弹出或不易固定，可将每两个相邻轮胎之间采用钢丝或绳索连接，如图9.3所示，或者废旧轮胎铺设完成以后在其顶部设置一层主动网将所有轮胎罩起来；③废旧轮胎中间空洞可不用填充，或根据设计要求填塞其他材料；④废旧轮胎顶部应设置必要的封闭层，如钢板、细孔钢丝网、袋装土石、格宾等，便于上部土石材料回填时不会大量填充轮胎间空隙而影响其缓冲性能。

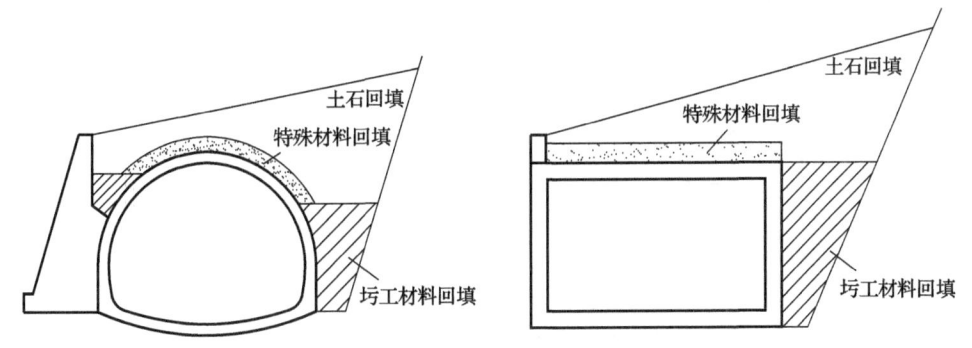

图 9.1　特殊材料回填部位示意图

图 9.2　上、下两层梅花形堆放示意图

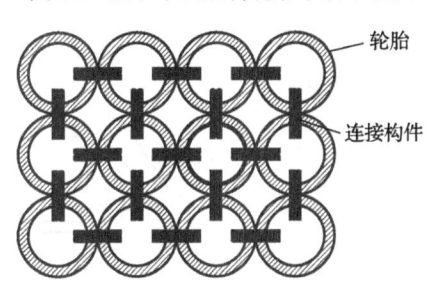

图 9.3　相邻轮胎连接示意图

(4) EPS、EPE 材料应根据设计要求，通过工厂定做或购买成品。为方便加工、运输及铺设，通常设计为长方形或正方形，最大边长不宜超过 2m，厚度一般为 0.2~0.5m。若设计厚度超过 0.5m 时，宜分层铺设，每层之间无须黏接。

9.3.2　引流槽设计

除立交明(棚)洞顶部设计公路、铁路等构筑物外，应对边斜坡不良地质病害、保障边坡安全的明(棚)洞顶部设置的特殊结构最常见的就是引流槽，其具有引排坡面明水、坡面小型泥石流等作用。本节引流槽设计仅针对坡面明水、小型泥石流、坡面泥石流等规模较小的情况。当需要引排大型泥石流时，不宜按照本节所述引流槽进行设计，应按照《泥石流防治工程设计规范》(T/CAGHP 021—2018)中的排导槽进行设计。

1. 一般规定

引流槽设计一般规定如下：

(1)引流槽应设置在明(棚)洞内侧山坡沟渠有坡面明水或可能发生泥石流的位置。

(2)引流槽应满足设计过流要求，保持畅通，不发生或少发生淤积现象，不得产生累积性淤积而造成明水或泥石流从引流槽溢出。

(3)引流槽应有足够的刚度、整体性，其下部回填层应有足够的承载能力与抗变形能力，不得因雨水下渗、流量过大等原因造成的不均匀沉降而导致引流槽局部或整体滑移、变形、开裂、折断等破坏。

(4)引流槽应整体置于明(棚)洞的一个节段上部，不宜跨节段布设引流槽。

2. 平面布置

引流槽平面布置如下：

(1)引流槽一般由进口段、急流段、出口段(若有)组成，如图9.4所示，其轴线布置应尽量与天然沟道中心线一致。

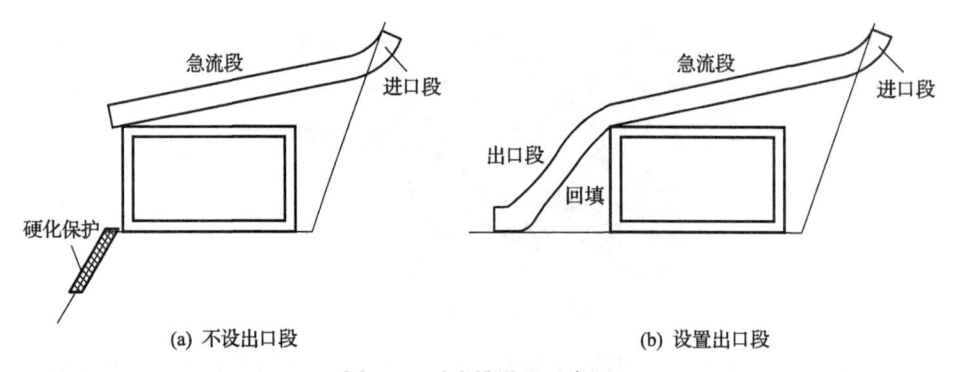

图9.4 引流槽设置示意图

(2)进口段通常为"八"字形变截面结构，是天然沟道与急流段的过渡段。

(3)急流段设于明(棚)洞顶部，应采用等截面、直线形平面布置，宜根据天然沟道方向布置且尽量垂直于路线轴线。

(4)出口段可根据地形条件与功能需求设置，当外侧悬空或临河时不应设置，但应对明(棚)洞外侧地基设置保护措施；当外侧平缓、明水与泥石流不得随意排导时应设置。

(5)引流槽对应的明洞外侧不宜设置开孔，棚洞外侧支承结构宜采用墙式结构，避免水或泥石流堆积物倒灌进入明(棚)洞内部而影响行车安全。

3. 纵断面

引流槽纵断面设置如下：

(1)引流槽纵坡应结合明(棚)洞顶部回填设置，如图9.4所示，有条件时宜适当加大坡度。

(2)纵断面应做到平顺过渡，避免出现折线对接的情况。

(3)引流槽底部应设置抗滑结构，如锯齿、肋板等，以保证其纵向稳定性。

4. 横断面

引流槽横断面设置如下：

(1)引流槽横断面应满足明水或小型泥石流的排泄要求，其过流能力应大于设计流量，断面形式宜采用梯形或矩形。

(2)梯形或矩形断面的引流槽宽深比宜取2~6。

(3)引流槽横断面尺寸应通过计算确定。当流量资料缺乏而无法正常计算时，宜通过对天然沟道过流断面的调查，按照过流能力一致性的原则来确定。

(4)当引流槽的宽度有条件时，不宜小于天然沟渠宽度。

(5)当用于引排小型泥石流或坡面泥石流时，引流槽宽度下限应依据排泄泥石流最大颗粒的2.0~2.5倍确定。

(6)引流槽深度的确定应根据最大过流深度、过流物质最大粒径、安全超高等综合确定，宜按式(9.1)计算：

$$H_p = H_c + H_s + \Delta h_s \tag{9.1}$$

$$H_c \geqslant 1.2 D_a \tag{9.2}$$

式中，H_p为引流槽深度(m)；H_c为最大过流深度(m)，当为泥石流时可按式(9.2)计算；H_s为常年淤积厚度(m)，过水或不淤积时取0；Δh_s为安全超高(m)，一般取0.5~1.0m；D_a为过流物质最大粒径(m)。

5. 结构形式及设计

引流槽结构形式及设计如下：

(1)为避免水流下渗影响明(棚)洞结构安全，引流槽宜采用断面为梯形或矩形的整体式框架结构，如图9.5所示。

(a) 矩形　　　　　(b) 梯形

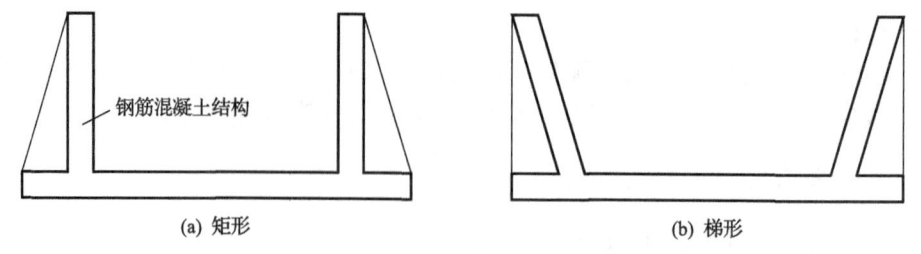

图 9.5　引流槽整体式框架结构示意图

(2)引流槽整体式框架结构应按照钢筋混凝土结构进行设计,并验算其强度与变形。

(3)引流槽设计应验算其过流能力,设计流速应小于允许流速,钢筋混凝土引流槽允许流速为 10~12m/s。

(4)引流槽应设置于常规材料回填层上,其底部不应增设特殊回填材料,若为土石材料回填,其影响范围内的压实度应不低于 90%。

(5)引流槽整体式框架结构的槽底应按一定的间距设置横向肋板,间距一般不大于 5m;当其端部直接置于明(棚)洞顶部时,接触长度宜为 1~2m,并超出明(棚)洞结构边缘 10~20cm。引流槽底部结构设计如图 9.6 所示。

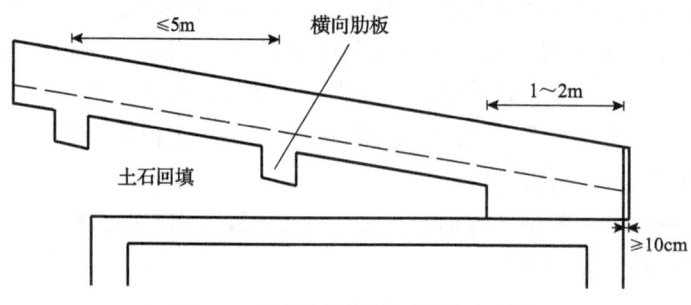

图 9.6　引流槽底部结构设计示意图

(6)引流槽两侧侧墙应根据需求设置梯步,便于后期养护。

第10章 路基路面设计

明(棚)洞内的路基、路面是承受车辆长期行驶的基本载体。稳定、密实、均质的路基可为路面提供均匀的支承,满足车辆荷载作用;路面长期承受高速车辆的冲击与摩擦,应有足够的强度、抗滑性、平整度、耐磨性、耐久性,可保证行车的安全性与舒适性。

10.1 总体要求

10.1.1 路基类型及选用原则

1. 路基类型

明(棚)洞路基根据其不同的建筑材料,可分为混凝土路基、土石路基。

2. 选用原则

明(棚)洞路基类型由结构特征控制,通常应按以下原则进行设计:

(1)明洞结构具有纵向连续的封闭性结构,无论是拱形明洞的仰拱,还是矩形明洞的底板,一般都采用混凝土结构,因此明洞通常均应采用混凝土路基。

(2)棚洞通常为单侧或两侧不连续的棚式结构,通俗地讲,棚洞可看成在公路上增加了一个"棚盖",因此棚洞通常均应采用土石路基。

10.1.2 路面类型及选用原则

1. 路面类型

明(棚)洞路面和常规路段路面类型一样,可分为沥青混凝土路面、水泥混凝土路面。

2. 路面特点

沥青混凝土路面具有抗滑性好、行车舒适性高、开放交通快等特点;水泥混凝土路面具有耐久性好、施工环境友好等特点。沥青混凝土路面与水泥混凝土路面的性能特点对比情况见表10.1。

表 10.1 沥青混凝土路面与水泥混凝土路面的性能特点对比

性能比较	沥青混凝土路面	水泥混凝土路面
行车舒适性	路面无接缝，行车平稳、舒适，行车振动及噪声低	路面接缝多，行车舒适性较差，行车振动及噪声大
平整性	平整性好	平整性稍差
反光能力	路面的反光能力稍弱、与路面标线反差大，行车界限清晰	路面的反光能力强
抗滑安全性	采用沥青玛蹄脂碎石结合料(SMA)能明显增强路面抗滑性能，增加隧道内行车安全性	路面抗滑性能一般，且衰减速度快，易引发交通事故
施工环境	温度高、烟雾多、能见度低，但加入温拌剂后施工环境有所改善	施工环境较好
开放交通速度	铺好后可迅速开放交通	需要满足养护时间后才能开放交通
耐久性	防火、耐潮湿性能一般	防火、耐潮湿性能较好
养护维修	养护维修方便	接缝养护工作量大，板块维修难度大
工程造价	较高	较低

3. 选用原则

明(棚)洞路面结构应根据道路功能和等级、交通量及交通荷载、路基承载能力，结合当地环境条件、材料供应情况、气候条件、施工条件、养护条件、工程实践经验以及环境保护等要求，通过技术经济分析比较后确定。路面类型的选择一般遵循以下原则：

(1)新建项目、涉及较大路段改扩建的项目，明(棚)洞路面类型应与路段路面类型保持一致。

(2)仅新增明(棚)洞工点的项目，路面类型选择时宜将路面材料供应情况作为主要考虑因素。当路段为沥青混凝土路面且沥青路面材料容易获得时，宜采用沥青混凝土路面；当路段为沥青混凝土路面，新增工点沥青路面材料用量小且材料不易获得，或需要专门设置拌和站时，可采用水泥混凝土路面。

10.2 路 基 设 计

10.2.1 混凝土路基设计

广义混凝土路基主要分为三个层次，即仰拱或底板以下地基部分、仰拱或底板、仰拱或底板以上路基；狭义混凝土路基仅包含仰拱或底板以上至路面结构层以下的部分。

1. 广义混凝土路基设计

广义混凝土路基设计要点如下：

(1)仰拱或底板以下地基部分是基础工程的内容，其设计要点详见第 8 章相关内容。

(2)仰拱或底板是明洞结构的一部分，其设计要点详见第 4 章相关内容。

2. 狭义混凝土路基设计

仰拱或底板以上至路面结构层以下的部分路基设计应遵循以下要求：

(1)当明洞底部结构为仰拱时，设置仰拱回填充当路基功能。仰拱回填采用素混凝土或片石混凝土，其强度等级不低于 C15。

(2)当明洞底部结构为水平底板时，底板可直接充当路基功能。

10.2.2 土石路基设计

土石路基主要针对棚洞，其设计无特殊要求，满足路面铺筑的压实度要求即可。

10.3 沥青混凝土路面设计

10.3.1 沥青混凝土路面分类

沥青混凝土路面按不同的基层情况可分为刚性基层沥青混凝土路面、半刚性基层沥青混凝土路面、柔性基层沥青混凝土路面。主要因载重车辆比例较大，我国的公路中基本没有采用柔性基层沥青混凝土路面，以刚性、半刚性基层沥青混凝土路面为主。

实际在明(棚)洞工程中受明洞、棚洞结构特征的影响，明洞一般采用以混凝土为基层的刚性基层沥青混凝土路面，棚洞一般采用以水泥稳定碎石为基层的半刚性基层沥青混凝土路面。

10.3.2 半刚性基层沥青混凝土路面设计

1. 设计原则

半刚性基层沥青混凝土路面主要用于棚洞结构，新建项目可不做单独的设计，与路段保持一致即可；增设棚洞时，以尽量保护原路面为原则，以修补的方式恢复路面结构。

2. 设计要点

半刚性基层沥青混凝土路面设计要点如下：

(1)半刚性基层材料一般采用水泥稳定碎石。

(2)棚洞洞内外均采用半刚性基层沥青混凝土路面时，路面结构层连续，不设变形缝。

10.3.3 刚性基层沥青混凝土路面设计

1. 路面结构组成

刚性基层沥青混凝土路面的结构组成从上到下分别为沥青混凝土上面层、防水黏结层、下面层、明洞仰拱回填或底板结构。下面层一般有两种做法：一种是水泥混凝土铺装层；另一种是水泥混凝土下面层+调平层。

2. 沥青混凝土上面层设计

沥青混凝土上面层设计要点如下：

(1)明(棚)洞内沥青混凝土上面层结构应与洞外路面面层保持一致，且不超过两层。高等级公路沥青路面采用三层结构时，明(棚)洞内仅设置上面两层即可，其各种参数指标均与洞外路面层保持一致。

(2)沥青混凝土上面层总厚度不宜小于4cm。

(3)沥青混凝土上面层应具有平整、抗车辙、抗疲劳开裂、抗低温开裂和抗水损坏等性能，表面层混合料应具有抗滑和耐磨损性能，密集配沥青混合料表面层应具有低透水性能。

(4)对抗滑、排水或降噪等有特殊要求的表面层可采用开级配沥青混合料。

3. 防水黏结层设计

表面层下应设置防水黏结层，防水黏结层可采用改性乳化沥青或改性沥青。

4. 水泥混凝土铺装层设计

水泥混凝土铺装层设计主要参考桥面铺装的相关要求，其构造要求应满足以下规定：

(1)铺装层采用设钢筋网片的混凝土结构，其混凝土强度等级不宜低于C40。

(2)铺装层厚度宜根据路面横坡确定，最小厚度不宜小于8cm。

(3)应设置ϕ8mm焊接带肋钢筋网片，网格间距为10cm×10cm，焊接带肋钢筋网片距离混凝土顶面的净保护层厚度为3.5cm，带肋钢筋网片搭接采用平搭法连接。

5. 水泥混凝土下面层设计

沥青混凝土路面中的水泥混凝土下面层、接缝及配筋设计与水泥混凝土路面设计方法基本一致，详见10.4节相关内容。

6. 调平层

采用水泥混凝土下面层时应设置调平层，其构造要求应满足以下规定：

（1）调平层通常采用素混凝土结构，其混凝土强度等级宜与混凝土下面层保持一致，并不低于C20。

（2）调平层厚度宜根据路面横坡确定，最小厚度不宜小于10cm。

10.4 水泥混凝土路面设计

10.4.1 水泥混凝土路面分类

水泥混凝土路面根据建筑材料情况可分为普通水泥混凝土路面、钢筋混凝土路面、连续配筋混凝土路面、钢纤维混凝土路面。普通水泥混凝土路面应用最为广泛，也可作为沥青混凝土下面层的结构。

10.4.2 面层设计

水泥混凝土面层设计要求如下：

（1）水泥混凝土面层应具有足够的强度和耐久性，表面应抗滑、耐磨、平整。

（2）面层宜采用设接缝的普通水泥混凝土。当面板的平面尺寸较大或形状不规则、路面结构下埋有地下设施、路基可能产生不均匀沉降时，应采用接缝设置传力杆的钢筋混凝土面层。

（3）水泥混凝土面层厚度应依据交通荷载等级、公路等级和变异水平等级，按照《公路水泥混凝土路面设计规范》（JTG D40—2011）中的相关公式计算确定。各种混凝土面层的设计厚度应依据计算厚度加6mm磨耗层后，按10mm向上取整。

（4）水泥混凝土面层厚度、混凝土强度、弯拉强度可参考表10.2取值。

表 10.2　各级公路普通水泥混凝土面层厚度、混凝土强度、弯拉强度参考范围

公路等级	水泥混凝土面层厚度/cm	混凝土强度等级	弯拉强度/MPa
高速公路、一级公路	24~26	C40~C50	≥5.0
二级公路	22~24	≥C40	4.5~5.0
三级公路、四级公路	20~22	C35~C40	4.0~4.5

（5）钢纤维混凝土的钢纤维体积率宜为0.6%~1.0%，面层厚度宜为普通水泥混凝土面层厚度的65%~75%，按钢纤维掺量确定。特重或重交通荷载时，其最小厚度应为180mm；中等或轻交通荷载时，其最小厚度应为160mm。

（6）采用水泥混凝土路面时，表面必须采用拉毛、拉槽、压槽或刻槽等方法施作表面构造，在交工验收时构造深度应满足表10.3的要求；当水泥混凝土作为沥青混凝土路面下面层时，可不必刻槽。

表 10.3　各级公路水泥混凝土面层的表面构造深度要求　（单位：mm）

类型	高速公路、一级公路	二级公路、三级公路、四级公路
一般路段	0.70～1.10	0.50～1.00
特殊路段	0.80～1.20	0.60～1.10

注：①高速公路和一级公路的特殊路段是指立交、平交或变速车道等处，其他等级公路的特殊路段是指急弯、陡坡、交叉口或集镇附近。
②在年降雨量 600mm 以下的地区，表中所列数值可适当降低。

10.4.3　接缝设计

1. 一般规定

接缝设计的一般规定如下：

(1)水泥混凝土面板的平面布局宜采用矩形分块，其纵向接缝和横向接缝应垂直相交，纵缝两侧的横缝不得相互错位。

(2)纵向接缝的间距(即板宽)宜在 3.0～4.5m 范围内选用。

(3)横向接缝的间距(即板长)应按面层类型和厚度选定。普通水泥混凝土面层宜为 4～6m，面层板的长宽比不宜超过 1.35，平面面积不宜大于 25m²；钢纤维混凝土面层宜为 6～10m。

(4)水泥混凝土面板接缝位置及构造要点应按表 10.4 规定来设置。

表 10.4　水泥混凝土面板接缝位置及构造要点

项目		设置位置	构造要点
纵缝	缩缝	沿行车道分界线设置	设拉杆假缝
端部处理	洞口接缝	洞口桩号处	φ25mm 拉杆
横缝	胀缝	毗邻洞口接缝设 1 道、路面宽度变化处	横向胀缝
	缩缝	毗邻胀缝设 3 道	设传力杆假缝
	缩缝	其余位置	不设传力杆假缝

2. 纵缝设计

纵缝设计要求如下。

(1)纵向接缝的布设应根据路面总宽度、行车道及硬路肩宽度以及施工铺筑宽度来确定：①当一次铺筑宽度小于路面宽度时，应设置纵向施工缝，纵向施工缝应采用设拉杆平缝形式；②当一次铺筑宽度大于 4.5m 时，应设置纵向缩缝，纵向缩缝应采用设拉杆假缝形式；③钢纤维混凝土面层在摊铺宽度小于 7.5m 时，可不设纵向缩缝；④行车道路面与混凝土硬路肩之间的纵向接缝必须设置拉杆。

（2）纵缝应与路线中线平行。在路面等宽的路段内或路面变宽路段的等宽部分，纵缝的间距和形式应保持一致。路面变宽段的加宽部分与等宽部分之间应以纵向施工缝隔开。加宽板在变宽段起终点处的宽度不应小于1m。

（3）纵缝的构造应满足以下规定：①设拉杆平缝，上部应锯切槽口，深度宜为30～40mm，宽度宜为3～8mm，槽内应灌塞填缝材料，其构造如图10.1(a)所示。②设拉杆假缝，锯切的槽口深度应大于施工缝（设拉杆平缝）的槽口深度。采用粒料基层时，槽口深度应为板厚的1/3；采用半刚性基层时，槽口深度应为板厚的2/5，其构造如图10.1(b)所示。

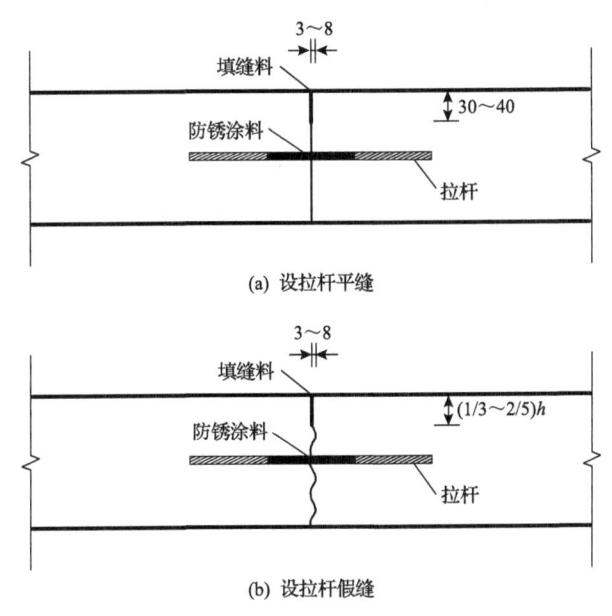

图10.1 纵缝构造图（单位：mm）

（4）拉杆应采用螺纹钢筋，设在板厚中央，并应对拉杆中部100mm范围内进行防锈处理。拉杆的直径、长度和间距可参照表10.5选用。施工布设时，拉杆间距应根据横向接缝的实际位置予以调整，最外侧的拉杆与横向接缝的距离不得小于100mm。

表10.5 拉杆的直径、长度和间距 （单位：mm）

面层厚度	到自由边或未设拉杆纵缝的距离					
	3000	3500	3750	4500	6000	7500
200～250	14×700×900	14×700×800	14×700×700	14×700×600	14×700×500	14×700×400
≥260	16×800×800	16×800×700	16×800×600	16×800×500	16×800×400	16×800×300

注：拉杆尺寸表示方法为直径×长度×间距。

3. 横缝设计

横缝设计要求如下：

(1) 每日施工结束或因临时原因中断施工时，必须设置横向施工缝，其位置宜选在缩缝或胀缝处。设在缩缝处的施工缝，应采用设传力杆的平缝形式，其构造如图 10.2 所示；设在胀缝处的施工缝，其构造应与胀缝相同。

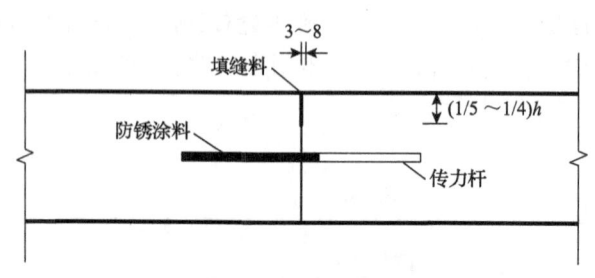

图 10.2　横向施工缝构造图（单位：mm）

(2) 横向缩缝可等间距或变间距布置，应采用假缝形式。极重、特重和重交通荷载公路的横向缩缝、中等和轻交通荷载公路邻近胀缝或自由端部的 3 条横向缩缝应采用设传力杆假缝形式，其构造如图 10.3(a) 所示；其他情况可采用不设传力杆假缝形式，其构造如图 10.3(b) 所示。传力杆的设置不妨碍相邻混凝土板的自由伸缩，钢筋表面应进行防锈处理。

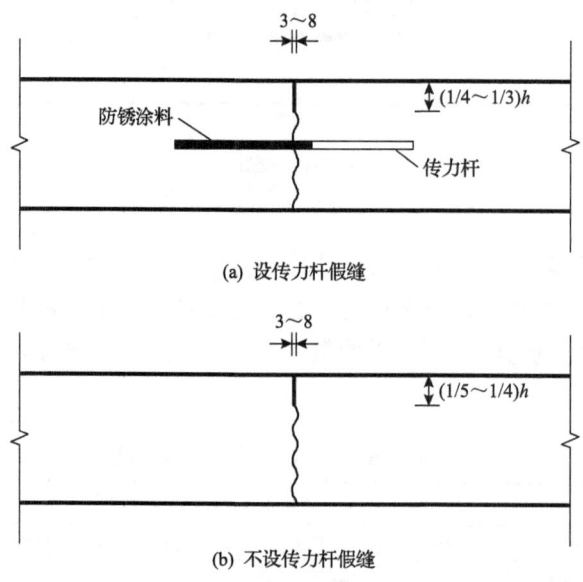

(a) 设传力杆假缝

(b) 不设传力杆假缝

图 10.3　横向缩缝构造图（单位：mm）

(3) 横向缩缝顶部应锯切槽口，设置传力杆时槽口深度宜为面层厚度的 1/4～

1/3，不设传力杆时槽口深度宜为面层厚度的 1/5～1/4。槽口宽度应根据施工条件、填缝料性能等因素来确定，宽度宜为 3～8mm，槽内应填塞填缝料。二级公路及二级以下公路的槽口可一次锯切成型。高速公路和一级公路槽口宜二次锯切成型，在第一次锯切缝的上部宜增设宽为 7～10mm 的浅槽口，槽口下部应设置背衬垫条，上部应用填缝料灌填，其构造如图 10.4 所示。

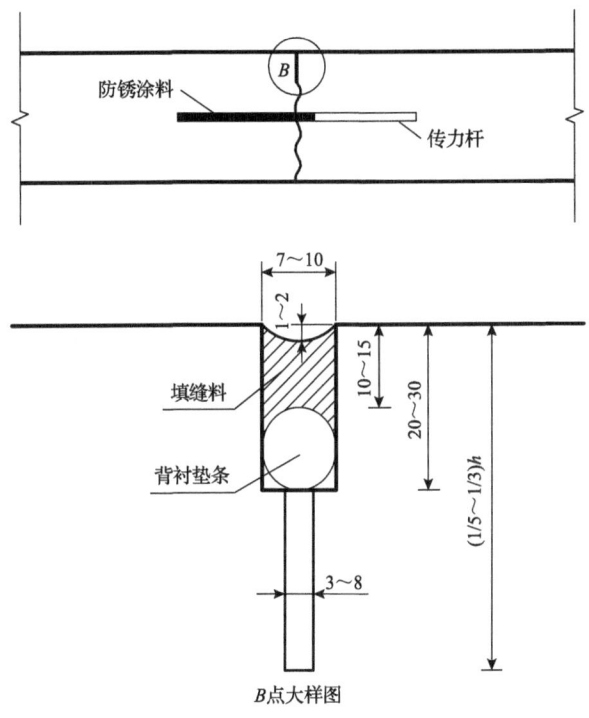

图 10.4 二次锯切槽口构造图(单位：mm)

（4）在明洞洞口或其他构造物处，应设置横向胀缝。胀缝条数应根据膨胀量大小设置。胀缝宽宜为 20～25mm，缝内应设置填缝板和可滑动的传力杆。胀缝构造如图 10.5 所示。

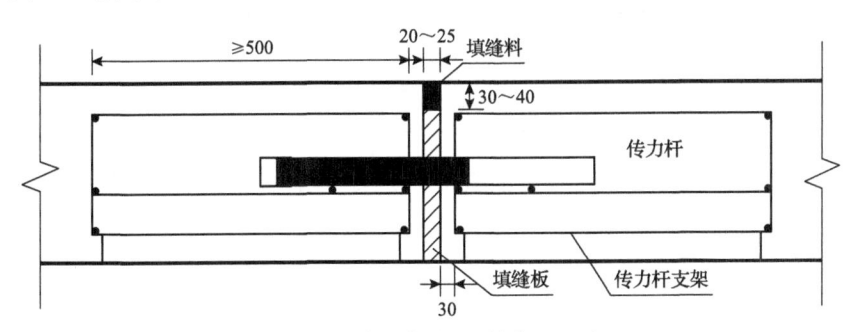

图 10.5 胀缝构造图(单位：mm)

(5)传力杆应采用光圆钢筋。横向缩缝传力杆的尺寸、间距和要求与胀缝相同，可按表10.6选用。最外侧传力杆距纵向接缝或自由边的距离宜为150～250mm。

表10.6　传力杆的直径、最小长度和最大间距　　　（单位：mm）

面层厚度	传力杆直径	传力杆最小长度	传力杆最大间距
220	28	400	300
240	30	400	300
260	32	450	300
280	32～34	450	300
≥300	34～36	500	300

4. 端部处理

端部处理要求如下：

(1)当混凝土路面与明洞相衔接的胀缝无法设置传力杆时，可在毗邻构造物的板端部内配置双层钢筋网，或在长度为 6～10 倍板厚的范围内逐渐将板厚增加20%，如图10.6所示。

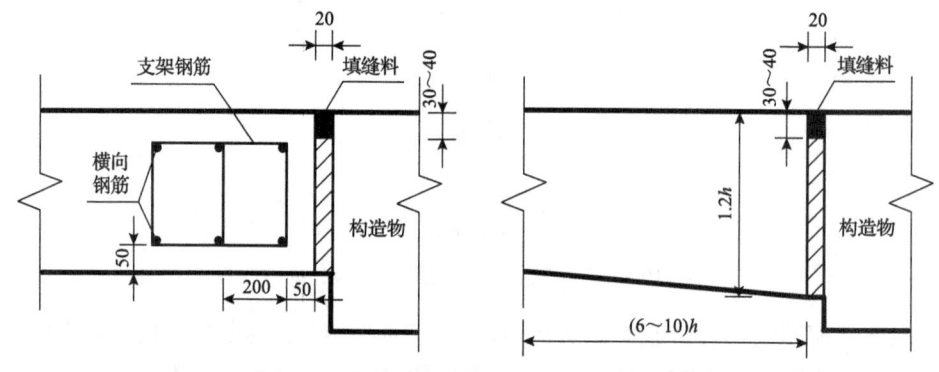

图10.6　邻近构造物胀缝结构(单位：mm)

(2)混凝土路面与沥青路面相接时应设置不小于3m 的过渡段。过渡段的路面应采用两种路面呈阶梯状叠合布置，其下面铺设的变厚度混凝土过渡板的厚度不得小于200mm，如图10.7所示。过渡板顶面应设横向拉槽，沥青层与过渡板之间黏结良好。过渡板与混凝土面层板相接处的接缝内宜设置直径为25mm、长为700mm、间距为400mm 的拉杆。混凝土面层毗邻该接缝的1～2 条横向接缝应采用胀缝形式。

5. 填缝材料

填缝材料要求如下：

(1)胀缝接缝应选用能适应混凝土板膨胀收缩、施工时不易变形、复原率高和耐久性好的材料。高速公路和一级公路宜选用泡沫橡胶板、沥青纤维板；其他等级公路也可选用木材类和纤维板类。

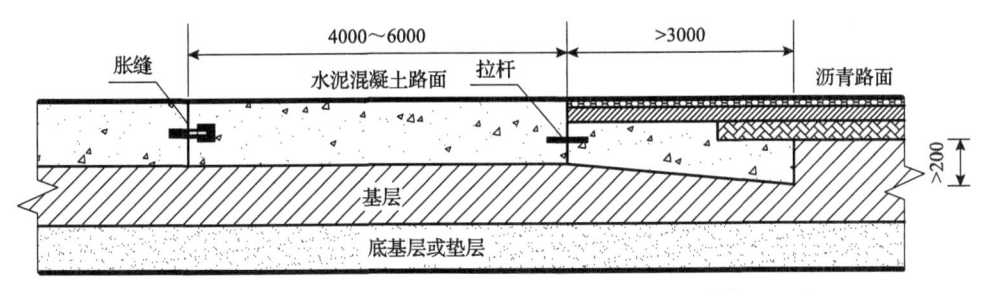

图 10.7　混凝土路面与沥青路面相接段的构造布置(单位：mm)

(2)填缝料应选用与混凝土接缝槽壁黏结力强、回弹性好、适应混凝土板收缩、不溶于水、不渗水、高温时不流淌、低温时不脆裂、耐老化、有一定抵抗砂石嵌入的能力、便于施工操作的材料。高速公路、一级公路宜选用硅酮类、聚氨酯类填缝料；其他等级公路可选用聚氨酯类、橡胶沥青类或改性沥青类填缝料。

10.4.4　配筋设计

1. 普通混凝土面层配筋

普通混凝土面层配筋要求如下：
(1)普通混凝土面层配筋主要涉及角隅钢筋的设置。
(2)承受极重、特重或重交通的水泥混凝土面层的胀缝、施工缝和自由边的角隅以及承受极重交通的水泥混凝土面层缩缝的角隅，宜配置角隅钢筋。
(3)角隅钢筋可选用 2 根直径为 12～16mm 的螺纹钢筋，置于面层上部，距顶面不小于 50mm，距边缘为 100mm，其构造如图 10.8 所示。

2. 连续配筋混凝土面层配筋

(1)钢筋混凝土面层的配筋量应按式(10.1)确定：

$$A_\mathrm{s} = \frac{16 L_\mathrm{s} h \mu}{f_\mathrm{sy}} \tag{10.1}$$

式中，A_s 为每延米混凝土面层宽(或长)所需的钢筋面积(mm^2)；计算纵向钢筋时 L_s 为横缝间距(m)，计算横向钢筋时 L_s 为无拉杆的纵缝或自由边之间的距离(m)；h 为面层厚度(mm)；μ 为面层与基层之间的摩阻系数，按表 10.7 选用；f_sy 为钢筋的屈服强度(MPa)。

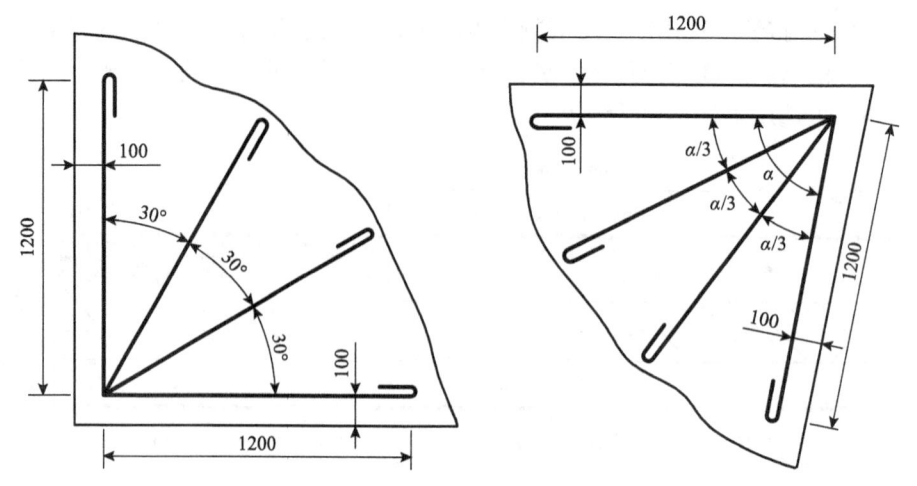

图 10.8 角隅钢筋构造(单位：mm)

表 10.7 混凝土面层与基层间摩阻系数参考值

基层材料	取值范围	代表值
级配碎石、级配砾石或碎砾石	0.5~4.0	2.5
沥青混凝土、沥青碎石	2.5~15.0	7.5
无机结合料稳定粒料	3.5~13.0	8.9
素混凝土、碾压混凝土	3.0~20.0	8.5

注：当基层不是沥青混合料，但基层与面层间设置沥青隔离层时，摩阻系数按照沥青混合料基层时选用。

(2)连续配筋混凝土面层的纵向配筋量应按以下要求确定：①一般地区中等交通荷载等级时纵向配筋率宜为 0.6%~0.7%，重交通荷载等级时宜为 0.7%~0.8%，特重交通荷载等级时宜为 0.8%~0.9%，极重交通荷载等级时宜为 0.9%~1.0%；②冰冻地区路面的纵向配筋率宜高于一般地区 0.1%；③连续配筋混凝土用于复合式面层的下面层时，其纵向配筋率可降低 0.1%。

(3)横向钢筋的用量应按式(10.1)计算确定，并应满足施工时固定和保持纵向钢筋位置的要求。

(4)连续配筋混凝土面层的纵向钢筋和横向钢筋均应采用螺纹钢筋，直径宜为 12~20mm。当钢筋可能受到较严重腐蚀时，宜在钢筋外涂环氧树脂等防腐材料。

(5)钢筋布置应符合下列要求：①纵向钢筋距面层顶面不应小于 90mm，最大深度不应大于 1/2 面层厚度，在不影响施工的情况下宜接近 90mm；②纵向钢筋的间距不应大于 250mm，不小于集料最大粒径的 2.5 倍；③纵向钢筋的焊接长度宜不小于 10 倍(单面焊)或 5 倍(双面焊)钢筋直径，焊接位置应错开，各焊接端连接与纵向钢筋的夹角应小于 60°；④边缘钢筋至纵缝或自由边的距离宜为 100~150mm；

⑤横向钢筋应位于纵向钢筋之下,横向钢筋间距宜为 300~600mm,直径大时取大值;⑥横向钢筋宜斜向设置,其与纵向钢筋的夹角可取 60°。

(6)相邻车道之间或车道与硬路肩之间的纵向接缝内必须设置拉杆,该拉杆可用加长的横向钢筋代替。

第11章 交通安全设施设计

11.1 总体要求

交通安全设施是用以引导使用者有秩序地使用公路，以促进交通安全、提高公路运行效率的基础设施，具有告知公路使用者通行权利，明示道路交通禁止、限制、出行状况，告知道路状况和交通状况，排除交通干扰，改善道路景观，在紧急情况下减少交通损失等作用，是保障公路正常运行的重要设施。

11.1.1 设计理念

明(棚)洞行车环境比普通路基、桥梁等明线工程更加特殊，具有一定的封闭性，视觉环境欠佳，因此将"以人为本、安全至上、系统设计、重点突出"作为设计理念，注重公路安全性、方便性、舒适性、愉悦性及智慧性的和谐统一，综合考虑结构形态、光照条件、构造物衔接、气候环境等因素，交通安全设施的安装、使用、升级、维护，以及整个路网的数据联动、智慧管理等方面的需求，设置完善的交通安全设施，为道路使用者提供安全保障和人性化服务，切实提高整体交通的安全水平和服务水准。

11.1.2 设计原则

交通安全设施设计应从公路使用者的角度出发，在功能性、整体性、系统性、先进性等方面构建明(棚)洞与道路交通事故预防、防护体系以及有序高效的畅通体系。

1. 功能性

交通安全设施应准确、迅速地向公路使用者传达明确无误的信息，便于明(棚)洞使用者准确快速地进行判断，进而采取行动，使其功能在公路交通中最充分、最有效地发挥出来。对其功能性服务、交通安全设施的设置力求以最少的标志数量、最准确的位置、最及时充分地发挥标志的作用，必须满足以下要求：①满足指定的功能；②能引起注意，得到道路使用者的重视；③能传递清晰、明确的信息；④给驾乘人以充足的反应时间。

2. 整体性

明(棚)洞是整个公路系统中的一部分，同时交通安全设施是整个公路系统中的一部分，与其他公路设施、沿线环境交互作用，共同发挥着公路的性能。因此，明(棚)洞的各类交通安全设施设计除应保持各自的特性外,还应从整个公路系统出发,按照整体性的原则,使其形态、材料、结构、位置和信息表示方法等,与公路等级、功能、沿线环境以及其他交通工程及沿线设施相协调一致,相互匹配,形成统一、协调、完整的系统工程,符合人、车、路、社会环境之间的关系,实现公路交通系统整体功能和形式的统一与和谐,具体有:①明(棚)洞的交通安全设施设置原则和标准应与本路段保持一致;②交通安全设施传达的信息不应矛盾,功能应相辅相成、相互补充;③交通安全设施的设置和动、静态标志的设置位置也要相互协调,避免相互影响;④各种交通安全设施应整体考虑,配合使用,共同表达或强调设计者需要传递的信息。

3. 系统性

系统性原则是保证信息连续性、统一性和明确性的关键。在路网环境下,道路使用者在行动过程中获取了信息,但记忆的短暂性造成信息记忆的不准确,从而引起使用者的不安,因此信息的统一性和连续性显得非常重要。从系统的角度出发,统筹明(棚)洞路段交通标志与交通标线等其他交通安全设施的设计不得相互矛盾或产生歧义。

4. 先进性

随着信息技术、材料科学的长足发展,跨行业使用新技术会带来意想不到的收获,还能促进不同行业的共同繁荣。明(棚)洞的交通安全设施必须与时俱进,在满足安全和使用功能的前提下,应积极推广使用可靠的新技术、新材料、新工艺和新产品,在保障公路运营安全的同时,应充分体现现代化、智能化的特点,为交通提供安全、便捷、绿色的服务。

11.1.3 交通安全设施组成

明(棚)洞是公路的组成部分,其交通安全设施的设置应满足公路的相关要求。根据明(棚)洞的特点,其交通安全设施主要为交通标志和交通标线,并合理设置防撞设施、视线诱导设施、栏杆、限高架等其他交通安全设施。

1. 交通标志

交通标志是用图形符号、颜色和文字等向交通参与者传递特定信息,用于管理交通的设施,主要起到提示、诱导、指示等作用。

(1)交通标志主要包括警告标志、禁令标志、指示标志、指路标志、道路施工安全标志等主标志以及附设在主标志下的辅助标志。

(2)交通标志的支承结构主要包括柱式(单柱、双柱)、悬臂式(单悬臂、双悬臂)、门架式、悬挂式和附着式等。

2. 交通标线

交通标线由标划于路面上的各种线条、箭头、文字、立面标记、实体标记、突起路标等构成，向道路使用者传递有关道路交通的规则、警告、指引等信息，其主要作用是管制和引导交通。

3. 其他交通安全设施

其他交通安全设施包括防撞设施、视线诱导设施、栏杆、限高架、减速丘、凸面镜、防落网、防眩目设施、减速路面、隆声带、里程标、里程碑等。明(棚)洞路段常用以下设施。

1) 防撞设施

防撞设施主要包括护栏、防撞墩、防撞筒等，其主要作用是在车辆行驶超出正常轨迹时阻挡碰撞、吸收能量，减轻事故车辆及人员的损伤程度，并保护明(棚)洞结构免受损害。

2) 视线诱导设施

明(棚)洞所采用的视线诱导设施主要包括轮廓标、轮廓带、警示桩、警示墩等，其作用是在暗光环境下通过对车灯光的反射，指示出道路的前进方向、宽度和结构物内的净空高度，引导驾乘人员对行车环境做出合理的判定，使其提前做好准备。

3) 栏杆

栏杆主要用在明(棚)洞外侧开孔且悬空的部位，其作用是防止人员不慎跌落。

4) 限高架

限高架主要用在明(棚)洞洞口部位，其作用是防止超高车辆进入明(棚)洞而造成结构损伤，影响结构安全。

11.2 配置要求与设计

交通标志、交通标线的设计在相关规范中的规定较为明确，明(棚)洞可参考对隧道的相关要求进行设计，这里不再赘述。本节主要就交通安全设施如何配置，防撞设施、视线诱导设施、栏杆、限高架等其他交通安全设施的设计进行论述。

11.2.1 交通安全设施配置要求

交通安全设施设计时，应先收集基础资料，据此分析交通安全设施与公路总体、明(棚)洞土建工程及其他服务管理设施等专业之间的关系和界面，确定设计原则、技术标准、建设规模、主要技术指标等，再开展交通安全设施设计。

明(棚)洞的交通安全设施设计应包括交通标志、交通标线、防撞设施、视线诱导设施、栏杆及其他设施等，可参照表11.1，根据工程规模、项目特点和要求进行配置。

表 11.1 明(棚)洞常用交通安全设施配置

设施类别		设施名称	设置位置	设置条件
交通标志	警告标志	明(棚)洞标志	明(棚)洞前方	宜设
		开车灯标志	明(棚)洞前方	宜设
		慢行标志	明(棚)洞口	
		建议速度标志	明(棚)洞口	
		注意保持车距标志	明(棚)洞入口	
		注意路面结冰标志	明(棚)洞洞内靠出口端	
	禁令标志	禁止超车标志	明(棚)洞入口	
		解除禁止超车标志	明(棚)洞出口	
		禁止停车标志	明(棚)洞入口	
		限制高度标志	明(棚)洞入口	
		限制速度标志	明(棚)洞前方	
		解除限制速度标志	明(棚)洞出口	
	指示标志	应急避难设施标志	明(棚)洞洞内	
		出口距离预告标志	明(棚)洞洞内	
		线形诱导标志	明(棚)洞洞内通长	宜设
交通标线		路面标线	洞内路面通长	应设
		立面标记	洞门端面	应设
		突起路标	洞内路面通长	
		彩色警示路面	洞口进、出口一定范围	宜设
防撞设施		防撞桶或防撞护栏	洞口及棚洞立柱附近	宜设
视线诱导设施		轮廓标	洞内检修道及边墙侧壁	封闭式明洞应设,其余宜设
		轮廓带	边墙及拱部	宜设
栏杆		栏杆	采光孔外侧	
限高架		限高架	明(棚)洞入口外	

注:①本节所述以开孔式自然采光明(棚)洞和封闭式光学短明洞为主,交通安全设施特指不设电力接入的一般设施。

②若明(棚)洞为封闭不采光结构,且长度规模达到需设机电设施的等级,则应按隧道工程交通安全设施的设计方法执行。

③表中未标注设置条件者,应根据项目和工点情况来判断是否设置。

11.2.2 防撞设施设计

明(棚)洞中设置防撞设施主要有两方面的目的:①保护车辆,发生交通事故时车辆撞击防撞设施比直接撞击明(棚)洞结构产生的损害程度小；②保护结构，特别是对于外侧是立柱或者排架式的棚洞结构，尽量避免发生交通事故时车辆撞击结构而造成结构损伤。

1. 洞口部位

明(棚)洞洞口由于人行道或检修道与路面的高差，以及洞内不设硬路肩和路缘带而导致洞口路面宽度的突变，为防止或减轻交通事故损害，除了通过标志、标线警示提醒，洞外路基段设护栏引导，还可以设置防撞桶、防撞护栏进行缓冲，同时也起到了较好的视线诱导作用，如图11.1所示。

(a) 防撞桶　　(b) 防撞护栏

图 11.1　明(棚)洞洞口防撞设施

2. 洞内部位

当明(棚)洞内行车道两侧设有高出路面 25~40cm 的人行道或检修道时，可作为外侧支承结构的保护层，不需要再设置防撞护栏；对于未设置人行道或检修道的明(棚)洞，特别是外侧支承结构为立柱式或排架式时，设置防撞结构就显得尤为重要，这是对结构物本身的重要保护措施，如图11.2所示。

(a) 防撞护栏　　(b) 防撞墩

图 11.2　明(棚)洞洞内防撞设施

11.2.3 视线诱导设施设计

视线诱导设施的主要功能是在夜间或光照条件不好的明(棚)洞内,通过对车灯光的反射,驾驶员能够了解前方道路的线形及走向,使其提前做好准备。明(棚)洞的视线诱导设施主要是轮廓标与轮廓带,宜参照隧道设计要求进行配置。

1. 轮廓标

轮廓标最常用的是反光轮廓标。封闭式明(棚)洞内应设置双向轮廓标,分别设置于两侧的侧壁和检修道边缘,如图 11.3 所示;对于外侧开孔采光的明(棚)洞,则根据其透光效果进行选择性设置;当机电设计有专用有源轮廓标时,可不再单独设置反光轮廓标。

图 11.3 反光轮廓标

2. 轮廓带

轮廓带最常用的是反光环。封闭式明(棚)洞中宜设置轮廓带,如图 11.4 所示,

图 11.4 反光轮廓带

外侧开孔采光的明(棚)洞可不设置。轮廓带通常为白色或黄色反光材质，宽度为15～20cm，直线段可按间距为 200～300m 设一道，曲线上适当加密，间距可按100～200m 设置。

11.2.4　栏杆设计

对于外侧开孔并临边、临河的明(棚)洞，有必要在其外侧设置栏杆，防止人员跌落受伤。栏杆通常参照桥梁人行道栏杆的做法，设置高度为 1.2～1.5m。

11.2.5　限高架设计

当明(棚)洞内净空小于洞外路基段建筑限界高度或有特殊要求时，宜在明(棚)洞入口外设置限高架，起到防撞或警示作用，以保护明(棚)洞结构安全。限高架应与限高标志配合使用，限高架下缘距离路面高度不得小于限高标志限定的高度值，可根据需要配置车辆超高监测预警系统，如图 11.5 所示。

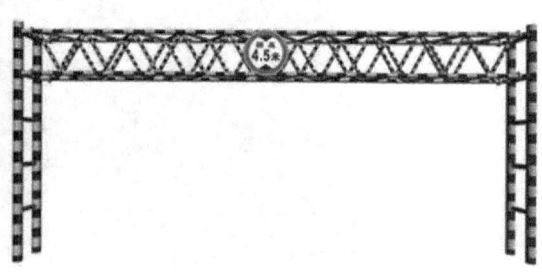

图 11.5　限高架

限高架应设置黄黑相间的立面标记，立面标记宜采用反光膜。根据需要可设计为高度可调节的结构。当超高车辆碰撞限高架时，限高架构件及其脱离件不得侵入车辆乘员舱，不得对其他正常行驶车辆造成伤害。

第12章 建筑材料

12.1 一般规定

12.1.1 主要建筑材料

明洞与棚洞工程各类建筑材料主要有以下几种：
(1)混凝土，标号为C50、C40、C35、C30、C25、C20、C15。
(2)石材，标号为MU100、MU80、MU60、MU50、MU40。
(3)水泥砂浆，标号为M30、M20、M15、M10、M7.5。
(4)钢筋，标号为HPB300、HRB400、HRB500。
(5)钢材，标号为Q235、Q355、Q390、Q420、Q460、Q345GJ。
(6)防排水材料，包括防水卷材、塑料防水板、止水带等。
(7)柔性材料，包括主动防护网、被动防护网、引导防护网、膜材等。
(8)缓冲材料，包括炭渣、废旧轮胎、EPS、EPE等。
(9)轻质材料，包括气泡混合轻质土等。
(10)其他材料，包括注浆材料、纤维材料等。

其中，柔性材料、缓冲材料、轻质材料、其他材料等材料的选用都是根据明(棚)洞的功能确定的，包括但不局限于以上列出的材料，可根据实际应用来选择。

12.1.2 建筑材料选用规定

1. 总体要求

建筑材料的选用应符合结构承载能力、正常使用和耐久性的要求，符合抗冻、抗渗、抗侵蚀需要，应根据不同的料源情况，在保证结构需要的前提下，做到因地制宜、就地取材。

2. 混凝土和砌体材料的选用要求

混凝土和砌体所用的材料除符合国家有关规定外，还应符合以下要求：
(1)混凝土不应使用活性集料。
(2)钢筋混凝土结构的混凝土强度等级不应低于C25，预应力钢筋混凝土结构的混凝土强度等级不应低于C40。
(3)混凝土砌块强度等级不应低于MU20，片石强度等级不应低于MU40，块石强度等级不应低于 MU60，条石、料石强度等级不应低于 MU80。不应采用有裂缝和易风化的石材。

(4)片石混凝土内片石掺用量不得超过总体积的 30%。

(5)抗冻混凝土的水泥，应选用硅酸盐水泥或普通硅酸盐水泥，不宜使用火山灰质硅酸盐水泥；抗冻混凝土必须掺加引气剂；水泥掺合料外加剂的品种、数量、水灰比、含气量应通过试验确定。

3. 混凝土外加剂材料的选用要求

混凝土外加剂材料的选用要求如下：
(1)对混凝土强度基本无影响，对混凝土和钢材无腐蚀作用。
(2)除速凝剂和缓凝剂外的外加剂应对混凝土的凝结时间影响不大。
(3)不易吸湿，易于保存；不污染环境，对人体无害。

4. 防排水材料的选用要求

防排水材料的选用要求如下：

(1)明(棚)洞防水材料应符合现行《地下工程防水技术规范》(GB 50108—2008)的规定。防水材料可选用防水卷材、中埋式止水带、外贴式止水带、排水盲管等。

(2)防水卷材宜采用 EVA、ECB、PE 或其他性能相似的材料，也可采用自黏式防水卷材。卷材及其胶黏剂应具有良好的耐水性、耐久性、耐刺穿性、耐腐蚀性和耐菌性。

(3)无纺布宜采用聚丙烯针刺非织造土工布，密度不小于 $300g/m^2$。

(4)排水盲管应具有一定的强度和良好的透水性，如双壁波纹管、无砂混凝土管等。

5. 柔性材料的选用要求

柔性材料的选用要求如下：

(1)柔性材料通常用于明(棚)洞的顶部覆盖或坡面防护，其材料的选用应根据明(棚)洞的功能作用确定，常用柔性材料主要为主动防护网、被动防护网、引导防护网、膜结构等。

(2)主动防护网适用于节理、裂隙发育的弱风化硬质岩且整体稳定的边坡，如坡面岩体完整性较好的岩质陡边坡、坡面起伏较大的高陡裸露岩质边坡、落石频率较低的边坡、明(棚)洞工程施工的临时防护等，其各项性能应符合《危岩落石柔性防护网工程技术规范》(T/CAGHP 066—2019)的规定。

(3)被动防护网适用于坡面危岩、落石、滚石的拦截防护工程，如整体稳定但坡面节理、裂隙、危岩发育，拦截后便于清理的边坡，明(棚)洞工程施工的临时防护等，一般设置于坡度相对较缓的坡体中下部，其各项性能应符合《危岩落石柔性防护网工程技术规范》(T/CAGHP 066—2019)的规定。

(4) 引导防护网适用于坡面危岩、落石的防护工程，如存在浅表层潜在滑动或局部溜坍、塌落等变形破坏可能的土质或强风化的类土质边坡，坡面大块孤石发生崩落后可能牵引后侧边坡浅表层失稳破坏并进一步引起其他孤石崩落的块石土边坡等，其各项性能应符合《危岩落石柔性防护网工程技术规范》(T/CAGHP 066—2019)的规定。

(5) 膜结构适用于遮光、防雪等功能的柔性棚洞顶部覆盖，其各项性能应符合《膜结构技术规程》(CECS 158:2015)的规定。

6. 特殊材料的选用要求

特殊材料的选用要求如下：

(1) 特殊材料主要是针对有助于提高明(棚)洞抗冲击能力的回填材料，主要分为缓冲材料与轻质材料。特殊材料应具有轻质、高弹等特性，有利于提高明(棚)洞结构的抗冲击能力。

(2) 常见的缓冲材料有废旧轮胎、EPS、EPE、EVA、EPP(发泡聚丙烯，又称拿普龙)等；常见的轻质材料有炭渣、气泡混合轻质土等。

(3) 特殊材料一般仅用于明(棚)洞洞顶回填，宜与常规回填材料配合使用，一般不作为边墙后背回填材料。

7. 其他材料的选用要求

其他材料的选用要求如下：

(1) 材料性能指标、耐久性应满足设计要求，短周期耐久性材料应用于方便养护和更换的位置。

(2) 鼓励基于提高明(棚)洞防灾减灾能力为目标的新材料引进和利用。

12.1.3 结构各部位建筑材料

钢筋混凝土明(棚)洞结构各部位建筑材料强度等级不应低于表 12.1 的规定。钢结构明(棚)洞一般采用型钢或其他钢材，其材料比较单一；柔性棚洞因功能作用不同，其建筑材料差异大，不作统一规定。

表 12.1 钢筋混凝土明(棚)洞结构各部位建筑材料强度等级要求

工程部位		材料种类			
		混凝土	片石混凝土	钢筋混凝土	浆砌片石
明洞	拱圈、仰拱、框架	—	—	C30	—
	侧墙	C20		C30	

续表

工程部位		材料种类			
		混凝土	片石混凝土	钢筋混凝土	浆砌片石
明洞	仰拱填充	C15	C15	—	—
	水沟、电缆槽	C25	—	C25	—
	墙背回填	C15	C15	—	M7.5
棚洞	半拱结构、顶梁(板)	—	—	C30	—
	内/外侧支承结构	C20	—	C30	—
	系梁、支座、桩基础、托梁、承台	—	—	C30	—
	扩大基础	C20	—	C30	—
附属结构	洞门端墙、帽石、挡土块、引流槽	C20	—	C25	—
	翼墙、洞口挡墙	C20	C15	C25	M10
	侧沟、截水沟	C15	—	—	M7.5

注：最冷月份平均气温低于-15℃的地区，表中的混凝土强度等级应提高一级。

12.1.4 常用建筑材料的重度

常用建筑材料的重度可按表 12.2 的规定采用。

表 12.2 常用建筑材料的标准重度或计算重度

材料名称	混凝土	片石混凝土	钢筋混凝土(配筋率小于3%)
重度/(kN/m³)	23	23	25
材料名称	钢材	浆砌片石	浆砌块石
重度/(kN/m³)	78.5	22	23
材料名称	浆砌粗料石	EPS	EPE
重度/(kN/m³)	25	0.1~0.4	0.3

注：①当钢筋混凝土配筋率大于3%时，其重度应计算确定。
②废旧轮胎重度因堆放方式的不同而有所差异，其重度应按其堆放重度。

12.2 石材、水泥砂浆、砌体

12.2.1 石材

石材极限强度应按表 12.3 的规定采用。

表12.3 石材极限强度值　　　（单位：MPa）

强度类别	强度等级					
	MU100	MU80	MU60	MU50	MU40	MU30
轴心抗压	72.0	57.6	43.2	36.0	28.8	21.6
弯曲抗拉	6.0	4.8	3.6	3.0	2.4	1.8

12.2.2 水泥砂浆

1. 水泥砂浆的强度

砌筑用水泥砂浆应满足砌体强度和耐久性要求，其强度可根据式(12.1)计算确定：

$$R = 0.25R_c(c/w - 0.4) \tag{12.1}$$

式中，R_c 为水泥强度(MPa)；c/w 为灰水比。

式(12.1)仅适用于含水率为 1%～8%的松散中砂或粗砂。采用干砂时，砂的配合量要减少10%。特殊情况采用细砂时，水泥用量需增加20%～25%。

2. 水泥砂浆配合比选用

水泥砂浆各种材料用量按表12.4选用。

表12.4 水泥砂浆材料用量　　　（单位：kg/m³）

强度等级	水泥用量	砂用量	水用量
M2.5～M5	200～300	1m³干燥状态下砂的堆积密度	270～330
M7.5～M10	220～280		
M15	280～340		
M20	340～400		

注：①此表中水泥强度等级为32.5级，大于32.5级水泥用量宜取下限。
②根据施工水平合理选择水泥用量。
③当采用细砂或粗砂时，水用量分别取上限或下限。
④当稠度小于70mm时，水用量可小于下限。
⑤施工现场气候炎热或干燥时，可根据情况增加水用量。

12.2.3 砌体

1. 砂浆砌体抗压强度设计值

(1)混凝土预制块砂浆砌体抗压强度设计值按表12.5的规定采用。

表 12.5　混凝土预制块砂浆砌体抗压强度设计值　　　（单位：MPa）

混凝土砌块强度等级	砂浆强度等级			
	M20	M15	M10	M7.5
C30	8.10	6.92	5.74	5.15
C25	7.01	5.99	4.96	4.46
C20	5.73	4.89	4.06	3.64
C15	4.96	4.24	3.51	3.15

(2) 块石砂浆砌体抗压强度设计值按表 12.6 的规定采用。

表 12.6　块石砂浆砌体抗压强度设计值　　　（单位：MPa）

石材强度等级	砂浆强度等级			
	M20	M15	M10	M7.5
MU100	8.54	7.29	6.04	5.43
MU80	7.64	6.52	5.41	4.85
MU60	6.61	5.65	4.68	4.20
MU50	6.04	5.16	4.28	3.84
MU40	5.40	4.61	3.83	3.43

注：对各类石砌体，应按表中数值分别乘以系数，细料石砌体为 1.5、半细料石砌体为 1.3、粗料石砌体为 1.2、干砌勾缝石砌体为 0.8。

(3) 片石砂浆砌体抗压强度设计值按表 12.7 的规定采用。

表 12.7　片石砂浆砌体抗压强度设计值　　　（单位：MPa）

石材强度等级	砂浆强度等级			
	M20	M15	M10	M7.5
MU100	2.00	1.71	1.41	1.27
MU80	1.79	1.53	1.26	1.14
MU60	1.55	1.32	1.09	0.98
MU50	1.41	1.21	1.00	0.90
MU40	1.26	1.08	0.89	0.80

2. 砌体极限强度

砌体极限强度按表 12.8 的规定采用。

表12.8 砌体极限强度 (单位：MPa)

砂浆强度等级	抗压强度 R_a				抗剪强度 R_j
	片石	块石	粗料石	混凝土块砌体	
M7.5	3.0	—	—	—	0.35
M10	3.5	5.5	8.0	5.5	0.40
M15	4.0	6.0	9.0	6.0	0.50

注：当混凝土砌块高度 h 超过20cm时，表中混凝土块砌体的抗压极限强度应乘以下列提高系数 c：当 $h \leqslant 40$cm 时，$c=0.6+0.02h$；当 $h>40$cm 时，$c=1.2+0.005h$；当 $c>1.7$ 时，取 1.7。

3. 砂浆砌体弯曲抗拉极限强度与直接抗剪极限强度

砂浆砌体的弯曲抗拉极限强度、直接抗剪极限强度可按表12.9的规定采用。

表12.9 砂浆砌体的弯曲抗拉极限强度、直接抗剪极限强度 (单位：MPa)

强度种类	截面	砌体种类	砂浆强度等级		
			M15	M10	M7.5
直接抗剪	通缝	各种砌体	0.40	0.33	0.27
		小石子混凝土砌片石砌体	0.36	0.30	0.25
	齿缝	片石砌体	0.80	0.66	0.54
		小石子混凝土砌片石砌体	0.60	0.48	0.45
		规则块材砌体	2.16	1.68	1.44
弯曲抗拉	通缝	各种砌体	0.60	0.48	0.42
		小石子混凝土砌片石砌体	0.60	0.48	0.42
	齿缝	片石砌体	0.66	0.60	0.54
		小石子混凝土砌片石砌体	0.72	0.72	0.54
		规则块材砌体	0.95	0.84	0.75

注：砌体龄期为28天；规则块材砌体包括块石砌体、粗料石砌体、混凝土块砌体；块材抗剪时不计入灰缝面积。块材直接抗剪极限强度按此表选用。

4. 砌体的摩擦系数

砌体的摩擦系数可按表12.10的规定采用。

表 12.10　砌体的摩擦系数

材料类别	摩擦面情况		材料类别	摩擦面情况	
	干燥	潮湿		干燥	潮湿
砌体沿砌体或混凝土滑动	0.70	0.60	砌体沿砂或卵石滑动	0.60	0.50
木材沿砌体滑动	0.60	0.50	砌体沿粉土滑动	0.55	0.40
钢沿砌体滑动	0.45	0.35	弃土沿黏性土滑动	0.50	0.30

5. 砌体的弹性模量

砌体的抗压弹性模量采用 10～15GPa，砌体的抗剪弹性模量宜采用抗压弹性模量的 40%。

6. 石砌体和混凝土块砌体轴心及偏心受压容许应力

石砌体和混凝土块砌体轴心及偏心受压容许应力应按表 12.11 的规定采用。

表 12.11　石砌体和混凝土块砌体轴心及偏心受压容许应力　（单位：MPa）

砌体种类	石材和混凝土块强度等级	水泥砂浆强度等级		
		M20	M10	M7.5
片石砌体	MU100	3.0	2.2	1.9
	MU80	2.7	2.0	1.7
	MU60	2.3	1.85	1.5
	MU50	2.1	1.6	1.3
块石砌体	MU100	5.6	4.9	—
	MU80	4.7	4.1	—
	MU60	3.8	3.2	—
	MU50	3.3	2.8	—
粗料石砌体	MU100	7.1	5.0	—
	MU80	6.0	4.8	—
	MU60	4.9	4.1	—
	MU40	3.7	3.4	—
混凝土块砌体	MU30	5.6	4.7	—
	MU20	4.4	3.6	—

注：①介于此表所列石材或水泥砂浆强度等级之间的其他砌体的受压容许应力可用内插法确定。

②当混凝土块高度 h 超过 20cm 时，混凝土块砌体的容许应力应以此表中数值乘以下列提高系数 c：当 $h \leqslant 40$cm 时，$c=0.6+0.02h$；当 $h > 40$cm 时，$c=1.2+0.005h$；当 $c > 1.7$ 时，取 1.7。

③若有特殊要求必须用细料石及半细料石砌体，受压容许应力可按粗料石砌体的受压容许应力分别乘以提高系数 1.43 及 1.14，但提高后的受压容许应力不应大于水泥砂浆抗压极限强度的一半。

12.3 混凝土

12.3.1 普通混凝土

1. 混凝土强度指标

(1)混凝土强度标准值应按表 12.12 的规定采用。

表 12.12　混凝土强度标准值　　　　（单位：MPa）

强度种类	混凝土强度等级							
	C15	C20	C25	C30	C35	C40	C45	C50
轴心抗压强度	10	13.4	16.7	20.1	23.4	26.8	29.6	32.4
弯曲抗压强度	11	15	18.5	22	26	29.5	32.5	36
轴心抗拉强度	1.27	1.54	1.78	2.01	2.2	2.39	2.51	2.64

注：①当混凝土垂直浇筑，且一次浇注层高度大于 1.5m 时，表中强度值应乘以系数 0.9；
②计算现浇钢筋混凝土轴心受压构件时，截面中的边长或直径小于 20cm，表中强度值应乘以系数 0.8。

(2)混凝土强度设计值应按表 12.13 的规定采用。

表 12.13　混凝土强度设计值　　　　（单位：MPa）

强度种类	混凝土强度等级							
	C15	C20	C25	C30	C35	C40	C45	C50
轴心抗压强度	7.2	9.6	11.9	14.3	16.7	19.1	21.1	23.1
弯曲抗压强度	8.5	11	13.5	16.5	19	21.5	24	27.5
轴心抗拉强度	0.91	1.10	1.27	1.43	1.57	1.71	1.80	1.89

(3)混凝土极限强度值应按表 12.14 的规定采用。

表 12.14　混凝土极限强度值　　　　（单位：MPa）

强度种类	混凝土强度等级							
	C15	C20	C25	C30	C35	C40	C45	C50
轴心抗压强度	12.0	15.5	19.0	22.5	26.3	29.5	33.6	36.5
弯曲抗压强度	15.0	19.4	23.6	28.1	32.9	36.9	42	45.6
轴心抗拉强度	1.4	1.7	2.0	2.2	2.5	2.7	2.9	3.1

注：片石混凝土的抗压极限强度可采用此表中的数据。

(4)混凝土的容许应力可按表 12.15 的规定采用。

表 12.15　混凝土的容许应力　　　　（单位：MPa）

强度种类	混凝土强度等级					
	C15	C20	C25	C30	C40	C50
弯曲拉应力	0.36	0.43	0.50	0.55	—	—
中心受压强度	4.6	6.1	7.1	9.0	11.6	14.6
弯曲受压强度及偏心受压强度	6.1	7.8	9.6	11.2	14.7	18.2
直接剪应力	0.7	0.85	1	1.1	1.35	1.55

注：计算主力附加力时，中心受压强度、弯曲受压强度及偏心受压强度可比表中值提高30%。

2. 混凝土弹性模量

混凝土弹性模量应按表 12.16 的规定采用，混凝土剪切模量可按表列数值乘以 0.43 采用，泊松比可采用 0.2。当温度在 0~100℃范围内时，混凝土线膨胀系数 α_c 可采用 $1\times10^{-5}℃^{-1}$。

表 12.16　混凝土弹性模量

混凝土强度等级	C15	C20	C25	C30	C35	C40	C45	C50
弹性模量 E_s/GPa	22	25.5	28	30	31.5	32.5	33.5	34.5

12.3.2　特殊混凝土

1. 抗渗混凝土

抗渗混凝土是以调整混凝土的配合比、掺入外加剂或使用特种水泥等方法来提高自身的密实性、憎水性和抗渗性，使其满足抗渗等级不低于 P8 的混凝土。常用的抗渗混凝土配置方法有富水泥浆法、集料级配法、掺外加剂法、特种水泥法等方法。

1）富水泥浆法

采用较小的水灰比、较高的水泥用量和砂率，提高水泥浆的质量和数量，使混凝土更密实。水泥强度等级不宜低于 32.5。当有抗冻要求时，应优先选用硅酸盐水泥。粗集料最大粒径不宜大于 40mm，含泥量不得大于 1%，含泥块量不得超过 0.5%；细集料含泥量不得大于 3%，含泥块量不得大于 1%。外加剂宜采用防水剂、膨胀剂、引气剂或减水剂。每立方米混凝土中水泥用量（含掺合料）不宜少于 320kg，砂率宜为 35%~40%，砂灰比宜为 1:2~1:2.5，最大水灰比应符合表 12.17 的规定。

表 12.17　抗渗混凝土的最大水灰比限制

混凝土强度等级	抗渗等级	
	P8～P12	P12 以上
C20～C30	0.55	0.50
C30 以上	0.50	0.45

2）集料级配法

集料级配法通过改善集料级配，使集料本身达到最大密实程度的堆积状态，并加入占集料量 5%～8%的粒径小于 0.16mm 的细粉料。

3）掺外加剂法

在混凝土中掺入适当品种的外加剂，以达到改善混凝土抗渗的目的。常用外加剂品种有引气剂、密实剂、高效减水剂、膨胀剂等。

4）特种水泥法

特种水泥法通过采用无收缩、膨胀水泥等特种水泥来制拌混凝土，以提高混凝土抗渗能力。

2. 钢纤维混凝土

钢纤维混凝土是一种由水泥、粗细集料和随机分布的短钢纤维组合而成的复合材料，相对普通混凝土具有更好的抗裂性能和抗冲击性能。

1）性能等级

钢纤维混凝土强度等级按立方体抗压强度标准值确定，采用符号 CF 与立方体抗压强度标准值（以 MPa 计）表示。立方体抗压强度标准值应为按照标准方法制作的边长为 150mm 的立方体试件，用标准试验方法在 28 天龄期测得的具有 95%保证率的抗压强度。

钢纤维混凝土强度等级划分为 CF20、CF25、CF30、CF35、CF40、CF45、CF50、CF55、CF60、CF65、CF70、CF80、CF85、CF90、CF95、CF100。

钢纤维混凝土抗冻性能、抗水渗透性能、抗硫酸盐侵蚀性能、抗碳化性能的等级划分应符合《混凝土质量控制标准》（GB 50164—2011）的规定；钢纤维混凝土抗氯离子渗透性能的等级划分应符合《混凝土质量控制标准》（GB 50164—2011）中快速氯离子迁移系数（rapid chloride migration test, RCM）法的等级划分规定。

2）构造要求

钢纤维的技术要求及选用应符合现行行业标准《钢纤维混凝土》（JG/T 472—2015）的有关规定。钢纤维体积率应根据结构设计要求确定，且不应小于 0.35%；当采用 1000MPa 级及以上等级的异形钢纤维时，钢纤维体积率不应小于 0.25%；具有特殊功能要求的钢纤维混凝土结构，当按计算所需钢纤维体积率小于以上规定时，应具有可靠的工程经验或经试验验证。

钢纤维混凝土强度等级不应低于CF20；喷射钢纤维混凝土强度等级不应低于CF25；承受重复荷载作用的钢纤维混凝土结构构件的强度等级不应低于CF40。

钢纤维长度宜为25～50mm，直径(等效直径)为0.3～0.8mm，钢纤维长度和直径的比值为40～100。

3) 抗拉强度计算

钢纤维混凝土的抗拉强度标准值$f_{ft,k}$可按式(12.2)计算：

$$f_{ft,k} = f_{t,k}\left(1 + \alpha_t \rho_f \frac{l_f}{d_f}\right) \tag{12.2}$$

式中，$f_{ft,k}$为钢纤维混凝土的抗拉强度标准值(MPa)；$f_{t,k}$为与钢纤维混凝土强度等级相对应的、按现行有关混凝土结构规范的规定所确定的混凝土抗拉强度标准值(MPa)；α_t为钢纤维对抗拉强度的影响系数，宜通过试验确定，当缺乏试验资料时，对于强度等级为CF20～CF80的钢纤维混凝土，可按照表12.18采用；ρ_f为钢纤维体积率(%)；l_f/d_f为钢纤维长径比。

4) 弯拉强度计算方法

钢纤维混凝土的弯拉强度(抗折强度)设计值f_{ftm}可按式(12.3)确定：

$$f_{ftm} = f_{tm}\left(1 + \alpha_{tm} \rho_f \frac{l_f}{d_f}\right) \tag{12.3}$$

式中，f_{ftm}为钢纤维混凝土的弯拉强度设计值(MPa)；f_{tm}为与钢纤维混凝土同水灰比、同原材料的素混凝土弯拉强度设计值(MPa)；α_{tm}为钢纤维对弯拉强度的影响系数，宜通过试验确定，当缺乏试验资料时，对于强度等级为CF20～CF80的钢纤维混凝土，可按表12.18采用。

表12.18 钢纤维对混凝土抗拉强度和弯拉强度的影响系数

钢纤维品种	钢纤维形状	强度等级	α_t	α_{tm}
冷拉钢丝切断型	端钩形	CF20～CF45	0.76	1.13
		CF50～CF80	1.03	1.25
薄板剪切型	平直形	CF20～CF45	0.42	0.68
		CF50～CF80	0.46	0.75
	异形	CF20～CF45	0.55	0.79
		CF50～CF80	0.63	0.93
钢锭铣削型	异形	CF20～CF45	0.70	0.90
		CF50～CF80	0.84	1.10
低合金钢熔抽型	大头形	CF20～CF45	0.52	0.73
		CF50～CF80	0.62	0.91

5) 弯拉疲劳强度设计值

钢纤维混凝土的弯拉疲劳强度设计值可根据结构设计使用年限内设计的积累重复作用次数按式(12.4)确定：

$$f_{\text{ftm}}^{\text{f}} = f_{\text{ftm}}(0.885 - 0.063\lg N_{\text{e}} + 0.12\lambda_{\text{f}}) \tag{12.4}$$

式中，$f_{\text{ftm}}^{\text{f}}$ 为钢纤维混凝土的弯拉疲劳强度设计值(MPa)；f_{ftm} 为钢纤维混凝土的弯拉强度设计值(MPa)；N_{e} 为设计使用年限内钢纤维混凝土结构所经历的累计重复作用次数。

6) 其他要求

其他要求如下：

(1) 钢纤维混凝土受压弹性模量和受拉弹性模量以及剪切变形模量，与钢纤维混凝土强度等级相同的普通混凝土对应参数相同，钢纤维混凝土弯拉弹性模量宜通过试验确定。

(2) 钢纤维混凝土泊松比和线膨胀系数可取与普通混凝土相同的值。

(3) 强度等级为 CF30～CF55 的喷射钢纤维混凝土弯拉强度标准值应不低于表 12.19 的规定。

表 12.19 喷射钢纤维混凝土弯拉强度标准值

强度等级	CF30	CF35	CF40	CF45	CF50	CF55
弯拉强度/MPa	3.8	4.2	4.4	4.6	4.8	5.0

(4) 用于结构修复加固的钢纤维混凝土与既有混凝土黏结强度应满足设计要求；一般情况下，用于支护结构加固的喷射钢纤维混凝土与既有混凝土的黏结强度不应低于 1.0MPa，用于非结构性防护的喷射钢纤维混凝土与既有混凝土的黏结强度不应低于 0.5MPa。

3. 纤维素纤维混凝土

纤维素纤维是在棉短绒、木材、竹子、甘蔗渣、芦苇等天然植物中提取并经过特殊工艺加工形成的纤维，是一种多糖结构的高分子聚合物，本身具有天然的亲水性和高强高模的特点。将其添加到混凝土中可以改善混凝土结构力学性能，增强混凝土耐久性能；纤维素纤维可以大幅提高混凝土的均质性，有效抑制早期的塑性裂缝和干缩裂缝，同时改善混凝土的抗渗性、抗冻融性、防腐蚀等耐久性。

1) 物理力学性能

目前对于纤维素纤维混凝土物理力学性能的研究还不够充分，其抗拉强度、弯拉强度等都还有没有完善的理论和解析计算公式，但试验表明，添加纤维素纤维的混凝土结构,其各项性能均有所提高,应不低于同级普通混凝土,具体指标详见表12.20的要求。

表12.20 纤维素纤维混凝土性能指标

项目		性能指标
分散性	相对误差/%	±10
	快速定性	完全分散
抗压强度比/%		≥90
裂缝降低系数/%		≥90
抗冲击次数比/%		≥150
渗水高度比/%		≤30

2)构造要求

在实际工程中,纤维素纤维混凝土主要应用于有抗冻、抗渗、抗冲击要求的结构构件中,一般在混凝土中添加量为 $1\sim2kg/m^3$。钢筋混凝土或抗冻、抗渗条件下一般取小值;素混凝土或抗冲击条件下宜取大值。

12.3.3 混凝土外加剂

1. 混凝土外加剂的种类与功能

混凝土常用外加剂主要有减水剂、早强剂、加气剂、膨胀剂、速凝剂、缓凝剂、阻锈剂、泵送剂、防冻剂、防水剂等。不同的外加剂具有不同的功能,在工程中应根据需要选用,各种外加剂的主要功能见表12.21。

表12.21 外加剂的主要功能

种类	主要功能
减水剂	减水剂是一种表面活性剂,加入混凝土中能对水泥颗粒起分散作用,从而把水泥凝聚体中所包含的水释放出来,使水泥充分水化。在混凝土中掺入,可减少混凝土的用水量,降低水灰比,改善混凝土和易性,有利于泵送、滑模、喷射等混凝土工艺的施工;在保持坍落度不变的情况下,可增加混凝土的强度;在保持混凝土抗压强度及和易性基本相同的情况下,可节约水泥,对抗渗、抗冻等各项指标均有所改善
早强剂	早强剂通过对水泥水化过程所产生的综合的物理化学作用,能显著提高混凝土的早期强度;改善混凝土拌和物的工艺性能和硬化混凝土的物理力学性能;对混凝土工程的冬季施工很有利
加气剂	加气剂包括引气剂和发气剂。引气剂可使砂浆、混凝土中产生大量细微均匀分布的封闭气泡,可阻塞有害的毛细管道,从而改善和易性,提高抗渗性、抗冻性和耐久性。发气剂加入混凝土料浆后,会与水泥中的碱反应产生气体,使之体积膨胀成多孔结构的物质,某些金属粉末(如铝粉)、过氧化氢、碳化钙和漂白粉等均可作为加气剂
膨胀剂	膨胀剂主要用于补偿混凝土收缩,常与减水剂一起配制地脚螺栓灌浆料、设备安装时的坐浆材料及混凝土接头等,还可用于防水工程,防止大体积混凝土的收缩裂缝,也可用于抢修堵漏工程

续表

种类	主要功能
速凝剂	速凝剂主要用于冬季滑模施工及喷射混凝土等需要速凝的混凝土工程,也可用于抢修堵漏工程
缓凝剂	缓凝剂主要用于大体积混凝土工程的施工和其些在施工操作上需要保持较长处理混凝土时间的项目
阻锈剂	阻锈剂又称防锈剂或缓蚀剂。采用氧化物作早强剂时,需要同时加入阻锈剂,防止对钢筋的锈蚀
泵送剂	保证混凝土采用泵送工艺施工时其各项性能满足设计要求
防冻剂	防止混凝土冻结,一般用于冬季施工或寒冷地区施工的混凝土
防水剂	有助于提高混凝土的防水抗渗能力

2. 普通减水剂

1)品种

混凝土工程可采用木质素磺酸钙、木质素磺酸钠、木质素磺酸镁等普通减水剂。

2)适用范围

普通减水剂宜用于日最低气温 5℃以上、强度等级为 C40 以下的混凝土;普通减水剂不宜单独用于蒸养混凝土。

3. 高效减水剂

1)品种

混凝土工程可采用的高效减水剂主要有萘和萘的同系磺化物与甲醛缩合的盐类、氨基磺酸盐等多环芳香族磺酸盐、磺化三聚氰胺树脂等水溶性树脂磺酸盐类、脂肪族羟烷基磺酸盐高缩聚物等脂肪族类。

2)适用范围

高效减水剂可用于素混凝土、钢筋混凝土、预应力混凝土,并可用于制备高强混凝土;高效减水剂宜用于日最低气温 0℃以上施工的混凝土,也可用于蒸养混凝土。

4. 聚羧酸系高性能减水剂

1)品种

混凝土工程可采用标准型、早强型和缓凝型聚羧酸系高性能减水剂,也可采用具有其他特殊功能的聚羧酸系高性能减水剂。

2)适用范围

聚羧酸系高性能减水剂可用于素混凝土、钢筋混凝土和预应力混凝土,宜用于高强混凝土、自密实混凝土、泵送混凝土、清水混凝土、预制构件混凝土和钢管混凝土。

5. 引气剂及引气减水剂

1）品种

(1)混凝土工程可采用下列引气剂：松香热聚物、松香皂及改性松香皂等松香树脂类；十二烷基磺酸盐、烷基苯磺酸盐、石油磺酸盐等烷基和烷基芳烃磺酸盐类；脂肪醇聚氧乙烯磺酸钠、脂肪醇硫酸钠等脂肪醇磺酸盐类；脂肪醇聚氧乙烯醚、烷基苯酚聚氧乙烯醚等非离子聚醚类；三萜皂甙等皂甙类；不同品种引气剂的复合物。

(2)混凝土工程中可采用由引气剂与减水剂复合而成的引气减水剂。

2）适用范围

引气剂及引气减水剂宜用于有抗冻融要求的混凝土、泵送混凝土和易产生泌水的混凝土；可用于抗渗混凝土、抗硫酸盐混凝土、贫混凝土、轻骨料混凝土、人工砂混凝土和有饰面要求的混凝土；不宜用于蒸养混凝土及预应力混凝土。

3）技术要求

引气剂及引气减水剂技术要求如下：

(1)混凝土含气量的试验应采用工程实际使用的原材料和配合比，有抗冻要求的混凝土含气量应根据混凝土抗冻等级和粗骨料最大公称粒径等经试验确定，但不宜超过表12.22规定的含气量。

表12.22　掺引气剂或引气减水剂混凝土含气量限值

粗骨料最大粒径/mm	混凝土含气量限值/%
10	7.0
15	6.0
20	5.5
25	5.0
40	4.5

注：表中C50、C55混凝土含气量可降低0.5%，C60及C60以上混凝土含气量可降低1%，但不宜低于3.5%。

(2)当用于改善新拌混凝土工作性时，新拌混凝土含气量宜控制在3%～5%。

(3)混凝土施工现场含气量和设计要求的含气量允许偏差应为±1%。

6. 早强剂

1）品种

(1)混凝土工程可采用下列早强剂：硫酸盐、硫酸复盐、硝酸盐、碳酸盐、亚硝酸盐、氯盐、硫氰酸盐等无机盐类；三乙醇胺、甲酸盐、乙酸盐、丙酸盐等有机化合物类。

(2)混凝土工程中可采用两种或两种以上无机盐类早强剂或有机化合物类早强剂复合而成的早强剂。

2)适用范围

早强剂适用范围如下：

(1)早强剂宜用于蒸养、常温、低温和最低温度不低于-5℃环境中施工的有早强要求的混凝土工程，炎热条件以及环境温度低于-5℃时不宜使用早强剂。

(2)早强剂不宜用于大体积混凝土。

(3)三乙醇胺等有机胺类早强剂不宜用于蒸养混凝土。

(4)无机盐类早强剂不宜用于下列情况：处于水位变化的结构；露天结构及经常受水淋、受水流冲刷的结构；相对湿度大于80%环境中使用的结构；直接接触酸、碱或其他侵蚀性介质的结构；有装饰要求的混凝土，特别是要求色彩一致或表面有金属装饰的混凝土。

7. 膨胀剂

1)品种

混凝土工程可采用硫铝酸钙类、氧化钙类膨胀剂。

2)范围

(1)用膨胀剂配制的补偿收缩混凝土宜用于混凝土结构自防水、工程接缝、填充灌浆、采取连续施工的超长混凝土结构、大体积混凝土工程等；用膨胀剂配制的自应力混凝土宜用于自应力混凝土输水管、灌注桩等。

(2)含硫铝酸钙类、氧化钙类膨胀剂配制的混凝土(砂浆)不得用于长期环境温度为80℃以上的工程。

3)技术要求

(1)掺入膨胀剂的补偿收缩混凝土，其限制膨胀率应符合表12.23的规定。

表12.23 补偿收缩混凝土的限制膨胀率

用途	限制膨胀率/%	
	水中14天	水中14天转空气中28天
用于补偿混凝土收缩	≥0.015	≥-0.030
用于后浇带、膨胀加强带和工程解封填充	≥0.025	≥-0.020

(2)补偿收缩混凝土设计强度不宜低于C25，用于填充的补偿收缩混凝土设计强度不宜低于C30。

(3)灌浆用膨胀砂浆，其性能应符合表12.24的规定。

表 12.24 灌浆用膨胀砂浆的性能

扩展度	竖向限制膨胀率		抗压强度		
	3 天	7 天	1 天	3 天	28 天
≥250mm	≥0.1%	≥0.2%	≥20MPa	≥30MPa	≥60MPa

8. 速凝剂

1）品种

(1)喷射混凝土工程中可采用下列粉状速凝剂：以铝酸盐、碳酸盐等为主要成分的粉状速凝剂；以硫酸铝、氢氧化铝等为主要成分与其他无机盐、有机物复合而成的低碱粉状速凝剂。

(2)喷射混凝土工程中可采用下列液体速凝剂：以铝酸盐、硅酸盐为主要成分与其他无机盐、有机物复合而成的液体速凝剂；以硫酸铝、氢氧化铝等为主要成分与其他无机盐、有机物复合而成的低碱液体速凝剂。

2）适用范围

速凝剂适用范围如下：

(1)速凝剂可用于喷射法施工的砂浆或混凝土，也可用于有速凝要求的其他混凝土。

(2)粉状速凝剂宜用于干法施工的喷射混凝土，液体速凝剂宜用于湿法施工的喷射混凝土。

(3)永久性支护或衬砌施工使用的喷射混凝土、对碱含量有特殊要求的喷射混凝土工程，宜选用碱含量小于1%的低碱速凝剂。

9. 缓凝剂

1）品种

(1)混凝土工程可采用下列缓凝剂：葡萄糖、蔗糖、糖蜜、糖钙等糖类化合物；柠檬酸(钠)、酒石酸(钾钠)、葡萄糖酸(钠)、水杨酸及其盐类等羟基羧酸及其盐类；山梨醇、甘露醇等多元醇及其衍生物；2-膦酸丁烷-1,2,4-三羧酸(PBTC)、氨基三甲叉膦酸(ATMP)及其盐类等有机膦酸及其盐类；磷酸盐、锌盐、硼酸及其盐类、氟硅酸盐等无机盐类。

(2)混凝土工程中可采用由不同缓凝组分复合而成的缓凝剂。

2）适用范围

缓凝剂适用范围如下：

(1)缓凝剂宜用于延缓凝结时间的混凝土。

(2)缓凝剂宜用于对坍落度保持能力有要求的混凝土、静停时间较长或长距离运输的混凝土和自密实混凝土。

(3)缓凝剂可用于大体积混凝土。

(4)缓凝剂宜用于日最低气温为5℃以上施工的混凝土。

(5)柠檬酸(钠)、酒石酸(钾钠)等缓凝剂不宜单独用于素混凝土。

10. 阻锈剂

1)品种

(1)混凝土工程可采用下列阻锈剂：亚硝酸盐、硝酸盐、铬酸盐、重铬酸盐、磷酸盐、多磷酸盐、硅酸盐、钼酸盐、硼酸盐等无机盐类；胺类、醛类、炔醇类、有机磷化合物、有机硫化合物、羧酸及其盐类、磺酸及其盐类、杂环化合物等有机化合物类。

(2)混凝土工程可采用两种或两种以上无机盐类或有机化合物类阻锈剂复合而成的阻锈剂。

2)适用范围

阻锈剂适用范围如下：

(1)阻锈剂宜用于容易引起钢筋锈蚀的侵蚀环境中的钢筋混凝土、预应力钢筋混凝土和钢纤维混凝土。

(2)阻锈剂宜用于新建混凝土工程和修复工程。

(3)阻锈剂可用于预应力孔道灌浆。

11. 泵送剂

1)品种

泵送剂使用品种要求如下：

(1)混凝土工程可采用一种减水剂与缓凝组分、引气组分、保水组分和黏度调节组分复合而成的泵送剂。

(2)混凝土工程可采用两种或两种以上减水剂与缓凝组分、引气组分、保水组分和黏度调节组分复合而成的泵送剂。

(3)混凝土工程可采用一种减水剂作为泵送剂。

(4)混凝土工程可采用两种或两种以上减水剂复合而成的泵送剂。

2)适用范围

泵送剂适用范围如下：

(1)泵送剂宜用于泵送施工的混凝土。

(2)泵送剂可用于结构工程混凝土、桥梁混凝土、水下灌注桩混凝土、大坝混凝土、清水混凝土、防辐射混凝土和纤维增强混凝土等。

(3)泵送剂宜用于日平均气温为5℃以上的施工环境。

(4)泵送剂不宜用于蒸养混凝土和蒸压养护的预制混凝土。

3)技术要求

(1)泵送剂使用时,其减水率宜符合表 12.25 的规定。

表 12.25　泵送剂减水率的要求

序号	混凝土强度等级	减水率/%
1	C30 及 C30 以下	12~20
2	C35~C55	16~28
3	C60 及 C60 以上	≥25

(2)用于自密实混凝土泵送剂的减水率不宜小于 20%。
(3)掺泵送剂混凝土的坍落度 1h 经时变化量可按表 12.26 的规定选择。

表 12.26　坍落度 1h 经时变化量的选择

序号	运输和等候时间/min	坍落度 1h 经时变化量/mm
1	<60	≤80
2	60~120	≤40
3	>120	≤20

12. 防冻剂

1)品种

(1)混凝土工程可采用以某些醇类、尿素等有机化合物为防冻组分的有机化合物类防冻剂。

(2)无机盐类防冻剂主要包括以下三类:以亚硝酸盐、硝酸盐、碳酸盐等无机盐为防冻组分的无氯盐类;含有阻锈组分,并以氯盐为防冻组分的氯盐阻锈类;以氯盐为防冻组分的氯盐类。

(3)混凝土工程可采用防冻组分与早强、引气和减水组分复合而成的防冻剂。

2)适用范围

防冻剂适用范围如下:

(1)防冻剂可用于冬季施工的混凝土。

(2)亚硝酸钠防冻剂或亚硝酸钠与碳酸锂复合防冻剂,可用于冬季施工的硫铝酸盐水泥混凝土。

13. 防水剂

1)品种

(1)混凝土工程可采用下列防水剂:氯化铁、硅灰粉末、锆化合物、无机铝盐防水剂、硅酸钠等无机化合物类;脂肪酸及其盐类、有机硅类(甲基硅醇钠、乙基硅醇钠、聚乙基羟基硅氧烷等)、聚合物乳液(石蜡、地沥青、橡胶及水溶性树脂乳液等)等有机化合物类。

(2)混凝土工程可采用下列复合型防水剂：无机化合物类复合、有机化合物类复合、无机化合物类与有机化合物类复合；前述各类与引气剂、减水剂、调凝剂等外加剂复合而成的防水剂。

2)适用范围

防水剂适用范围如下：

(1)防水剂可用于有防水抗渗要求的混凝土工程。

(2)对有抗冻要求的混凝土工程宜选用复合引气组分的防水剂。

12.4 钢　　材

12.4.1 钢筋

1. 选用原则

钢筋选用原则如下：

(1)普通钢筋混凝土中普通钢筋宜采用 HPB300、HRB400、HRB500。

(2)预应力钢筋混凝土中预应力钢筋宜采用钢绞线、钢丝或热处理钢筋。

2. 普通钢筋物理力学指标

(1)钢筋抗拉强度和抗压强度设计值应按表 12.27 的规定采用。

表 12.27　钢筋抗拉强度设计值和抗压强度设计值　　　　(单位：MPa)

钢筋牌号	HPB300	HRB400	HRB500
抗拉强度设计值 f_y	270	360	435
抗压强度设计值 f_y'	270	360	410

(2)钢筋弹性模量、最大力下的总伸长率应按表 12.28 的规定采用。

表 12.28　钢筋弹性模量、最大力下的总伸长率

钢筋牌号	HPB300	HRB400	HRB500
弹性模量 E_s/MPa	210	200	200
最大力下的总伸长率/%	10	7.5	7.5

(3)钢筋屈服强度标准值、极限强度标准值、抗拉或抗压强度标准值可按

表 12.29 的规定采用。

表 12.29　钢筋屈服强度标准值、极限强度标准值、抗拉或抗压强度标准值

(单位：MPa)

钢筋牌号	HPB300(d=6～22mm)	HRB400(d=6～50mm)	HRB500(d=6～50mm)
屈服强度标准值 f_{yk}	300	400	500
极限强度标准值 f_{stk}	420	540	630
抗拉或抗压强度标准值 R_g	300	400	500

注：d 为钢筋直径。

(4)钢筋的计算截面面积及理论质量应按表 12.30 的规定采用。

表 12.30　钢筋的计算截面面积及理论质量

钢筋直径 d/mm	计算截面面积/mm²	理论质量/(kg/m)
6	28.3	0.222
8	50.3	0.395
10	78.5	0.617
12	113.1	0.888
14	153.9	1.210
16	201.1	1.580
18	254.5	2.000
20	314.2	2.470
22	380.1	2.980
25	490.9	3.850
28	615.8	4.830
32	804.2	6.310
36	1017.9	7.990
40	1256.6	9.870
50	1964.0	15.420

12.4.2　型钢

明(棚)洞结构中经常使用的型钢主要包括等边角钢、不等边角钢、热轧普通工字钢、热轧普通槽钢、热轧 H 型钢等类型，结构设计中尽量采用标准尺寸型钢。

12.4.3 钢板

1. 冷轧钢板和钢带的尺寸、外形、重量及允许偏差(GB/T 708—2019)

冷轧钢板和钢带的尺寸范围规定如下：①钢板和钢带的公称厚度不大于4mm；②钢板和钢带的公称宽度不大于2150mm；③钢板的公称长度为1000～6000mm。

钢板和钢带的公称厚度在满足规定的范围内，公称厚度小于1mm的钢板和钢带推荐的公称厚度按0.05mm倍数的任何尺寸取值；公称厚度不小于1mm的钢板和钢带推荐的公称厚度按0.1mm倍数的任何尺寸取值。

钢板和钢带推荐的公称宽度按10mm倍数的任何尺寸取值；钢板的公称长度在满足规定的范围内，推荐的公称长度按50mm倍数的任何尺寸取值。

2. 热轧钢板和钢带的尺寸、外形、重量及允许偏差(GB/T 709—2019)

热轧钢板和钢带的公称尺寸范围应符合表12.31的规定。

表12.31 热轧钢板和钢带的公称尺寸范围 （单位：mm）

产品名称	公称厚度	公称宽度	公称长度
单轧钢板	3～450	600～5300	2000～25000
宽钢带	≤25.4	600～2200	—
连轧钢板	≤25.4	600～2200	2000～25000
纵切钢带	≤25.4	120～900	—

热轧钢板和钢带推荐的公称尺寸如下：①单轧钢板的公称厚度在表12.31规定范围内，厚度小于30mm的钢板按0.5mm倍数的任何尺寸取值；厚度不小于30mm的钢板按1mm倍数的任何尺寸取值；②单轧钢板的公称宽度在表12.31规定范围内，按10mm或50mm倍数的任何尺寸取值；③钢带(包括连轧钢板)的公称厚度在表12.31规定范围内，按0.1mm倍数的任何尺寸取值；④钢带(包括连轧钢板)的公称宽度在表12.31规定范围内，按10mm倍数的任何尺寸取值。

12.4.4 钢管

结构用钢管可根据受力需要选择热轧(挤压、扩)无缝钢管、冷拔(轧)无缝钢管等。

12.4.5 螺栓螺母

明(棚)洞结构中常用的螺栓包括普通六角头螺栓、地脚螺栓、高强螺栓等。

12.4.6 钢丝绳

钢丝绳应符合《钢丝绳通用技术条件》(GB/T 20118—2017)的规定，柔性防护网工程设计中技术要求应至少包括钢丝绳的公称直径、公称抗拉强度，必要时还应包括钢丝绳的结构形式。目前常用钢丝绳的技术要求如下：

(1)公称抗拉强度不应低于 1770MPa。

(2)直径为 10mm 以下的钢丝绳宜采用 6×7+IWS(钢丝股芯)结构形式，直径为 10~12mm 的钢丝绳宜采用 6×7+IWS 或 6×19+IWS 结构形式，直径为 12mm 以上的钢丝绳宜采用 6×19+IWR(独立钢丝绳芯)或 6×36WS+IWR(平行捻西瓦组合式+独立钢丝绳芯)结构形式。钢丝绳锚杆也可采用股数较少的其他结构形式的钢丝绳。

12.4.7 钢丝

高强度钢丝网、绞索网、环形网等所用钢丝应符合《制绳用圆钢丝》(YB/T 5343—2015)中一般用途钢丝的规定，柔性防护网工程设计中技术要求应至少包括钢丝的公称直径、公称抗拉强度。常用的钢丝公称直径不宜小于 2mm、公称抗拉强度不应低于 1770MPa。

格栅网用钢丝应符合《一般用途低碳钢丝》(YB/T 5294—2009)的规定，柔性防护网工程设计中技术要求应至少包括钢丝的公称直径、公称抗拉强度。常用的钢丝公称直径不宜小于 2.2mm、公称抗拉强度不宜低于 500MPa。

12.4.8 承载柔性网和格栅网

1)常用分类

承载柔性网和格栅网常用分类如下：

(1)高强度钢丝网，即用高强度钢丝制成的扁螺旋网丝逐根链式绞织而成的柔性网。

(2)绞索网，即用高强度钢绞线制成的扁螺旋网索逐根链式绞织而成的柔性网，包括长菱形网孔和正方形网孔两类。

(3)环形网，即用高强度钢丝盘绕成环并相互套接而成的柔性网。

(4)钢丝绳网，即用钢丝绳交叉编织并在交叉节点处用节点卡扣固定而成的柔性网。

2)技术要求

承载柔性网的技术要求应至少包括制网用钢丝、钢绞线或钢丝绳的技术要求和网孔尺寸，矩阵式锚固网用柔性网还应包括网片尺寸，链式绞织的高强度钢丝网、绞索网和环形网还应包括环链破断拉力，环形网还应包括每个网环周边套接的网环数，这些技术要求构成了产品符合性检验的项目。

常用柔性网网型的相关技术要求见表12.32～表12.34(高强度钢丝网和绞索网的网型代号中的钢丝直径为3mm时，采用了目前习惯的缺省表述方式)，其中网孔尺寸(包括网孔内切圆直径、网孔直径、网孔边长、单位长度网孔数)正误差均不应大于5%，网片尺寸负误差不应大于50mm。

表 12.32 常用高强度钢丝网技术要求

网型	钢丝直径/mm	抗拉强度/MPa	最小环链破断拉力/kN	网孔内切圆直径/mm	单位长度网孔数/(个/m) 长轴向	单位长度网孔数/(个/m) 短轴向
T/65	3	1770	12	65	7.0	12.0
T4/65	4	1770	20	65	7.2	12.0
T4/80	4	1770	20	80	5.6	9.8

注：除表中要求外，两相邻网丝端部应交叉扭结并自身缠绕至少两圈。

表 12.33 常用绞索网技术要求

网型	钢丝直径/mm	抗拉强度/MPa	最小环链破断拉力/kN	网孔内切圆直径/mm	单位长度网孔数/(个/m) 长轴向	单位长度网孔数/(个/m) 短轴向
S/250	3	1770	30	250	2.1	3.1
S/130	3	1770	30	143	3.3	5.6
S4/250	4	1770	50	250	2.0	3.4
S4/130	4	1770	50	130	3.3	5.6
Q/280/4×4	3	1770	30	280	2.5	2.5

注：①除表中要求外，两相邻网丝端部应交叉扭结并自身缠绕至少两圈。
②表中所有网型采用钢绞线结构形式均为1×3。

表 12.34 常用钢丝绳网技术要求

网型	钢丝绳直径/mm	公称抗拉强度/MPa	网孔边长/mm	4×4	4×3	4×2	5×3	5×4	5×5	5×6
DO/08/300	8	1770	300	9×5	10×7	10×9	—	—	—	—
DO/08/250	8	1770	250	—	—	—	14×9	14×11	14×13	14×15
DO/08/200	8	1770	200	—	—	—	17×11	17×14	17×16	17×22
DO/08/150	8	1770	150	—	—	—	23×14	23×19	23×24	23×27

注：除表中要求外，网绳交叉结点处的抗错动拉力和抗脱落拉力分别不应小于5kN和10kN。

3)计算要求

承载柔性网和格栅网计算要求如下：

(1)常与承载柔性网配合使用的格栅网，在设计计算中一般不考虑承载能力，其技术要求应至少包括制网用钢丝的技术要求和网孔尺寸。

(2)常用柔性网承载力计算参考指标见表12.35和表12.36。

表12.35　网孔呈长菱形的常用高强度钢丝绳网和绞索网的承载力计算参考指标

网型	T/65	T4/65	S/250	S/130	S4/250
纵/横向抗拉强度[①]/(kN/m)	150/60	250/90	120/60	220/105	220/110
锚杆约束处的纵/横向抗拉承载力[②]/kN	30/20	50/35	35/25	60/45	50/40

注：①纵向指网孔长轴向，横向指网孔短轴向。
　　②该组参数为采用长轴尺寸为330mm且两端带扣爪的锚垫板约束条件下测得，可用于梅花形锚固网中锚杆及其锚垫板约束处柔性网的承载力计算。

表12.36　网孔近似为正方形的常用绞索网和钢丝绳网的承载力计算参考指标

网型	Q/280	DO/08/300	DO/08/250	DO/08/200
纵/横向抗拉强度/(kN/m)	105/100	105/95	125/115	155/145

注：纵向指网孔长轴向，横向指网孔短轴向。

12.5　防排水材料

12.5.1　防水卷材

1. 卷材基本要求

1)卷材品种

防水卷材的品种可按表12.37选用，其外观质量、品种规格应符合国家现行有关标准的规定。

表12.37　防水卷材的品种

类别	品种名称	对应标准
高聚物改性沥青类防水卷材	弹性体改性沥青防水卷材	GB 18242—2008
	改性沥青聚乙烯胎防水卷材	GB 18967—2009
	自黏聚合物改性沥青防水卷材	GB 23441—2009
合成高分子类防水卷材	三元乙丙橡胶防水卷材	GB/T 18173.1—2012(代号 JL$_1$)
	PVC 防水卷材	GB 12952—2011
	聚乙烯丙纶复合防水卷材	GB/T 18173.1—2012(代号 FS$_2$)
	高分子自黏胶膜防水卷材	GB/T 18173.1—2012(代号 FS$_2$)

2)性能要求

防水卷材及其胶黏剂应具有良好的耐水性、耐久性、耐穿刺性、耐腐蚀性和耐菌性，一般应符合下列性能要求：

(1)耐水性，即在地下水的作用下其性能基本不发生改变，在水压力作用下不透水。

(2)具有一定的机械强度、延伸性、柔韧性、抗断裂性，在结构产生一定的变形条件下不断裂。

(3)温度稳定性，即在高温下不流淌、不起泡、不滑动、不熔化，在低温下不脆裂。

(4)大气稳定性，即在阳光、热、氧气及其他化学侵蚀介质、微生物侵蚀介质等因素的长期作用下，能抗老化、抗侵蚀。

3)厚度要求

防水卷材的厚度应符合表 12.38 的规定。

表 12.38 不同品种防水卷材的厚度

卷材品种	高聚物改性沥青类防水卷材			合成高分子类防水卷材			
	弹性体改性沥青防水卷材、改性沥青聚乙烯胎防水卷材	自黏聚合物改性沥青防水卷材		三元乙丙橡胶防水卷材	PVC防水卷材	聚乙烯丙纶复合防水卷材	高分子自黏胶膜防水卷材
		聚酯毡胎体	无胎体				
单层厚度/mm	≥4	≥3	≥1.5	≥1.5	≥1.5	卷材：≥0.9 黏结料：≥1.3 芯材厚度：≥0.6	≥1.2
双层总厚度/mm	≥4+3	≥3+3	≥1.5+1.5	≥1.2+1.2	≥1.2+1.2	卷材：≥0.7+0.7 黏结料：≥1.3+1.3 芯材厚度：≥0.5	—

2. 各类防水卷材材料要求

(1)高聚物改性沥青类防水卷材的主要物理性能应符合表 12.39 的规定。

表 12.39 高聚物改性沥青类防水卷材的主要物理性能

项目		性能要求			
		弹性体改性沥青防水卷材			自黏聚合物改性沥青防水卷材	
		聚酯毡胎体	玻纤毡胎体	聚乙烯膜胎体	聚酯毡胎体	无胎体
可溶物含量		≥2100g/m²(3mm 厚) ≥2900g/m²(4mm 厚)			≥2100g/m² (3mm 厚)	—
拉伸性能	拉力	≥800N/50mm (纵横向)	≥500N/50mm (纵横向)	≥140N/50mm (纵向) ≥120N/50mm (横向)	≥450N/50mm (纵横向)	≥180N/50mm (纵横向)

续表

项目	性能要求				
	弹性体改性沥青防水卷材			自黏聚合物改性沥青防水卷材	
	聚酯毡胎体	玻纤毡胎体	聚乙烯膜胎体	聚酯毡胎体	无胎体
延伸率	最大拉力时≥40%(纵横向)	—	断裂时≥250%(纵横向)	最大拉力时≥30%(纵横向)	断裂时≥200%(纵横向)
低温柔度	−25℃，无裂纹				
热老化后低温柔度	−20℃，无裂纹			−22℃，无裂纹	
不透水性	压力为0.3MPa，保持时间120min，不透水				

(2)合成高分子类防水卷材的主要物理性能应符合表12.40的规定。

表12.40 合成高分子类防水卷材的主要物理性能

项目	性能要求			
	三元乙丙橡胶防水卷材	PVC防水卷材	聚乙烯丙纶复合防水卷材	高分子自黏胶膜防水卷材
断裂拉伸强度	≥7.5MPa	≥12MPa	≥60N/10mm	≥100N/10mm
断裂伸长率	≥450%	≥250%	≥300%	≥400%
低温弯折性	−40℃，无裂纹	−20℃，无裂纹	−20℃，无裂纹	−20℃，无裂纹
不透水性	压力为0.3MPa，保持时间120min，不透水			
撕裂强度	≥25kN/m	≥40kN/m	≥20N/10mm	≥120N/10mm
复合强度（表层与芯层）	—	—	≥1.2N/mm	—

(3)粘贴各类防水卷材应采用与卷材材料性能相容的胶黏材料，其黏结质量应符合表12.41的要求。

表12.41 防水卷材黏结质量要求

项目		自黏聚合物改性沥青防水卷材黏合面		三元乙丙橡胶和PVC防水卷材胶黏剂	合成橡胶胶黏带	高分子自黏胶膜防水卷材黏合面
		聚酯毡胎体	无胎体			
剪切状态下的黏合性(卷材-卷材)	标准试验条件	≥40N/10mm或卷材断裂	≥20N/10mm或卷材断裂	≥20N/10mm或卷材断裂	≥20N/10mm或卷材断裂	≥40N/10mm或卷材断裂
黏结剥离强度(卷材-卷材)	标准试验条件	≥15N/10mm或卷材断裂		≥15N/10mm或卷材断裂	≥4N/10mm	—
	浸水168h后保持率	70%		70%	80%	—
与混凝土黏结强度(卷材-混凝土)	标准试验条件	≥15N/10mm或卷材断裂		≥15N/10mm或卷材断裂	≥6N/10mm	≥20N/10mm或卷材断裂

(4)聚乙烯丙纶复合防水卷材应采用聚合物水泥防水黏结材料,其物理性能应符合表12.42的要求。

表12.42 聚合物水泥防水黏结材料的物理性能

项目		性能要求
与水泥基面的黏结拉伸强度	常温7天	≥0.6MPa
	耐水性	≥0.4MPa
	耐冻性	≥0.4MPa
可操作时间		≥2.0h
抗渗性(7天)		≥1.0MPa
剪切状态下的黏合性(常温)	卷材与卷材	≥2.0N/mm 或卷材断裂
	卷材与基面	≥1.8N/mm 或卷材断裂

(5)不同品种防水卷材的搭接宽度应符合表12.43的要求。

表12.43 防水卷材的搭接宽度

卷材品种	搭接宽度/mm
弹性体改性沥青防水卷材	100
改性沥青聚乙烯胎防水卷材	100
自黏聚合物改性沥青防水卷材	80
三元乙丙橡胶防水卷材	100/60(胶黏剂/胶黏带)
PVC防水卷材	60/80/100(单焊缝/双焊缝/黏结剂)
聚乙烯丙纶复合防水卷材	100(黏结料)
高分子自黏胶膜防水卷材	70/80(自黏胶/黏结带)

12.5.2 塑料防水板

1. 材料类型

塑料防水板材料类型如下:
(1)塑料防水板防水层应由塑料防水板与缓冲层组成。
(2)塑料防水板可选用EVA、ECB、PVC、HDPE类或其他性能相近的材料。
(3)缓冲层宜采用无纺布或聚乙烯泡沫塑料。

2. 材料性能

塑料防水板材料性能如下:

(1)塑料防水板主要性能指标应符合表 12.44 的规定。

表 12.44 塑料防水板的主要性能指标

项目	性能指标			
	EVA	ECB	PVC	HDPE
拉伸强度/MPa	≥16	≥14	≥10	≥16
断裂延伸率/%	≥550	≥500	≥200	≥550
不透水性(120min)/MPa	≥0.3	≥0.3	≥0.3	≥0.3
低温弯折性	−35℃无裂纹	−35℃无裂纹	−20℃无裂纹	−35℃无裂纹
热处理尺寸变化率/%	≤2.0	≤2.5	≤2.0	≤2.0

(2)缓冲层材料的性能指标应符合表 12.45 的规定。

表 12.45 缓冲层材料的性能指标

材料	性能指标				
	抗拉强度/(N/50mm)	伸长率/%	含量/(g/m²)	顶破强度/kN	厚度/mm
聚乙烯泡沫塑料	>0.4	≥100	—	≥5	≥5
无纺布	纵横向≥700	纵横向≥50	>300	—	—

12.5.3 止水带

止水带是处理结构物接缝(如伸缩缝、施工缝、变形缝等)时所用的定型防水密封材料。止水带一般分为刚性(金属)止水带和柔性(橡胶或塑料)止水带两类，常用的有橡胶止水带、塑料止水带、钢边橡胶止水带、钢板止水带、钢板丁基腻子止水带等，设置方式有可卸式和预埋式两种。

1. 质量要求

止水带质量要求如下：

(1)应用于变形缝中的止水带必须具有一定的防水能力；具有适应结构反复变形，在变形允许范围内不开裂、不折断的性能。

(2)使用的止水带应经过严格检查，确无损坏和孔眼等现象。

(3)铺贴的止水带表面要用现浇混凝土覆盖，以克服因压力水作用于止水带而产生的剥离力。

(4)止水带在拐角处要做成直径为 150mm 以上的大圆角，止水带的接槎不得在拐角处。

2. 橡胶止水带

橡胶止水带以天然橡胶与各种合成橡胶为主要原料，掺加各种助剂及填充料，经塑炼、混炼、压制成型，其品种规格较多，有桥形、山形、P形、R形、Φ形、U形、Z形、L形、J形、H形、E形、Ω形等。

通常橡胶止水带的材质是以氯丁橡胶、三元乙丙橡胶为主，其质量稳定、适应能力强，国内外采用较普遍。橡胶止水带具有良好的弹性、耐磨性、耐老化性和抗撕裂性能，适应变形能力强，防水性能好，温度适用范围为–40～40℃。当温度超过50℃以及止水带受强烈的氧化作用或受油类等有机溶剂浸蚀时，均不得使用该种止水带。橡胶止水带的物理性能应符合表 12.46 的要求。

表 12.46 橡胶止水带的物理性能

项目			性能要求		
			B 形	S 形	J 形
硬度/(邵尔 A，度)			60±5	60±5	60±5
拉伸强度/MPa			≥ 15	≥ 12	≥ 10
扯断伸长率/%			≥ 380	≥ 380	≥ 380
压缩永久变形率/%		70℃×24h	≤ 35	≤ 35	≤ 25
		23℃×168h	≤ 20	≤ 20	≤ 20
撕裂强度/(kN/m)			≥ 30	≥ 25	≥ 25
脆性温度/℃			≤ –45	≤ –40	≤ –40
热空气老化	70℃×168h	硬度变化/(邵尔 A，度)	+8	+8	—
		拉伸强度/MPa	≥ 12	≥ 10	—
		扯断伸长率/%	≥ 300	≥ 300	—
	100℃×168h	硬度变化/(邵尔 A，度)	—	—	+8
		拉伸强度/MPa	—	—	≥ 9
		扯断伸长率/%	—	—	≥ 250
橡胶与金属黏合			断面在弹性体内		

注：①B形适用于变形缝用止水带，S形适用于施工缝用止水带，J形适用于有特殊耐老化要求的接缝用止水带。
②橡胶与金属黏合指标仅适用于具有钢边的止水带。

3. 塑料止水带

塑料止水带是由 PVC 树脂、增塑剂、稳定剂等原料，经塑炼、造粒、挤出、加工成型等工序制造而成的；产品原料充足，成本低廉，耐久性好，物理力学性能可以满足使用要求，可节约橡胶和紫铜片，适用于建筑物的地下防水工程；产品的技术性能及形状、规格等应符合表 12.47 的要求。

表 12.47　塑料止水带的技术性能

项目			性能要求
硬度/(邵尔 A,度)			65±5
拉伸强度/MPa			＞12
定伸强度/MPa			≥45
相对伸长率/%			＞300
低温对折(0℃)老化系数			≥40
热空气老化	70℃×360h	拉伸强度老化系数/%	≥95
		相对伸长率老化系数/%	≥95
碱抽取	1%碱溶液(KOH 或 NaOH)	拉伸强度老化系数/%	≥95
		相对伸长率老化系数/%	≥95
碱效应	1%碱溶液 (60~65℃)×30h	拉伸强度老化系数/%	≥95
		相对伸长率老化系数/%	≥95
外观要求			灰色或黑色；塑化均匀，不得有分解料及未塑化生料；不得有气孔

4. 钢边橡胶止水带

钢边橡胶止水带是可以伸缩的橡胶和两边配有镀锌钢带所组成的复合件。这种止水带主要靠中间的橡胶段在混凝土变形缝间被压缩或拉伸而起到密封止水作用。镀锌钢边橡胶止水带一方面可以延长渗水途径，延缓渗水速度，另一方面镀锌钢边橡胶止水带和混凝土有着良好的黏附性，使止水带能承受较大的拉力和扭力，从而保证橡胶止水带在混凝土中的有效变形范围内不会产生松动和脱落现象，提高止水效果。

钢边橡胶止水带所采用的硫化胶料物理性能应符合表 12.46 中对 B 形橡胶材料的要求。

12.6　柔 性 材 料

12.6.1　主动防护网

1. 定义

主动防护网是采用锚杆和支撑绳固定方式将钢丝绳网和钢丝网覆盖在具有潜在地质灾害的坡面上，从而实现坡面加固或限制落石运动范围的一种边坡柔性防护系统。

2. 分类及选用条件

主动防护网分类及选用条件如下：

(1) 主动防护网根据其锚固方式可以分为梅花形锚固和矩阵式锚固，如图 12.1 所示。

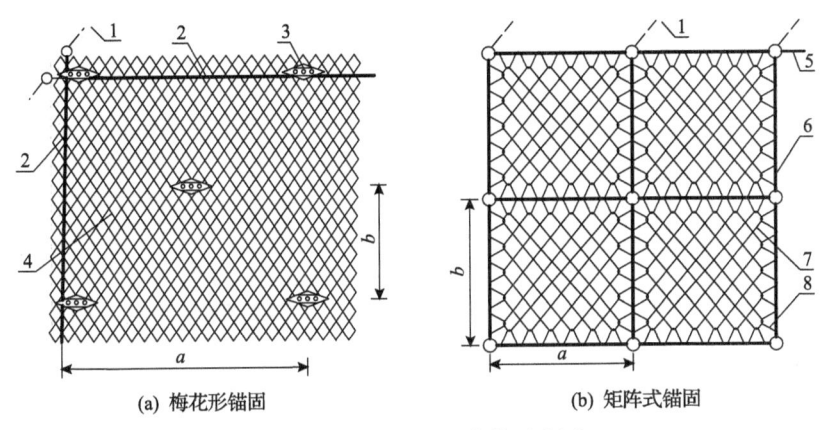

图 12.1 主动防护网安装示意图

1-柔性锚杆；2-边界支撑绳；3-钢筋锚杆；4-网孔呈长菱形的高强度钢丝网或绞索网；5-横向支撑绳；6-纵向支撑绳；7-网孔近似为正方形的高强度钢丝网或绞索网；8-缝合绳；a-锚杆横向间距；b-锚杆纵向间距

(2) 主动防护网应根据勘察报告提供的危岩或潜在落石分布区域，将主动防护网布置范围分别向上缘和两侧缘外延伸不小于 2m，距坡脚 1m 范围内不宜设置主动防护网。

(3) 坡面条件较简单且坡角不超过 75°的常见斜坡，宜根据已有工程设计经验采用工程类比法进行主动防护网工程设计，或按照表 12.48 的要求选用合适的主动防护网型号，并在需要时采用专门的锚杆设计。

(4) 对于超过 75°的斜坡，除参照表 12.48 的经验数据进行设计外，还可采用有限元法计算危岩滑落的动态冲击作用，根据危岩崩落时或其堆积体与防护网间的相互作用方式，确定防护网各构件所受荷载。

表 12.48 常用主动防护网的结构构成与适用条件

类型	型号	网型	其他标准配置	工程设计参数	适用条件
梅花形锚固网	GTS	T/65	ϕ25mm 钢筋锚杆及两端应带爪且不短于 320mm，厚度不小于 10mm 的菱形锚垫，ϕ8mm 缝合绳或连接锁扣，ϕ12mm 边界绳和 ϕ16mm 钢丝绳锚杆	锚杆轴向拉力设计值为 50~80kN，长度为 2~3m，间距为 3~4m（图 12.1(a)、(b)）	单块危岩体积不应大于 0.5m³，相邻四根锚杆所限定的防护单元内在设计使用年限内可能发生崩落的危岩总量不应大于 1.5m³

续表

类型	型号	网型	其他标准配置	工程设计参数	适用条件
梅花形锚固网	GSS2	S/250 SO/2.2/50	ϕ8mm 缝合绳，ϕ14mm 边界绳，其他同 GTS	锚杆轴向拉力设计值为 50～80kN，长度为 2～3m，间距为 3～4m（图 12.1(a)、(b)）	单块危岩体积不应大于 1m³，相邻四根锚杆所限定的防护单元内在设计使用年限内可能发生崩落的危岩总量不应大于 2m³
	GSR2	S/250			同 GSS2，不能用于需要阻止小于 0.35m 的块体脱离柔性防护网形成落石的情形
矩阵式锚固网	GQR2	Q/280/4×4	ϕ16mm 钢丝绳锚杆，ϕ16mm 横向支撑绳和 ϕ12mm 纵向支撑绳，ϕ8mm 缝合绳	锚杆轴向拉力设计值为 50～80kN，长度为 2～3m，间距为 4.5m（图 12.1(a)、(b)）	同 GSR2
	GQS2	Q/280/4×4 SO/2.2/50			同 GSS2
	GAR2	DO/08/300/4×4			同 GSR2
	GPS2	DO/08/300/4×4 SO/2.2/50			同 GSS2

注：SO/2.2/50 表示钢丝直径为 2.2mm、网孔尺寸为 50mm 的格栅网。

12.6.2 被动防护网

1. 定义

被动防护网是采用锚杆、钢柱、支撑绳和拉锚绳等固定方式将钢丝绳网在坡面上形成栅栏形式的拦石网，从而实现拦截落石的一种边坡柔性防护系统。

2. 分类及选用条件

被动防护网分类及选用条件如下。

(1) 被动防护网根据其锚固方式可以分为拉锚式、自立式，如图 12.2 所示。拉锚式被动防护网是指钢柱柱脚铰接并采用拉锚绳稳定的被动防护网；自立式被动防护网是指钢柱柱脚刚性连接的被动防护网。

(2) 被动防护网设置所需的防护范围、防护能级、防护高度、安全距离等参数应按照《危岩落石柔性防护网工程技术规范》(T/CAGHP 066—2019)的规定进行计算。

(3) 受地形或其他条件限制而不能沿同一高程附近直线布置的单道被动防护网，除应遵从所采用被动防护网定型化技术文件中相关处置方法的规定外，还应遵循以下原则：①当相邻基座间连线与水平面的夹角超过10°或其间距高差超

(a) 拉锚式　　　　　　　　　(b) 自立式

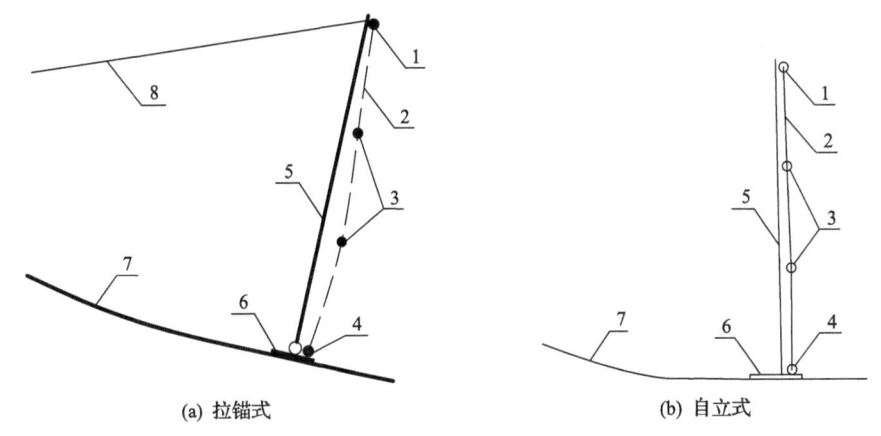

图 12.2　被动防护网安装示意图

1-上支撑绳；2-柔性网；3-可能存在的中部横向约束绳；4-下支撑绳；5-钢柱；6-基座；7-地面；8-上拉锚杆

过 1.5m 时，应增大柔性网片的尺寸或改变形状；②当相邻两跨在水平面内的走向朝上坡侧偏离直线且走向改变角超过 5°时，应增加共用钢柱上的下坡侧拉锚绳；若这种走向改变是朝下坡侧偏离直线且走向改变角超过30°，则应增加共用钢柱上的上拉锚绳。

(4) 当连续布置的单道被动防护网长度较大时应进行支撑绳分段，并结合被动防护网的局部走向改变综合考虑分段位置，设置分段钢柱上的拉锚绳。例如，应遵从所采用被动防护网定型化技术文件中支撑绳分段方法的相关规定，否则各支撑绳分段长度不应大于 100m 或 10 跨。

3. **材料要求**

1) 柔性网

柔性网材料要求如下。

(1) 柔性网用钢丝绳应满足 12.4.6 节中的相关要求。

(2) 网孔规格：根据用途不同其菱形网孔边长一般为 300mm、250mm、200mm、150mm、120mm、100mm，网孔边长误差不大于 20mm。

(3) 网块规格：成品网块规格一般为 4m×2m、4m×4m、5m×3m、5m×4m、5m×5m、5m×6m，也可根据设计要求来调整网块尺寸。

(4) 钢丝绳网编制应满足：上下交错编织；编制成网的钢丝绳不得有断丝、脱丝现象；交叉结点处用扣压固定，接头处用搭接件压接，不得遗漏，钢绳露出搭接件长度至少为10mm；编网时扣压件和搭接件用机械压接，表面不得有破裂和明显损伤；网的形状平整，网绳不得有打结和明显扭曲现象。

(5) 编网用扣压件的材质、结构尺寸和压接工艺应保证其拉滑力(抗错动力)

不小于 5kN，拉脱落力不小于 10kN。

2) 钢柱

钢柱材料要求如下：

(1)根据被动系统的不同高度钢柱采用不同规格的工字钢或 H 型钢加工而成，钢柱的高度与系统高度相同。不同高度工字钢的最低规格要求见表 12.49。

表 12.49 不同高度工字钢的最低规格要求

系统高度/m	2	3	4	5	6	7
工字钢型号	I16	I16	I18	I20b	I22b	I22b

(2)钢柱表面应采用防腐措施，一般采用热镀锌处理，镀锌层厚度不小于 8μm。

3) 基座及连接件

基座及连接件材料要求如下：

(1)基座为钢柱的定位座，为钢结构件；连接件为用于实现钢柱和基座间铰连接的构件。

(2)钢柱的基座及连接件的防腐要求应不低于与其连接的钢柱的防腐性能。

4) 支撑绳

横向支撑绳宜选用不小于 $\phi 16mm$ 的钢丝绳，纵向支撑绳宜选用不小于 $\phi 12mm$ 的钢丝绳，设置双层钢丝绳网的区域纵横支撑绳均宜选用不小于 $\phi 16mm$ 的钢丝绳。

5) 减压器(环)

减压器(环)材料要求如下：

(1)根据与其相连钢丝绳的直径不同和设计能量分别采用不同型号的减压器(环)。减压器(环)一般有三种型号，见表 12.50。

(2)减压器(环)采用热轧钢板，表面镀锌防锈，镀锌层厚度不小于 8μm。

表 12.50 减压器(环)的规格

类型	A	B	C
吸收能量最小能力/kJ	30	50	110

12.6.3 引导防护网

1. 定义

引导防护网是采用锚杆固定方式将钢丝绳网在坡面上全覆盖，或采用锚杆、钢柱、支撑绳和拉锚绳等将钢丝绳网在坡面上拦截与覆盖并用，从而实现在坡面上引导落石运动轨迹的一种边坡柔性防护系统。

2. 分类及选用条件

引导防护网分类及选用条件如下：

(1)引导防护网根据其锚固方式可以分为覆盖式、张口式两种，如图 12.3 所示。覆盖式引导防护网是指将金属柔性网覆盖在具有潜在危岩落石的坡面上的引导防护网；张口式引导防护网是指在引导防护网的顶部采用钢柱、拉锚绳、支撑绳等固定方式将柔性防护网以一定角度张开的引导防护网。

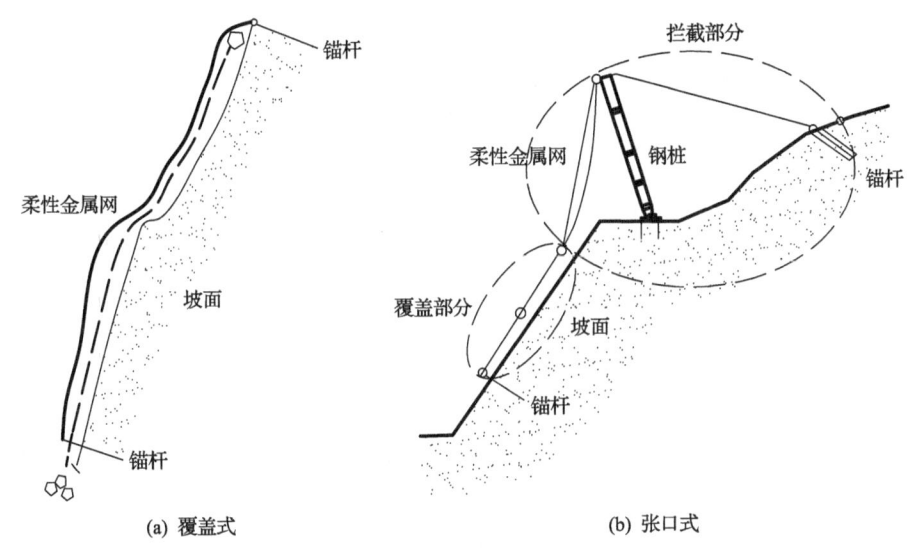

图 12.3 引导防护网安装示意图

(2)当坡面危岩或危岩落石区域采用覆盖式引导防护网时，布置范围宜向上缘外延伸不小于 3m，向两侧缘外延伸不小于 2m，距坡脚 0.5m 范围内不宜布置引导防护网，且不应将柔性网延伸布置到坡脚以外的平缓地面上；当采用张口式引导防护网时，拦截部分可设置在危岩落石弹跳高度相对较低的位置处，布置范围向两侧缘外延伸不小于 5m。

(3)坡面条件较简单且坡长不超过 100m 的斜坡，宜采用工程类比法进行引导防护网工程设计。

(4)坡面条件复杂或坡长超过 100m 的斜坡，引导防护网各构件所受荷载可参照《危岩落石柔性防护网工程技术规范(试行)》(T/CAGHP 066—2019)的相关规定进行计算。

(5)当覆盖式引导防护网防护范围上缘边坡锚固条件极差时，可按照如图 12.4 所示的方式，将上缘锚杆上移并采用悬吊绳来悬挂柔性网。

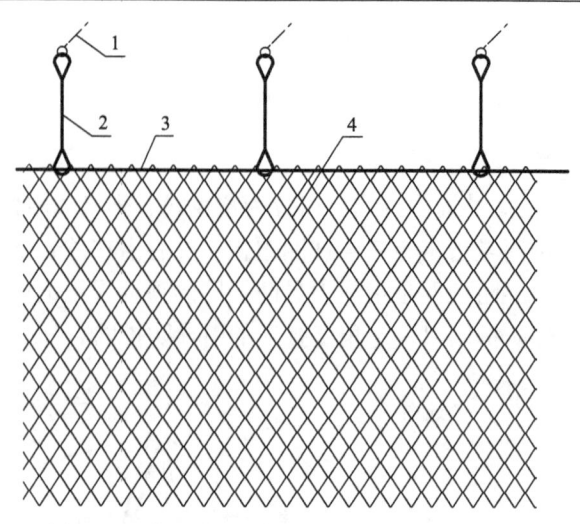

图 12.4 带悬吊绳的引导防护网主要结构构成图
1-柔性锚杆；2-悬吊绳；3-上缘支撑绳；4-柔性网

12.6.4 膜材

1. 膜材分类

膜材通常用于遮光、防雪等轻型柔性明（棚）洞结构，应根据明（棚）洞功能、膜结构所处环境和使用年限、膜结构承受的荷载以及防火要求选用以下不同类别的膜材。

(1) G 类：在玻璃纤维织物基材表面涂覆聚合物连续层的涂层织物。

(2) P 类：在聚酯纤维织物基材表面涂覆聚合物连续层并附加面层的涂层织物。

(3) E 类：由乙烯和四氟乙烯共聚物制成的乙烯-四氟乙烯共聚物(ETFE)薄膜。

2. 材料性能

(1) G 类膜材和 P 类膜材的产品名称与理化性能应符合现行行业标准《膜结构用涂层织物》(GB/T 30161—2013)的规定。

(2) 对于 G 类膜材和 P 类膜材，设计时应根据结构承载力要求采用不同级别和代号。G 类膜材可根据其经/纬向极限抗拉强度标准值、丝径、厚度和重量按表 12.51 选用；P 类膜材可根据其经/纬向极限抗拉强度标准值、厚度和重量按表 12.52 选用。

表 12.51 常用 G 类膜材等级

代号	经/纬向极限抗拉强度标准值/(N/5cm)	丝径/μm	厚度/mm	质量/(g/m²)
G3	3200/2500	3、4 或 6	0.25～0.45	≥ 400
G4	4200/4000	3、4 或 6	0.40～0.60	≥ 800

续表

代号	经/纬向极限抗拉强度标准值/(N/5cm)	丝径/μm	厚度/mm	质量/(g/m²)
G5	6000/5000	3、4或6	0.50~0.95	≥1000
G6	6800/6000	3、4	0.65~1.00	≥1100
G7	8000/7000	3、4	0.75~1.15	≥1200
G8	9000/8000	3、4	0.85~1.25	≥1300

表12.52 常用P类膜材等级

代号	经/纬向极限抗拉强度标准值/(N/5cm)	厚度/mm	质量/(g/m²)
P2	2200/2000	0.45~0.65	≥500
P3	3200/3000	0.55~0.85	≥750
P4	4200/4000	0.65~0.95	≥900
P5	5300/5000	0.75~1.05	≥1000
P6	6400/6000	1.00~1.15	≥1100
P7	7500/7000	1.05~1.25	≥1300

(3) E类膜材的第一、第二屈服强度标准值和极限抗拉强度标准值可按表12.53采用，也可按《膜结构技术规程》(CECS 158: 2015)附录B规定的方法确定。

表12.53 E类膜材第一、第二屈服强度及极限抗拉强度标准值（单位：N/mm）

第一屈服强度标准值	第二屈服强度标准值	极限抗拉强度标准值
16.3	22.5	36.8

(4) G类、P类膜材的弹性模量和泊松比可采用生产企业提供的数值或通过试验确定。对于不同企业、不同型号的膜材，宜分别按《膜结构技术规程》(CECS 158: 2015)附录C规定的方法确定。

(5) E类膜材的密度、弹性模量以及泊松比可按表12.54采用。

表12.54 E类膜材密度、弹性模量和泊松比

密度/(g/cm³)	弹性模量/(N/mm²)	泊松比
1.75	650	0.42

(6) G类、P类膜材的抗撕裂强度、抗剥离强度可采用生产企业提供的数值或通过试验确定。对于不同企业、不同型号的膜材，宜分别按现行行业标准《膜结构用涂层织物》(GB/T 30161—2013)的规定进行测试。抗撕裂强度不宜小于极限抗拉强度标准值乘以1cm的7%，抗剥离强度不宜小于极限抗拉强度标准值的1%。

(7)膜材的防火性能应按现行国家标准《建筑材料及制品燃烧性能分级》(GB 8624—2012)的规定进行测试并确定等级。

12.7 特殊材料

12.7.1 缓冲材料

1. 废旧轮胎

汽车轮胎因为正常老化、严重划破、使用频繁等原因造成其抓地力降低,而需要更换,正常情况下轮胎的使用年限为5~10年,更换后变成废旧轮胎。

(1)密度:汽车轮胎是橡胶制品,还有一些钢丝网、纤维等,橡胶密度比水略大,通常在1000~2000kg/m³。轮胎一般为圆形中空结构,作为回填层时,其堆积密度还会大大降低,这才是反映废旧轮胎密度最合适的指标。

(2)缓冲性:橡胶本身就有一定的变形缓冲能力,废旧轮胎为圆形中空结构,使得其缓冲能力更强。当废旧轮胎作为回填层时,不同的堆放方式、内部是否填充、填充材料性能等因素对其缓冲性能影响巨大。

(3)耐久性:橡胶老化是指受到热、氧、臭氧、机械应力、光、高能射线作用,以及其他化学物质和霉菌等的侵蚀,会逐渐发黏、变硬发脆或龟裂等现象。废旧轮胎是本已经达到使用极限的轮胎,已经出现一定老化现象,作为废物利用而应用起来。作为回填层将会长时间暴露于条件较为恶劣的野外环境,更易加速其老化。

(4)吸水性:废旧轮胎基本不具备吸水性。

(5)热稳定性:汽车轮胎正常工作温度在90~110℃。

2. 发泡聚苯乙烯(EPS)

EPS是由聚苯乙烯(PS)经加热发泡后形成的具有微细闭孔结构的泡沫塑料。

(1)密度:EPS的密度由成型阶段PS颗粒的膨胀倍数决定,通常为10~40kg/m³,工程中常用密度为15~30kg/m³,仅为砂砾垫层的1/100~1/50。

(2)缓冲性:韧性不是很好,具有脆性结构特征,易破裂,缓冲性能一般。

(3)耐久性:长时间紫外线照射后表面发黄,但材料本身物理性质不会有太大的降低。

(4)吸水性:EPS内部分布的气泡相互独立,不与外界贯通,仅表面层部分吸水。

(5)热稳定性:在75~80℃下使用EPS一般没有问题,但当温度接近150℃时,EPS将熔化,如果附近有火源,EPS也可燃烧。

3. 发泡聚乙烯(EPE)

EPE 是由聚乙烯(PE)经加热发泡后形成的开孔泡沫塑料。

(1)密度：密度小，通常为 30kg/m³。

(2)缓冲性：柔韧性好、回复率高，EPE 易弯折，缓冲性能优于 EPS。

(3)耐久性：耐老化性能优良。

(4)吸水性：具有独立的气泡结构，表面吸水率低，防渗透性能好。

(5)热稳定性：高温时不流淌，低温时不脆裂。

(6)化学稳定性：EPE 有优异的化学稳定性，室温下耐盐酸、氢氟酸、磷酸、甲酸、胺类、氢氧化钠、氢氧化钾等各种化学物质腐蚀，但硝酸和硫酸对 EPE 有较强的破坏作用。

(7)无污染性：EPE 容易光氧化、热氧化、臭氧分解，在紫外线作用下容易发生降解，炭黑对 EPE 有优异的光屏蔽作用，受辐射后可发生交联、断链、形成不饱和基团等反应，是一种无污染环保材料。

12.7.2 轻质材料

1. 炭渣

炭渣主要来源于以煤炭为燃料的火电厂、工厂和城市集中供热锅炉，是煤炭燃烧后的剩余物，其物理性质主要包括密度、堆积密度、细度、比表面积等，由于炭渣的组成波动范围很大，其物理性质的差异也很大。

(1)密度：堆积密度为 500～2500kg/m³，由于组成的差异大，其堆积密度波动范围巨大。通常以块状为主时堆积密度小，以粉煤灰为主时堆积密度大。

(2)缓冲性：炭渣本身不具备较大的变形能力，由于炭渣之间具有一定的架空结构与可破坏性，宏观上体现出一些缓冲耗能特征，但缓冲性较差。

(3)耐久性：炭渣最有可能发生的变化就是由块状变成粉末状，由此密度会变大、缓冲能力进一步降低。

(4)吸水性：炭渣孔隙率高，粉末状的比表面积大，吸水性强。

(5)热稳定性：炭渣是煤炭高温燃烧的产物，具有很好的热稳定性。

2. 气泡混合轻质土

气泡混合轻质土是将制备的气泡群按一定比例加入由水泥、水及可选添加材料制成的浆料中，经混合搅拌、现浇成型的一种微孔类轻质材料。

1)容重等级

气泡混合轻质土容重等级应按湿容重划分，湿容重的允许偏差范围应符合表 12.55 的规定。

表 12.55　气泡混合轻质土容重等级　　　　　（单位：kN/m³）

容重等级	湿容重 γ	
	标准值	允许偏差范围
W4	4.0	$3.5 < \gamma \leqslant 4.5$
W5	5.0	$4.5 < \gamma \leqslant 5.5$
W6	6.0	$5.5 < \gamma \leqslant 6.5$
W7	7.0	$6.5 < \gamma \leqslant 7.5$
W8	8.0	$7.5 < \gamma \leqslant 8.5$
W9	9.0	$8.5 < \gamma \leqslant 9.5$
W10	10.0	$9.5 < \gamma \leqslant 10.5$
W11	11.0	$10.5 < \gamma \leqslant 11.5$
W12	12.0	$11.5 < \gamma \leqslant 12.5$
W13	13.0	$12.5 < \gamma \leqslant 13.5$
W14	14.0	$13.5 < \gamma \leqslant 14.5$
W15	15.0	$14.5 < \gamma \leqslant 15.5$

2) 强度等级

强度等级应按抗压强度划分，抗压强度的每组平均值和每块最小值不应小于表 12.56 的规定。

表 12.56　气泡混合轻质土强度等级　　　　　（单位：MPa）

强度等级	抗压强度 q_u	
	每组平均值	每块最小值
CF0.3	0.3	0.26
CF0.4	0.4	0.34
CF0.5	0.5	0.42
CF0.6	0.6	0.51
CF0.7	0.7	0.59
CF0.8	0.8	0.68
CF0.9	0.9	0.76
CF1.0	1.0	0.85
CF1.2	1.2	1.02
CF1.5	1.5	1.27
CF2.5	2.5	2.12
CF5.0	5.0	4.25
CF7.5	7.5	6.37
CF10	10.0	8.50
CF15	15.0	12.75
CF20	20.0	17.00

12.8 其他材料

12.8.1 注浆材料

1. 水泥浆

水泥浆是工程常规注浆中应用最广泛的注浆材料，以水泥为主，添加一定量的外加剂，用水调成浆液，采用单液方式注入，这样的浆液称为单液水泥类浆液。

注浆工程中最常用的是普通硅酸盐水泥，通常要求水灰比不大于1:1；注浆用水泥必须符合质量标准，不能使用受潮结块的水泥，水泥属于颗粒性水硬性材料，最大颗粒粒径为0.085mm；水泥密度的大小与熟料的矿物组成、混合材料的种类及掺量有关，硅酸盐水泥的密度一般为3050~3200kg/m³，水泥储存时间延长，密度会降低；水泥的细度是决定水泥性能的重要因素之一，水泥颗粒越细，其比表面积越大，水化反应速度越快，标准强度越高；水泥的凝结时间对工程施工有重要意义，硅酸盐水泥的初凝时间不得早于45min，终凝时间不得迟于6.5h；水泥标号不低于42.5，当地层裂隙宽度很小时还可以采用超细水泥。

(1) 纯水泥浆基本性能见表12.57。

表12.57 纯水泥浆基本性能

水灰比	黏度 /(10³Pa·s)	密度 /(g/cm³)	凝结时间/(h:min) 初凝	凝结时间/(h:min) 终凝	结石率/%	抗压强度/MPa 3天	抗压强度/MPa 7天	抗压强度/MPa 14天	抗压强度/MPa 28天
0.5:1	139	1.86	7:41	12:36	99	4.14	6.46	15.30	22.00
0.75:1	33	1.62	10:47	20:36	97	2.43	2.60	5.54	11.27
1:1	18	1.49	14:56	24:27	85	2.00	2.40	2.42	8.90
1.5:1	17	1.37	16:52	34:47	67	2.04	2.33	1.78	2.32
2:1	16	1.30	17:07	48:15	56	1.66	2.56	2.10	2.80

注：表中数据采用42.5标号普通硅酸盐水泥，数据为平均值。

(2) 为改善水泥浆的性质，常在水泥浆中掺入各种外加剂，常用外加剂及掺量见表12.58。

表12.58 水泥浆的外加剂及掺量

名称	试剂	用量(占水泥重)/%	说明
速凝剂	氯化钠	1~2	加速凝结和硬化
速凝剂	硅酸钠	0.5~3	加速凝结
速凝剂	铝酸钠	0.5~3	加速凝结

名称	试剂	用量(占水泥重)/%	说明
缓凝剂	木质磺酸钙	0.2~0.5	增加流动性
	酒石酸	0.1~0.5	
	糖	0.1~0.5	
流动剂	木质磺酸钙	0.2~0.3	—
	去垢剂	0.05	产生气泡
加气剂	松香树脂	0.1~0.2	产生约10%的气泡
膨胀剂	铝粉	0.005~0.02	膨胀约15%
	饱和盐水	30~60	膨胀约1%
防析水剂	膨润土	2~10	—
	纤维素	0.2~0.3	—
	硫酸铝	约20	产生气泡

(3)外加剂使用后对水泥浆性质有较大改变，几类主要的外加剂所产生的影响如下。

①速凝剂：速凝剂是能够缩短水泥浆凝固时间的化学药剂。一般情况下，采用在水泥浆中加入占水泥重量3%以下的水玻璃或5%以下的氯化钙，其性能见表12.59。从表中可见，水泥浆中加入水玻璃或氯化钙均有显著的速凝作用，而对水泥浆的结石体强度影响不大。

表12.59 水泥浆加速凝剂的基本性能

水灰比	外加剂 名称	用量/%	初凝时间/(h:min)	终凝时间/(h:min)	抗压强度/MPa 1天	2天	7天	28天
1:1	—	0	14:15	25:00	0.8	1.6	5.9	9.2
	水玻璃	3	7:20	14:30	1.0	1.8	5.5	—
	氯化钙	2	7:10	15:04	1.0	1.9	6.1	9.5
	氯化钙	3	6:50	13:08	1.1	2.0	6.5	9.8

注：水泥为42.5标号普通硅酸盐水泥。

②速凝早强剂：速凝早强剂多数为复合外加剂，不仅可以缩短水泥胶固时间，还可以提高水泥结石体早期强度，对注浆堵水具有较好的作用。常用的速凝早强剂有三乙醇胺加氯化钠、三异丙醇胺加氯化钠、二水石膏加氯化钙等，其性能见表12.60。一般情况下，速凝早强剂用量为三乙醇胺(或三异丙醇胺)占水泥用量的

0.05%～0.1%，氯化钠占水泥用量的 0.5%～1.0%。

表 12.60 速凝早强剂对水泥凝结时间、结石体强度的影响

水灰比	外加剂		初凝时间 /(h:min)	终凝时间 /(h:min)	抗压强度/MPa			
	名称	用量/%			1 天	2 天	7 天	28 天
1:1	—	0	14:15	25:00	0.8	1.6	5.9	9.2
	水玻璃	3	7:20	14:30	1.0	1.8	5.5	—
	三乙醇胺	0.05	6:45	12:35	2.4	3.9	7.2	14.3
	氯化钠	0.5						
	三乙醇胺	0.1	7:23	12:58	2.3	4.6	9.8	15.2
	氯化钠	1						
	三异丙醇胺	0.05	11:03	18:22	1.4	2.7	7.4	12.0
	氯化钠	0.5						
	三异丙醇胺	0.1	9:36	14:12	1.8	3.5	8.2	13.1
	氯化钠	2						
	二水石膏	1	7:15	14:15	1.8	2.8	5.6	8.9
	氯化钙	2						

注：水泥为 42.5 标号普通硅酸盐水泥。

③塑化剂和悬浮剂：纯水泥浆易沉淀析水，其稳定性差，影响注浆效果。为提高水泥浆的稳定性，降低水泥浆的析水率，使水泥颗粒能长时间悬浮于水中，需要加入悬浮剂。为了降低水泥黏度，提高水泥浆液的可注性和流动性，往往要在水泥浆液中加入塑化剂。常用塑化剂和悬浮剂对水泥浆稳定性的影响见表 12.61。塑化剂、悬浮剂适宜用量范围为亚硫酸盐、纸浆废液用量不大于 0.6%，食糖用量为 0.03%～0.05%，膨润土或高塑黏土用量为 5%～15%。

表 12.61 常用塑化剂和悬浮剂对水泥浆液稳定性的影响

水灰比	外加剂		最终析水率/%	析水时间/min	备注
	名称	用量/%			
1:1	—	—	42.8	60	水泥为 42.5 标号矿渣硅酸盐水泥，加水搅拌 5min 后，置于 250mL 量筒中，每隔 10min 观测 1 次析水率，直到稳定
	$FeSO_4$	1	23.5	50	
	$FeSO_4$	3	15.1	50	
	$FeSO_4$	5	12.6	30	
	膨润土	3	27.05	50	

续表

水灰比	外加剂 名称	外加剂 用量/%	最终析水率/%	析水时间/min	备注
1:1	膨润土	5	24.58	70	水泥为42.5标号矿渣硅酸盐水泥,加水搅拌5min后,置于250mL量筒中,每隔10min观测1次析水率,直到稳定
	膨润土	8	20.40	50	
	纸浆废液	1	34.41	120	
	纸浆废液	5	32.58	120	
	Na_3PO_4	1	31.55	70	
	Na_3PO_4	3	28.20	70	

(4)现场制浆时,要求加料准确并注意加料顺序,即先向搅拌机中放入规定量的水,再加入水泥,搅拌均匀后再加入外加剂。浆液的搅拌时间,使用普通搅拌机时不少于3min,使用高速搅拌机时不少于3s。搅拌时间大于4h的浆液应废弃。任何季节注浆浆液的温度应保持在5~40℃。

(5)加入掺合料的水泥浆液成为混合浆液。根据注浆工程需要,加入以下掺合料。

①砂:应为质地坚硬的天然砂或机制砂,粒径不宜大于2.5mm,细度模数不宜大于2,SO_3含量宜小于1%,含泥量不宜大于3%,有机物含量不宜大于3%。

②黏性土:塑性指数不宜大于14,黏粒(粒径小于0.005mm)含量不宜小于25%,含砂量不宜大于5%,有机物含量不宜大于3%。

③粉煤灰:应为精选的粉煤灰,烧失量宜小于8%,SO_3含量宜小于3%,细度不宜小于同时使用水泥的细度。

④水玻璃:模数宜为2.4~3.0,浓度宜为30~45°Bé。

2. 水泥-水玻璃浆

水泥-水玻璃浆又称CS浆液,是以水泥和水玻璃为主剂,两者按照一定的比例采用双液方式注入,必要时加入速凝剂或缓凝剂所组成的注浆材料,其性能取决于水泥浆水灰比、水玻璃浓度和加入量、浆液养护条件等,广泛应用于地下水流速度较快地层的防渗和加固处理。

研究表明,当水泥浆浓度较高时,随着水玻璃浓度的增加,抗压强度增高;当水泥浆浓度较低时,随着水玻璃浓度的增加,抗压强度降低;当水泥浆与水玻璃浆体积比在1:0.4~1:0.6时,其抗压强度最高,水泥-水玻璃浆较合理的组成及配方见表12.62。

表 12.62 水泥-水玻璃浆液组成及配方

原料	规格要求	作用	用量	主要性能
水泥	42.5 或 52.5 标号普通硅酸盐水泥	主剂	1	凝胶时间可控制在十几秒至几十分钟范围内，抗压强度为 5～20MPa
水玻璃	模数为 2.4～3.4；浓度为 30～45°Bé	主剂	0.5～1	
氢氧化钙	工业品	速凝剂	0.05～0.2	
磷酸氢二钙	工业品	速凝剂	0.01～0.03	

12.8.2 纤维材料

1. 钢纤维

1) 分类

钢纤维按生产工艺可分为冷拉钢丝切断型、薄板剪切型、钢锭铣削型、钢丝削刮型和熔抽型；按材质可分为碳钢型、低合金钢型和不锈钢型；按形状可分为平直形和异形，异形钢纤维可分为压痕形、波形、端钩形、大头形和不规则麻面形等。钢纤维抗拉强度等级及其抗拉强度按表 12.63 选用。

表 12.63 钢纤维抗拉强度等级及其抗拉强度

钢纤维抗拉强度等级	钢纤维抗拉强度 f_{st}/MPa
380 级	$380 \leqslant f_{st} < 600$
600 级	$600 \leqslant f_{st} < 1000$
1000 级	$1000 \leqslant f_{st} < 1300$
1300 级	$1300 \leqslant f_{st} < 1700$
1700 级	$f_{st} \geqslant 1700$

2) 质量要求

钢纤维质量要求如下：

(1) 钢纤维抗拉强度按表 12.63 的规定分级，任一单根钢纤维抗拉强度不应低于最小规定值的 90%。当采用钢丝、钢板为原材料制作钢纤维时，允许以最后一道工序前的母材做抗拉强度试验，但其抗拉强度不应低于该钢纤维强度等级规定的抗拉强度最小规定值。

(2) 钢纤维长度与其标称值的偏差、钢纤维直径与其标称值的偏差、钢纤维长径比与其标称值的偏差均应不超过±10%。

(3) 异形钢纤维形状与出厂规定形状模板图的符合度应不低于 90%。

(4) 钢纤维应能经受一次向最易弯折方向的 90°弯折而不发生折断。

(5) 钢纤维表面不应粘有油污和其他妨碍钢纤维与混凝土黏结的有害物质。

2. 纤维素纤维

纤维素纤维材料性能应符合表 12.64 的要求。

表 12.64 纤维素纤维性能指标

项目	性能指标
纤维素纤维含量/%	≥99
断裂强度/MPa	≥900
初始弹性模量/GPa	≥8.5
断裂伸长率/%	5～16
耐碱性(极限抗拉力保持率)/%	≥95

参 考 文 献

常士骠, 张苏民. 2007. 工程地质手册[M]. 4版. 北京: 中国建筑工业出版社.

何思明. 2010. 滚石对防护结构的冲击压力计算[J]. 工程力学, 27(9): 175-180.

化建新, 郑建国. 2018. 工程地质手册[M]. 5版. 北京: 中国建筑工业出版社.

蒋树屏. 2010. 山区公路大跨异型棚洞结构[M]. 北京: 科学出版社.

交通运输部公路科学研究院. 2017. 公路交通安全设施设计细则[S]. JTG/T D81—2017. 北京: 人民交通出版社.

荆宏远. 2007. 落石冲击下浅埋管道动力学响应分析与模拟[D]. 武汉: 中国地质大学.

黎良仆, 袁松, 魏记承, 等. 2019. 偏压荷载对箱型明洞受力影响及设计要点[J]. 隧道建设(中英文), 39(S1): 158-165.

黎良仆, 袁松, 谢凌志, 等. 2016. 落石冲击荷载作用下EPE垫层棚洞缓冲作用研究[J]. 四川建筑科学研究, 42(3): 46-49.

廖朝华, 郭小红. 2012. 公路隧道设计手册[M]. 北京: 人民交通出版社.

刘洪洲, 张志刚. 2015. 公路棚洞结构形式及应用[M]. 北京: 人民交通出版社.

刘文永. 2008. 注浆材料与施工工艺[M]. 北京: 中国建材工业出版社.

罗杰, 肖建春, 马克俭, 等. 2019. 落石冲击下多种类型土壤缓冲性能研究[J]. 防灾减灾工程学报, 39(1): 164-170.

梅雪峰, 胡卸文, 罗刚, 等. 2019. 基于弹塑性理论的落石碰撞恢复系数和峰值冲击力研究[J]. 振动与冲击, 38(8): 14-20.

沈春林. 2006. 防水工程手册[M]. 2版. 北京: 中国建筑工业出版社.

四川省市场监督管理局. 2019. 公路明(棚)洞勘察设计指南[S]. DB51/T 2599—2019. 成都: 西南交通大学出版社.

四川省质量技术监督局. 2017. 公路被动柔性防护网技术规程[S]. DB51/T 2432—2017. 北京: 人民交通出版社.

铁道部第二勘测设计院. 1978. 铁路工程设计技术手册·隧道[M]. 北京: 中国铁道出版社.

铁道部第一勘测设计院. 1999. 铁路工程地质手册[M]. 2版. 北京: 中国铁道出版社.

王静峰, 赵鹏, 袁松, 等. 2018. 复合垫层钢棚洞抵抗落石冲击性能研究[J]. 土木工程学报, 51(S2): 7-13.

王希宝, 袁松, 魏记承, 等. 2021. 公路明(棚)洞建筑限界确定与灵活运用[J]. 隧道建设(中英文), 41(S2): 408-412.

王永东, 燕新, 彭浩, 等. 2019. 基于Hertz理论和JKR理论的落石冲击力学研究[J]. 地下空间与工程学报, 15(S2): 598-603.

项海帆. 2011. 桥梁概念设计[M]. 北京: 人民交通出版社.

杨其新, 关宝树. 1996. 落石冲击力计算方法的试验研究[J]. 铁道学报, 18(1): 101-106.

叶四桥. 2008. 隧道洞口段落石灾害研究与防治[D]. 成都: 西南交通大学.

叶四桥, 陈洪凯, 唐红梅. 2010a. 落石冲击力计算方法[J]. 中国铁道科学, 31(6): 56-62.

叶四桥, 陈洪凯, 唐红梅. 2010b. 落石冲击力计算方法的比较研究[J]. 水文地质工程地质, 37(2): 59-64.

于季, 袁松, 王希宝, 等. 2020. 高烈度地震区反压回填洞口抗震性能研究[J]. 地下空间与工程学报, 16(S1): 303-308.

袁进科, 黄润秋, 裴向军. 2014. 滚石冲击力测试研究[J]. 岩土力学, 35(1): 48-54.

袁松, 黎良仆, 甘立松. 2016. 基于 Winkler 地基模型落石冲击力计算方法研究[C]. 中国隧道与地下工程大会(CTUC)暨中国土木工程学会隧道及地下工程分会第十九届年会, 成都: 515-520.

袁松, 邵林, 黎良仆, 等. 2021. 应对震后崩塌高能级防护钢箱棚洞的选型研究[J]. 钢结构(中英文), 36(7): 43-49.

袁松, 郑国强, 张生, 等. 2019. 汶川地震后10年公路明(棚)洞病害及处治工程的启示[J]. 隧道建设(中英文), 39(8): 1372-1379.

赵明华. 2000. 土力学与基础工程[M]. 武汉: 武汉工业大学出版社.

中国地质灾害防治工程行业协会. 2018a. 崩塌防治工程勘查规范(试行)[S]. T/CAGHP 011—2018. 武汉: 中国地质大学出版社.

中国地质灾害防治工程行业协会. 2018b. 崩塌防治工程设计规范(试行)[S]. T/CAGHP 032—2018. 武汉: 中国地质大学出版社.

中国工程建设标准化协会. 2015. 膜结构技术规程[S]. CECS 158: 2015. 北京: 中国计划出版社.

中华人民共和国工业和信息化部. 2009. 一般用途低碳钢丝[S]. YB/T 5294—2009. 北京: 冶金工业出版社.

中华人民共和国工业和信息化部. 2015. 制绳用圆钢丝[S]. YB/T 5343—2015. 北京: 冶金工业出版社.

中华人民共和国国家市场监督管理总局, 中国国家标准化管理委员会. 2018. 低合金高强度结构钢[S]. GB/T 1591—2018. 北京: 中国质检出版社.

中华人民共和国国家市场监督管理总局, 中国国家标准化管理委员会. 2019a. 冷轧钢板和钢带的尺寸、外形、重量及允许偏差[S]. GB/T 708—2019. 北京: 中国标准出版社.

中华人民共和国国家市场监督管理总局, 中国国家标准化管理委员会. 2019b. 热轧钢板和钢带的尺寸、外形、重量及允许偏差[S]. GB/T 709—2019. 北京: 中国标准出版社.

中华人民共和国国家铁路局. 2017. 铁路桥涵设计规范[S]. TB 10002—2017. 北京: 中国铁道出版社.

中华人民共和国国家质量监督检验检疫总局. 2006. 碳素结构钢[S]. GB/T 700—2006. 北京: 中国标准出版社.

中华人民共和国国家质量监督检验检疫总局, 中国国家标准化管理委员会. 2008. 耐候结构钢[S].

GB/T 4171—2008. 北京: 中国标准出版社.

中华人民共和国国家质量监督检验检疫总局, 中国国家标准化管理委员会. 2012. 建筑材料及制品燃烧性能分级[S]. GB 8624—2012. 北京: 中国标准出版社.

中华人民共和国国家质量监督检验检疫总局, 中国国家标准化管理委员会. 2013. 膜结构用涂层织物[S]. GB/T 30161—2013. 北京: 中国标准出版社.

中华人民共和国国家质量监督检验检疫总局, 中国国家标准化管理委员会. 2017. 钢丝绳通用技术条件[S]. GB/T 20118—2017. 北京: 中国标准出版社.

中华人民共和国国家质量监督检验检疫总局, 中国国家标准化管理委员会. 2023a. 厚度方向性能钢板[S]. GB/T 5313—2023. 北京: 中国标准出版社.

中华人民共和国国家质量监督检验检疫总局, 中国国家标准化管理委员会. 2023b. 建筑结构用钢板[S]. GB/T 19879—2023. 北京: 中国标准出版社.

中华人民共和国交通运输部. 2010. 公路隧道设计细则[S]. JTG/T D70—2010. 北京: 人民交通出版社.

中华人民共和国交通运输部. 2011. 公路水泥混凝土路面设计规范[S]. JTG D40—2011. 北京: 人民交通出版社.

中华人民共和国交通运输部. 2012. 公路排水设计规范[S]. JTG/T D33—2012. 北京: 人民交通出版社.

中华人民共和国交通运输部. 2014a. 公路工程技术标准[S]. JTG B01—2014. 北京: 人民交通出版社.

中华人民共和国交通运输部. 2014b. 公路隧道设计规范 第二册 交通工程与附属设施[S]. JTG D70/2—2014. 北京: 人民交通出版社.

中华人民共和国交通运输部. 2015a. 公路路基设计规范[S]. JTG D30—2015. 北京: 人民交通出版社.

中华人民共和国交通运输部. 2015b. 公路桥涵设计通用规范[S]. JTG D60—2015. 北京: 人民交通出版社.

中华人民共和国交通运输部. 2015c. 公路隧道养护技术规范[S]. JTG H12—2015. 北京: 人民交通出版社.

中华人民共和国交通运输部. 2017a. 公路交通安全设施设计规范[S]. JTG D81—2017. 北京: 人民交通出版社.

中华人民共和国交通运输部. 2017b. 公路沥青路面设计规范[S]. JTG D50—2017. 北京: 人民交通出版社.

中华人民共和国交通运输部. 2017c. 公路路线设计规范[S]. JTG D20—2017. 北京: 人民交通出版社.

中华人民共和国交通运输部. 2018a. 公路钢筋混凝土及预应力混凝土桥涵设计规范[S]. JTG 3362—2018. 北京: 人民交通出版社.

中华人民共和国交通运输部. 2018b. 公路隧道设计规范 第一册 土建工程[S]. JTG 3370. 1—2018. 北京: 人民交通出版社.

中华人民共和国交通运输部. 2019a. 公路工程混凝土结构耐久性设计规范[S]. JTG/T 3310—2019. 北京: 人民交通出版社.

中华人民共和国交通运输部. 2019b. 公路桥涵地基与基础设计规范[S]. JTG 3363—2019. 北京: 人民交通出版社.

中华人民共和国交通运输部. 2019c. 公路隧道抗震设计规范[S]. JTG 2232—2019. 北京: 人民交通出版社.

中华人民共和国交通运输部. 2020a. 公路工程结构可靠性设计统一标准[S]. JTG 2120—2020. 北京: 人民交通出版社.

中华人民共和国交通运输部. 2020b. 公路隧道施工技术规范[S]. JTG/T 3660—2020. 北京: 人民交通出版社.

中华人民共和国住房和城乡建设部. 2008. 地下工程防水技术规范[S]. GB 50108—2008. 北京: 中国计划出版社.

中华人民共和国住房和城乡建设部. 2011. 混凝土质量控制标准[S]. GB 50164—2011. 北京: 中国建筑工业出版社.

中华人民共和国住房和城乡建设部. 2012a. 堤防工程设计规范[S]. GB 50286—2013. 北京: 中国计划出版社.

中华人民共和国住房和城乡建设部. 2012b. 建筑结构荷载规范[S]. GB 50009—2012. 北京: 中国建筑工业出版社.

中华人民共和国住房和城乡建设部. 2015a. 城市地下道路工程设计规范[S]. CJJ 221—2015. 北京: 中国建筑工业出版社.

中华人民共和国住房和城乡建设部. 2015b. 钢纤维混凝土[S]. JG/T 472—2015. 北京: 中国标准出版社.

中华人民共和国住房和城乡建设部. 2015c. 混凝土结构设计规范(2015 年版)[S]. GB 50010—2010. 北京: 中国建筑工业出版社.

中华人民共和国住房和城乡建设部. 2016. 民用建筑热工设计规范[S]. GB 50176— 2016. 北京: 中国建筑工业出版社.

中华人民共和国住房和城乡建设部. 2017. 钢结构设计标准(附条文说明[另册])[S]. GB 50017—2017. 北京: 中国建筑工业出版社.

中华人民共和国住房和城乡建设部. 2018. 建筑结构可靠性设计统一标准[S]. GB 50068—2018. 北京: 中国建筑工业出版社.

Jiang Y J, Song Y, Ning P, et al. 2022. Research on the buffering measure of rock shed against the impact of dry granular flow with concern of structure damage[J]. Landslides, 19(11): 2605-2627.

Kawahara S, Muro T. 2006. Effects of dry density and thickness of sandy soil on impact response due to rockfall[J]. Journal of Terramechanics, 43(3): 329-340.

Pichler B, Hellmich C, Mang H A. 2005. Impact of rocks onto gravel design and evaluation of experiments[J]. International Journal of Impact Engineering, 31(5): 559-578.

Yuan S, Zhao P, Li L P, et al. 2022. A discrete numerical study of the effect of the thickness and the porosity of the sand cushion on the impact response due to the rockfall[J]. Computer Modeling in Engineering and Sciences, (3): 1683-1698.

Zhao P, Xie L Z, He B, et al. 2018a. Experimental study of rock-sheds constructed with PE fibres and composite cushion against rockfall impacts[J]. Engineering Structures, 177: 175-189.

Zhao P, Xie L Z, Li L P, et al. 2018b. Large-scale rockfall impact experiments on a RC rock-shed with a newly proposed cushion layer composed of sand and EPE[J]. Engineering Structures, 175: 386-398.

Zhao P, Yuan S, Li L P, et al. 2021. Experimental study on the multi-impact resistance of a composite cushion composed of sand and geofoam[J]. Geotextiles and Geomembranes, 49(1): 45-56.

Zhong H Q, Lyu L, Yu Z X, et al. 2021. Study on mechanical behavior of rockfall impacts on a shed slab based on experiment and SPH-FEM coupled method[J]. Structures, 33: 1283-1298.